地方高水平大学建设
教育学研究丛书

U0742152

Z HONGGUO XIANDAI

NÜZI JIAOYU SHI

程谪凡 ◎ 著

中国现代女子教育史

安徽师范大学出版社

·芜湖·

责任编辑:王一澜　策划编辑:王一澜
责任校对:舒贵波　装帧设计:丁奕奕
责任印制:桑国磊

图书在版编目(CIP)数据

中国现代女子教育史 / 程谪凡著. — 芜湖:安徽师范大学出版社,2019.9
ISBN 978-7-5676-3566-1

Ⅰ.①中… Ⅱ.①程… Ⅲ.①妇女教育－教育史－中国－现代 Ⅳ.①G776

中国版本图书馆CIP数据核字(2018)第107119号

中国现代女子教育史

程谪凡　著

出版发行:安徽师范大学出版社
　　　　　芜湖市九华南路189号安徽师范大学花津校区　　邮政编码:241002
网　　　址:http://www.ahnupress.com/
发 行 部:0553-3883578　5910327　5910310(传真)　E-mail:asdcbsfxb@126.com
印　　　刷:安徽新华印刷股份有限公司
版　　　次:2019年9月第1版
印　　　次:2019年9月第1次印刷
规　　　格:700 mm ×1000 mm　1/16
印　　　张:16.25
字　　　数:268 千字
书　　　号:ISBN 978-7-5676-3566-1
定　　　价:50.00元

编 辑 说 明

程谪凡(1912—2007年),安徽师范大学教育科学学院(原教育系)教授,硕士生导师,中国民主同盟盟员,安徽省教育史研究会原名誉理事长和名誉会长。

程先生1935年毕业于省立安徽大学(今安徽师范大学前身)教育系,毕业后先后担任安徽省教育厅视导员、无为县教育局局长、省立安庆高琦小学校长等职务。抗日战争期间,先生先后任战区教师湖南服务团视察、国立第八中学初中第一分校(湖南洪江)校长、初中第二分校(湖南永绥)校长。抗日战争胜利后,先生先后任安徽学院和国立安徽大学教育系副教授。中华人民共和国成立后,先生在安徽大学任教,其间主讲"教育学""中国教育史""逻辑学"等课程,并于1957年8月至1958年7月兼任该校附属中学校长。

先生一生著述颇丰,先后撰写《中国现代女子教育史》《中国高等教育简史》《逻辑学》等专著,在《光明日报》《安徽教育》《安徽师范大学学报》等报刊上发表论文多篇。有关专家认为,中华书局1936年出版的程谪凡先生所著《中国现代女子教育史》,是研究中国女子教育的第一部专著,开创我国现代女子教育研究先河,在我国现代教育史上具有里程碑式的意义。

安徽师范大学自2013年成立"地方高水平大学建设教育学研究丛书"编委会以来,致力于搜集、整理和出版学院前辈教师的学术成果和思想成果。这一举措既利于前辈们学术思想的保存与传承,又利于晚辈后学进一步开展学术研究,开拓新的学术疆土。2015年5月初,安徽师范大学原教育系主任杨克贵教授与先生的儿子程柱生先生取得联系,希望学院将先生生前所撰《中国现代女子教育史》《中国高等教育简史》《程谪凡教育文集》《逻辑学》等书稿整理出版。时任教育科学学院副院长阮成武教授作为安徽师范大学"地方高水平大学建设教育学学科"的负责人,对先生书稿的出版工作给予了极大的关注,并专门联系了我。

我能够担任程先生所著《中国现代女子教育史》的责任编辑实感荣幸,但其中亦有不少为难之处:一是来稿为纸质稿,需要逐字录入;二是来稿使用的是繁体字,部分字迹模糊难辨,录入过程耗时费力。我向阮成武教授汇报了相关情况后,他旋即委托孙德玉教授组织2017级教育史专业硕士研究生刘洪钰、丁自沁两位同学开始了书稿的录入工作。原书稿为竖排,经过同学们的艰辛录入,我们得以以简体横排重新出版此书。

本着"内容求真、保持原貌、方便阅读"的原则,我在编校过程中发现并解决了如下问题:

一、原书稿以夹注形式标明引文出自哪本书,但未注明引用书籍的出版单位、出版年份、出版地点、引用页码等,不符合当下的国标要求,为此,我尽可能逐一完善。

二、原书稿中部分外国学者姓名的翻译与今日不同,为方便读者阅读,我尽量采用今日译名。例如,当前翻译德国学者 Paul Natorp 的姓名为那托尔卜,书稿中译为那笃尔。为避免翻译差异给读者造成的困惑,我按照当前译法逐一排查了书稿中的学者姓名,并根据需要进行了更新。同时,原书稿中某些专有名词无法核查,我只能保持原样。例如,在《教会及国人私办的女子教育》一节中提到的"霭尔特税女士",虽几经查找,但仍然无法确定其正确与否,故只能保持原样。

三、原书稿中的表格的表序、表题、图的图序、图题不齐全、不规范,通过细读文章,结合上下文语义、语境,我规范了全书的表和图。

四、原书稿中的数字存在用法和计算两方面问题。用法方面,传统用法与当前用法不一致,可能会给读者带来阅读上的不便,例如,书稿中将"三十四"写为"三四";计算方面,亦存在错误。这既影响了专著的权威性,又不利于后学引用、借鉴。经认真、反复核算后,我完善了相关数据,确保数据准确无误。

五、原书稿采用的是年号纪年法,我在其后逐一括注了公历年份。

本书出版过程中,阮成武教授、李宜江教授多次电询或面询我有关书稿的出版进度,并帮助我协调和解决一些实际问题。这让我深切地感受到他们两位对先生书稿的重视和对我工作的理解与关心,我作为本书的责编在此对关心这本书出版的领导、老师深表谢意。

本版《中国现代女子教育史》呈现给读者的除了先生撰写的《中国现代女子教育史》,还有先生撰写的《中国高等教育简史》。由于我的水平和条件所限,本版《中国现代女子教育史》中难免存在疏漏和错误,敬请读者批评、指正。

责任编辑:王一澜
2019年9月1日

纪念程谪凡先生

　　程谪凡先生(1912—2007年)生前是安徽师范大学教育科学学院的一位资深教授,也是我校知名教授之一。程先生1935年毕业于省立安徽大学教育系,毕业后先后任安徽省教育厅视导员,省立安庆高琦小学校长等职。抗日战争期间,先生先后任战区教师湖南服务团视察、国立第八中学初中第一分校(湖南洪江)校长、初中第二分校(湖南永绥)校长。抗日战争胜利后,先生先后任安徽学院和国立安徽大学教育系副教授。先生于1949年4月加入中国民主同盟。中华人民共和国成立后,先生在安徽大学、安徽师范学院、皖南大学、安徽工农大学、安徽师范大学主讲"教育学""中国教育史""逻辑学"等多门课程,是安徽师范大学中国教育史专业硕士研究生导师。先生曾任安徽省教育史研究会名誉会长、名誉理事长;1957年至1958年任安徽大学附属中学校长。

　　先生治学严谨,对教育学、中国教育史、逻辑学都有研究,且造诣较深,在学术界享有美誉。他在大学学习期间撰写的《中国现代女子教育史》,1936年由中华书局出版,被誉为中国教育史上研究中国现代女子教育的第一部专著,出版后有多人撰文推崇或在著作中论及此书,可见该书影响较广。1989年,上海教育出版社出版的《教育大辞典》列出专条介绍了这本书;2016年,河南人民出版社又将其作为"民国专题史"丛书之一再版。在教育学研究方面,先生是国内最早提出教育学中国化的学者之一。中华人民共和国成立初期,我国学习苏联,我国的教育学也学习苏联。到20世纪50年代中期,在反思学习苏联教育学的过程中,"教育学中国化"问题逐渐凸显。1955年夏,教育部在上海召开了一次高师教育学大纲讨论会,先生在会上就提出要创建和发展新中国的教育学。他的《对教育学大纲的意见》发表在1956年11月26日的《光明日报》上。现在,学术界认为他是最早提出教育学中国化的学者之一:瞿葆奎在其《中国教育学百年》中,郑金洲、程亮在其《中国教育学研究的发展趋向》等论述中都这样认为,并给予先生很高评价。先生还有多篇论文发表在《安徽师大学报》等刊物上,都很有价值。他的《逻辑学基础》,为我校教育系、中文系、政教系十多届学生作为教材使用。

我和程先生相识于1970年合肥师范学院并到芜湖后,当时我们学校叫安徽工农大学,不过那时我和他接触不多;1980年,教育系恢复招生,由于工作关系我和先生的交往多起来。他为人处事高风亮节,令人敬佩。1982年,学校办中学校长培训班,请他讲授"中国高等教育史"。当时没有现成的教材,他就自编讲义、边讲边写。据校长们的反映,这门课课程内容充实,先生的讲授精辟,该课程受到校长们的一致欢迎。就在先生上这门课的时候,他发现自己身体里有个肿块。经弋矶山医院诊断,认定该肿块为恶性淋巴肿瘤。他的子女将病理切片拿到上海、北京相关医院化验,相关医院都确认了弋矶山医院的诊断结果。这在当时是不可治愈的病症之一,学校立即劝其停课治疗,学员们也同样劝慰,先生却不以为然,坚持要将课授完。我们到医院看望他时,他正在病床上修改讲稿。谈到他的病况时,他说:"人生七十古来稀。我今年七十一岁,算是高龄了。病即使不治,也没有什么遗憾。"也许是因为先生有这样坦然的心境,加上药物治疗,他的病情得到了控制。先生活到96岁,可谓"仁者寿"。

先生对工作认真负责,敢于担当。20世纪八九十年代,鉴于先生的学术威望,系里和学校的职称评审工作一般都请他担任评委。他坚持原则,秉公办事。根据评审标准,够条件的,他积极推荐;不够条件的,他坦诚指出其不足。一次,有位教师要晋升教授,在系里评审时没有通过,其材料在校评审时也没有通过。先生知道后指出:按照评审程序,校评审组只接受系评审组报送的材料;系评审组没有通过,又拿到校评审组再评,这不符合评审规则。

先生淡泊名利,与世无争。20世纪90年代初,国务院对一批知识分子给予生活补贴,称国务院特殊津贴。这不仅是生活补助,而且是一种荣誉。申报流程是本人申请,学校审查,省里审批。1992年,我拿了申请表请先生填报,他说:"我已经退休了,这种津贴我就不要了。"我解释说:"根据相关文件精神,凡'文化大革命'前的四级以上教授,都可享受,不要申请,只要填个表就行了。"听我这么说他才填了,享受了国务院特殊津贴。先生一向为人低调、清正自守、宽厚待人、提携后进,这也是他的特点之一。

人称"学高为师,身正为范"。先生可谓学高身正,堪为人师。先生一生从教,培养了众多人才,在教育理论上多有建树。今年是他逝世十二周年,谨以此文纪念。

杨克贵

目　录

中国现代女子教育史

序 ………………………………………………………………………3

前　言 …………………………………………………………………15

第一章　绪　论 ………………………………………………………17

　第一节　本书的旨趣 ………………………………………………17

　　一、什么是教育 …………………………………………………17

　　二、本书的旨趣和范围 …………………………………………17

　第二节　中国过去的女子地位 ……………………………………18

　　一、传说中的女子地位 …………………………………………18

　　二、母系社会的女子地位 ………………………………………19

　　三、母系社会崩溃和女权降落 …………………………………19

　　四、女子在家庭中的地位 ………………………………………20

　　五、女子在社会上的地位 ………………………………………23

　　六、妾的地位 ……………………………………………………24

　第三节　中国女子旧教育的回顾 …………………………………25

　　一、原始社会的女子教育 ………………………………………25

　　二、母系社会崩溃后的女子教育 ………………………………25

　　三、旌表贞顺的开端 ……………………………………………26

　　四、汉代两个女教圣人 …………………………………………27

五、唐代几部有关女性的教科书 ……………………………28

六、宋明的女子教育 ………………………………………28

七、清代的女子教育 ………………………………………29

八、男女平等思想的滥觞 …………………………………29

第四节　中国现代女子教育的鸟瞰 ………………………30

一、现代女子教育的分期 …………………………………30

二、萌芽时期 ………………………………………………31

三、建立时期 ………………………………………………31

四、发展时期 ………………………………………………32

第二章　中国现代女子教育萌芽时期 ……………………33

第一节　变法维新与女子教育 ……………………………33

一、清末的内政和外交 ……………………………………33

二、维新变法 ………………………………………………35

三、变法维新与教育 ………………………………………35

四、变法维新与女子教育 …………………………………36

第二节　相夫教子的女子教育观 …………………………37

一、女子教育的重要性 ……………………………………37

二、女子教育观 ……………………………………………39

第三节　家庭教育中的女子教育 …………………………41

一、女子的家庭教育 ………………………………………41

二、家庭师资训练机关 ……………………………………42

第四节　教会及国人私办的女子教育 ……………………43

一、教会女校 ………………………………………………43

二、镇江女塾各年功课简表 ………………………………45

三、国人私立的女校 ………………………………………47

第三章　中国现代女子教育建立时期 ……………………49

第一节　两性双轨制的女子教育之建立 …………………49

　　　一、平等教育的主张 ………………………………………………49

　　　二、两性双轨制的先声 ……………………………………………51

　　　三、两性双轨制的确立 ……………………………………………52

　　第二节　女子师范学堂和女子小学堂概况 ………………………55

　　　一、女子师范学堂 …………………………………………………55

　　　二、女子小学堂 ……………………………………………………62

第四章　中国现代女子教育发展时期(上) ………………………67

　　第一节　"良妻贤母主义"与"反良妻贤母主义"之论争 ………67

　　　一、"良妻贤母主义" ………………………………………………67

　　　二、"反良妻贤母主义" ……………………………………………70

　　第二节　民国成立与两性双轨制的崩溃 …………………………74

　　　一、民国成立 ………………………………………………………74

　　　二、壬子癸丑学制 …………………………………………………74

　　　三、奖励女学 ………………………………………………………77

　　　四、女子教育方针 …………………………………………………77

　　第三节　"五四"运动与男女同学 …………………………………79

　　　一、"五四"运动 ……………………………………………………79

　　　二、男女同学的理论 ………………………………………………79

　　　三、男女同学的先驱 ………………………………………………81

　　　四、大学开放女禁 …………………………………………………82

　　　五、中小学的男女同学 ……………………………………………84

　　第四节　不分性别的单轨制之确立 ………………………………85

　　　一、新学制的萌芽 …………………………………………………85

　　　二、新学制的建立 …………………………………………………86

　　　三、新学制的特点 …………………………………………………88

　　第五节　母性主义的抬头 …………………………………………89

　　　一、革命运动与妇女解放 …………………………………………89

　　　二、国民政府成立后的学制 ………………………………………90

三、母性主义的女子教育 …………………………………… 91

第五章　中国现代女子教育发展时期 (下) ……………… 94

第一节　本期之女子初等教育 ………………………………… 94

一、组织及行政 …………………………………………… 94

二、幼稚教育 ……………………………………………… 95

三、小学课程 ……………………………………………… 96

四、教学和训育 …………………………………………… 101

五、统计 …………………………………………………… 102

第二节　本期之女子中学教育 ………………………………… 108

一、女子中学的成因 ……………………………………… 108

二、组织及行政 …………………………………………… 109

三、课程 …………………………………………………… 109

四、教学与训育 …………………………………………… 118

五、统计 …………………………………………………… 119

第三节　本期之女子高等教育 ………………………………… 124

一、女子高等教育的先驱 ………………………………… 124

二、女子高等师范 ………………………………………… 125

三、"五四"后的女子高等教育 ………………………… 126

四、单设的女子高教机关 ………………………………… 127

五、统计 …………………………………………………… 129

第四节　本期之女子师范教育 ………………………………… 132

一、宗旨 …………………………………………………… 132

二、组织及行政 …………………………………………… 133

三、中师合并与师范独立 ………………………………… 135

四、课程 …………………………………………………… 136

五、待遇及服务 …………………………………………… 140

六、统计 …………………………………………………… 140

第五节　本期之女子职业教育 ·······················145

一、女子职业教育的萌芽 ·······················145

二、女子职业教育的提倡 ·······················145

三、女子职业教育的近况 ·······················149

四、统计 ·······································150

第六章　中国女子教育现状之检讨 ·················155

第一节　中国女子教育落后的原因 ···············155

一、社会的原因 ·································155

二、女子本身的原因 ···························159

第二节　中国现代女子教育的矛盾性 ·············161

一、整个教育的矛盾 ···························161

二、女子教育的矛盾 ···························165

第三节　中国女子教育动向之确立 ···············169

一、女子教育的三个主张 ·······················169

二、什么是女子的天赋 ·························170

三、人的观念的确立 ···························171

四、产业革命与家庭 ···························172

五、儿童公育与教育 ···························173

六、男女教育绝无轩轾 ·························174

七、女子教育的新动向 ·························175

中国高等教育简史

第一章　先秦时期的高等教育 ·····················179

第一节　我国学校的起源 ·······················179

第二节　西周的高等教育 ·······················180

第三节　春秋战国时期的私学 ···················182

第二章　秦汉时期的高等教育 ……………………………185

　　第一节　秦代的吏师制度 ……………………………185

　　第二节　汉代的太学 …………………………………186

　　第三节　汉代的私学 …………………………………189

　　第四节　汉代的察举制度 ……………………………190

　　　　一、贤良方正 …………………………………190

　　　　二、秀才 …………………………………………190

　　　　三、孝廉 …………………………………………190

　　　　四、明经 …………………………………………191

第三章　隋唐时期的高等教育 ……………………………192

　　第一节　隋唐时期的高等学校 ………………………192

　　　　一、隋代的高等学校 …………………………192

　　　　二、唐代的高等学校 …………………………193

　　第二节　隋唐时期的科举制度 ………………………195

　　　　一、隋代创立科举制度 ………………………195

　　　　二、唐代的科举制度 …………………………196

第四章　宋代的高等教育 …………………………………198

　　第一节　宋代的高等学校 ……………………………198

　　　　一、国子学 ………………………………………198

　　　　二、太学 …………………………………………199

　　　　三、六种专科学校 ……………………………200

　　第二节　宋代的科举 …………………………………201

　　第三节　宋代的书院 …………………………………202

第五章　元明清(鸦片战争前)时期的高等教育 …………206

　　第一节　元明清(鸦片战争前)时期的高等学校………206

　　　　一、元代的高等学校 …………………………206

二、明代的高等学校 ·······················208

三、清代(鸦片战争前)的高等学校 ··············209

第二节　元明清(鸦片战争前)时期的科举制度 ·········210

一、元代的科举制度 ·······················210

二、明代的科举制度 ·······················211

三、清代的科举制度 ·······················213

第三节　元明清(鸦片战争前)时期的书院 ···········213

一、元代的书院 ·························213

二、明代的书院 ·························214

三、清代的书院 ·························214

第六章　半封建半殖民地社会时期的高等教育(上) ······216

第一节　现代高等教育的萌芽 ················217

一、现代专科教育的萌芽 ···················217

二、现代大学教育的发轫 ···················219

三、派遣留学生 ·························221

第二节　清末新式学制下的高等教育 ·············222

一、癸卯学制下的高等教育制度 ···············222

二、癸卯学制颁行后的高等教育概况 ·············227

第七章　半封建半殖民地社会时期的高等教育(下) ······231

第一节　民国前期的高等教育 ················231

一、壬子癸丑学制下的高等教育 ···············231

二、壬戌学制下的高等教育 ·················235

第二节　民国后期的高等教育 ················237

中国现代女子教育史

序

    安徽大学教育学系同学程谪凡君在课余之暇，著成《中国现代女子教育史》一书，送给我看，并托我作序。我把它展读以后，觉得它很有系统而且很有条理。程君对中国的女子教育先做历史地考察，复次做社会的分析，最后找出今后的中国女子应该有怎么样的教育原则。据程君的见解，以为今后的中国女子应该养成堂堂正正的人，而不仅仅是教成良妻贤母。程君对我在十多年以前所说的"良妻贤母主义"有所怀疑，并且与我讨论，问我怎样纠正。当时我很抽象地答复他说："这是我在十多年以前所阐述的思想，至于现在，我的思想有所转变。"同时，我承程君把我的答案叙述在本书里面。因此，我对程君的这本书，多少也负有责任。但是我的那个答案，因为当时说得太抽象，实在令人难以理解我的真意，所以我不得不趁机在此把它再做具体的解释。

    原来我所谓的"思想转变"，并非指思想本身的转变，乃是说思想由某种条件所促成而转变并且为其所限制。因为人类的思想，无论产生或转变及它转变的程度，差不多都为社会环境的变迁所决定，并非凭空而来。所以，我对中国女子教育之思想的转变，可以说是由中国社会环境的变化所使然。同时，我的思想转变到什么样的程度，也是由中国社会环境变化到什么样的阶段所限制的。具体地说，今日的中国已非十多年以前之中国。时过境迁，昔日的"良妻贤母主义"转变为"非良妻贤母主义"，并不容我们有所踌躇。但是从另一方面讲，所谓的"非良妻贤母主义"究竟是一种什么样的主义呢？它与"良妻贤母主义"相比较，彼此相差无几呢？抑或间隔很远呢？欲解答这些问题，我们不可不先对中国社会环境发展的情形做回顾，看今日的中国社会已经或刚发展到什么样的阶段，然后再来规定出一种新主义。如果今日的中国社会已经发展到比十多年前的中国社会好几十倍的阶段，那么，今日的中国女子教育所采用的主义，当然与从前所谓的"良妻贤母主义"完全不同，不能不使我们的思想有跳跃的转变。如果今日的中国社会刚发展到与十多年前的中国社会情形互相衔接的一个较高阶段,那么,今日的中国女子教育所采用的主义也就与从前所谓的"良妻贤母主义"刚过渡,并不能使我们有越级或躐等的转变。

照上面所说,今日的中国社会究竟发展到什么样的阶段了呢? 现在我为说明便利起见,姑且把中国社会分作过去、现在与将来三个时期来说明。据我个人的考察,以为过去的中国社会是一个"家族主义"的社会,而所谓"家族主义"是以父权或者可以说是以夫权为中心的,所以当时的女子教育自然以"良妻贤母主义"为唯一目标。至于现在,中国社会逐渐由"家族主义"发展到"国族主义"(根据孙中山先生所说),而所谓"国族主义",除它本身外,还有民权与民生两主义同时存在着,所以今日的女子教育不得不脱离"良妻贤母主义"而转变到一种新主义。这一种新主义,我无以名之,名之曰"公民主义"或者就称之为"三民主义",也无不可。再说将来的中国,照一般社会进化的法则来看,将来的中国社会,与一般社会一样,由"国族主义"发展到所谓的"社会主义"(广义的),而所谓的"社会主义"是以"一视同仁"为出发点的,所以那时候的女子教育当然也须遵循社会主义而行动。上述三个时期的女子教育,似乎与《大学》里所谓的"齐家"、"治国"与"平天下"三阶段相当。今日的中国女子教育似乎就是所谓"治国"这一个阶段的教育。

但是要注意,我在上面所划分的这三个时期的中国女子教育,并非说每一个时期的女子教育各自独立,与其他时期的女子教育不相关联。若用辩证法来说明,第一个时期的女子教育——"良妻贤母主义"教育,虽然已转变为第二个时期的女子教育——"公民主义"教育,但是"公民主义"教育里面总还残留着几分"良妻贤母主义"的痕迹,这是一端的话;若从另一端讲,"公民主义"教育一经成立,在"公民主义"教育里面,遂萌芽着与"公民主义"相对立的所谓的"社会主义"教育。这就是说,在"公民主义"教育之前,必有"良妻贤母主义"教育先行着,并且在"公民主义"教育这个范畴里面必残留着几分"良妻贤母主义"教育的痕迹,在"公民主义"教育之后又必有"社会主义"教育继起,并且在"公民主义"教育这个范畴里面播下了"社会主义"教育的种子,这都是社会发展必然的过程。无论如何,为人力所不能避免。

上面的这一段话,是就着理论的方面而立论的,现在我再拿事实来讲讲吧。今日的中国社会,家庭制度还是存在着的,因此,所谓"良妻贤母主义"教育就不能立刻废除了。假定我们立刻把它废除了,那么试问,家政归谁操作? 子女归谁养育？若这样，不但家庭被扰乱，就连社会也会发生动乱，还有什么"公民主义"教育的建设可言呢？换句话说，欲实现"公民主义"教育，我们不可不等到家庭中的人们都有做善良的一分子的资格（如果就女子而论，这就是所谓的"良妻贤母"）以后，才能够谈实现的问题。不要说在要实现"公民主义"教育以前是这样期待的，就是在实现"公民主义"教育的当时，也需时时注意到"家庭上善良的一分子"之养成。例如，美国的中等教育目标里面含有这一项，《大学》说"家齐尔后国治"也不外乎如此。这是对由"良妻贤母主义"教育转变到"公民主义"教育应走的途径而言的，至于由"公民主义"教育转变到"社会主义"教育应走的途径，这是可以由上述道理而推论的，举一反三，无需复述了。《大学》又说"国治尔后天下平"，也是一个必然的结论。

我更有言的是，现在的中国社会，有许多女子对男子主张民权，甚至主张所谓的"人权"，要事事与男子求平等、自由。从原则上讲，这种主张与要求是对的，因为人类的人格，不拘男女，是平等、自由的。但是要知道，所谓"民权"或"人权"，如孙中山先生所说，是人为的，并非天造地设的。具体地说，如果一个人主张民权或人权，就要由他一个人求平等、自由，那么，这个人非先把他自己养成一个独立自营，既能自产又能善于消费的人不可。否则，假使这个人一方面主张或要求民权与人权，然他方面却丝毫没有独立自营的能力，即既不能生产，又喜欢浪费，像这样"不劳而获"的个人，还有什么资格讲平等、自由呢？照我个人的私见，凡是一个女子，如果她还没有独立自营的能力（大部分是指经济能力），那么，她难从政治的观点来讲民权，或从社会的观点来讲人权，姑且先从家庭的观点去讲点"良妻贤母主义"，做个家庭中善良的一分子，帮助男子操持家政与养育子女吧。这是我站在男子的立场对女子说的话；如果我站在女子的立场对男子说话，那么，我也是这样主张的。

照上面的一段话推论，所谓"良妻贤母主义"的女子教育本身单独存在的时候，它并没有好坏可言，如果我们说它是好的或坏的话，那么，非拿另一个主义与它比较不可。譬如，我在上面说有些女子丝毫没有独立自营的能力，即她既不能生产，又喜欢浪费，所谓"不劳而获"又好像"寄生虫"一样，如果把这样的女子与受过"良妻贤母主义"教育的那些女子放在一处比较，那么"良妻贤母主义"教育可以说是好的东西。但是此处所谓的"良妻贤母主义"，是以男女平权为出发点的，并非侧重于男子的权力。反之，如果我们把有些仅仅受过"良妻贤母主义"教育、终生事姑相夫、只知有家庭生活而不知有社会服务的女子,与有些受过"公民主义"教育,除家庭生活外,还能够到社会去服务的女子放在一处相比较,那么,不要说那种侧重于男子权力一方面的"良妻贤母主义"教育是丝毫没有价值的,就是站在男女平权观点上的所谓"良妻贤母主义"教育也是没有多大价值的,可以极端地说是坏的。不但"良妻贤母主义"教育与别种主义相比较的时候,可以这样地看出它是好的或是坏的,而且"公民主义"教育若与别种主义——譬如一端与"良妻贤母主义"教育比较,另一端与"社会主义"教育相比较,也可以说它是坏的或是好的。普遍地说,凡是低级的东西与高级的东西相比较的时候,低级的东西总是坏的,高级的东西总是好的。至于各个主义本身单独存在的时候,简直没有好坏可言。

　　但是社会制度是向前发展的,跟着社会制度的变动而变动的人类的思想也是向前发展的。至于教育,它一方面是社会的根本机能[姑借用克里克(E.Krieck)的话],另一方面经人类的思想发展成为一种教育学说,因此,无论教育本身或教育学说都是向前发展的。如前面所说,"良妻贤母主义"是低级的,"公民主义"是较高级的,"社会主义"是最高级的。所以,无论教育本身或教育学说,总是由低级("良妻贤母主义")而发展至较高级("公民主义"),然后再由较高级发展至最高级("社会主义")。消极地说,它总不肯并且也不能始终停留于低级("良妻贤母主义")之上。除非上智者自己能提高或下愚者无法被人提高,姑作别论,至于介乎上智者与下愚者之间的大多数的人们而言,对于教育,他们总想尽量地由低级提升到较高级,再由较高级提升,一直提升到提无可提的阶段。总之,教育不但要教人做个"好人",而且要教人做个"有用的人";不但要教人做个"有用的人",而且要教人做个"好人兼有用的人"。"良妻贤母主义"教育是教人做个"好人","公民主义"教育是教人做个"有用的人","社会主义"教育是教人做个"好人兼有用的人"。由此可见,我们对于今日的中国女子教育思想,由"良妻贤母主义"转变到"非良妻贤母主义"——"公民主义",绝非破坏中国的固有道德。实在地讲,这些转变都是使中国的固有道德有所发展或扩充,升高到更完善的道路去。一句话,这就是要使中国固有的"好人教育"提升到"有用人教育"的道路上去。

　　况且从教育过程上讲,我们对于今日中国所施行的女子教育,这一阶段虽以"公民主义"为主要目标,然而根据前面所说,尤其根据《大学》所说,还要时时回顾到"良妻贤母主义"这一阶段。关于这一点,我在前面已经说过,此处无需复述。现在我所要说的,就是关于"公民主义"与"社会主义"关系这一点。原本这一点是社会问题,并且这个问题涉及的范围很广,断非此处所能够说得详尽。所以,我们只得把这个问题让别人去讨论,并且把别人所讨论的结果当作真实的东西看待。他们所讨论的结果究竟是怎样的一回事呢?据他们所观察,现在的中国社会能够实行的只是一种"三民主义"。因此,我们的前提,也不外乎"三民主义"。我们的前提已经这样确定,那么,我们对于今日的中国女子教育思想,更不消说必须以"公民主义"为根据了。因为所谓"公民"一词,据我个人的见解,以为它与所谓"三民"一词是属于同一范畴的(关于公民之概念,我另有专注,此处我不过先抽象地说一句话而已)。但是在教育的实施上,我们虽以为今日的中国女子教育是以"公民主义"为本位,然而在教育的理想上,我们又不可不时常怀抱着一种"社会主义"。这无异于在实施"公民主义"的女子教育的当时,时常要回到"良妻贤母主义"一样,所异的不过是两点,一是退后溯本追源,一是向前推波助澜,然而两者有助于"公民主义"教育之发展,实无轩轾之可言。

原来教育是一个过程,因为它是一个过程,所以如前面所说,它是不断地向前发展的。具体地说,从教育过程的某个阶段上讲,它只有一个朝前的、直接的目的,但是从整体的教育过程上谈,它除掉目前的、直接的目的外,还须怀抱着一个永远的、终极的目的。这个永远的、终极的目的究竟是什么?我先简单地答一句:这就是上面所举的"社会主义"。现在也无需我自己再有什么解释,只要把现行的"中华民国教育宗旨"拿出来一读就会知道。"中华民国教育宗旨"说:"中华民国之教育,根据三民主义,以充实人民生活,扶植社会生存,发展国民生计,延续民族生命为目的;务期民族独立,民权普遍,民生发展,以促进世界大同。"[①]这个教育宗旨所说的话,除最后一句外,都是现在的教育所必须具备的、目前的、直接的目的;而最后一句,就是我们所谓教育的永远的、终极的目的。尤其在《中华民国教育宗旨说明书》里面说得更明白:发挥国际正义,涵养人类同情。这明明是教人在实施"公民主义"之外,还要时常怀抱着"社会主义"。但是现在的教育还只教人要怀抱着"社会主义"的理想,如果要实行它的话,非等到"公民主义"完全实现以后不可。"中华民国教育宗旨"说:"务期民族独立,民权普遍,民生发展,以促进世界大同。"[②]它的说明书又说"期由民族自决,进与世界大同"等语,就是这意思。这样的

---

① 中国国民党中央宣传部青年基本知识丛书编审委员会.教育学[M].正中书局,1942:194.

② 中国国民党中央宣传部青年基本知识丛书编审委员会.教育学[M].正中书局,1942:194.

说法,不啻说"良妻贤母主义"教育是"公民主义"教育的先行条件。固然,设使"良妻贤母主义"的女子教育不转变到"公民主义"的女子教育,那是裹足不前的办法,应该被摈斥;然而如果我们不先实现"公民主义"的女子教育,而遽言要实行"社会主义"的女子教育,那又是一蹴而就的办法,究非正当之道。这样的两两相对,过犹不及,其弊相等。所以,我以为今日的中国女子教育一方面必须由从前的"良妻贤母主义"转变到"非良妻贤母主义",同时,另一方面应该在若干"非良妻贤母主义"当中择出一个比较适合现在中国社会的情形而且富于发展可能性的主义,即所谓"公民主义"或者就称之为"三民主义",并作本位或中心去实施。我刚才所说的最后几句话,就是表明我对今日的中国女子教育之思想,确实是由我在十多年以前所说的"良妻贤母主义"转变到"非良妻贤母主义",但是我的思想转变程度的多少,为中国社会进展的过程中的这一阶段所限制,使我姑且采用"公民主义"或"三民主义"与从前的"良妻贤母主义"相对照,现在我就使它成为"非良妻贤母主义"也无不可。

以上所述,是我自己对于今日的中国女子教育之思想的变迁与结论的叙述。现在我再来根据前面所说的话提出一或两点意见,与程君商榷吧。程君的前提是,他以为今日的中国女子教育不应该采取"良妻贤母主义",而必须提倡"人"——"社会的人"的教育。他说,现代社会下的人类,无论男女都有工作的担负,假使妇女不担负社会上的劳动,则仍将被锁入闺阃里、灶炉边,度其奴隶的生活,这不是我们所主张的。我们应绝对承认女子同男子一样是"社会的人",要使女子参加社会上的各种活动,培养人类的生活兴趣和能力。换句话说,要使女子从家庭跳到社会上来,脱离家庭的羁绊,真正的女子教育,就是站在"人"的立场,以"社会的人"为目标,以普通大众为对象,根本上,它就是整个社会的"人"的教育,并不是专为女子而设的教育,"女子教育"只是为暂时说明便利计的一个名词,到某一时期,男女间已没有界限,这个不妥适的名词就会消失。程君的几句话,从一般原则上讲,是对的。因为无论男女,都是人类的一分子,他们有平等的人格,所以女子如同男子一样也应该享受"人"的教育。但是从特殊事实上讲,如果要使女子从家庭跳到社会上来,做个"社会的人",去担负社会上的劳动,那么,非先问那个女子有无担负社会服务之能力不可。而个人的能力,有些是生来具有的,有些是环境养成的。先就生来具有的能力而论,男女间固没有高低优劣可言,然而男女间的能力无论从心理上或生理上来看,总不免有点差异,所以男女们所担负的社会服务之种类不能说是绝对相同的。譬如教育，一般地说，各国法律对于女教师一旦结婚，辄令她停止职务，这就是因为，如果她怀孕，则妨碍于职务，也就是因为女子的生理特征。再就环境养成的能力而论，男女间对于社会服务所需之技能，究竟有无差异，完全视当时社会组织如何而定。譬如一个社会还是家族时期的社会组织，例如日本，它对于女子所养成之技能，仍不出家政的范围。最近德国希特勒(Adolf Hitler)对于德国的女子，极力主张要她们回到家庭去，认为女子的唯一责任就是养育子女。这就是因为德国同日本一样，要保存"家族主义"的社会组织。又如一个社会是将要超越"家族主义"而进入"社会主义"时期的社会组织，例如苏联，它对于女子所养成之技能，当然也是超越于家政一项以上的。至于我们中国，一方面是将由"家族主义"扩张到"国族主义"，然他方面又未曾进入完全的社会主义的时期，所以它对于女子所养成之技能应该是介乎日、德与苏联的女子教育之间。由此可见，环境养成女子的能力，不但与男子稍异其趣，就是在各社会的女子自身之间也不能一律。一句话，她们所有由环境所养成之能力，完全是视当时社会组织如何而有差异的。

如果上述女子的能力，无论先天的或后天的，与男子的能力有若干差异，那么她们在社会上所担负的责任，就不能是男子在社会上所担负的那种责任。换句话说，男女间在社会上所担负的责任之种类与性质总不免有点差异。所以，我以为从一般原则上讲，像程君所说，我们应该绝对承认女子同男子一样是"社会的人"，这是对的；但是从特殊事实上讲，女子无论何时、无论何处，与男子享受完全同样的教育，好像与程君所说一样，只有"人"的教育，并没有专为女子而设的教育，这是空想的。由此可见，我个人对今日的中国女子教育，虽由我在十多年以前所主张的"良妻贤母主义"转变为"非良妻贤母主义"，然而我如同十多年前所说的一样，仍以为女子教育无论何时、无论何处，因受着心理的、生理的及社会的影响，多少是与男子教育各异其趣的。英国的斯宾塞(H.Spencer)一方面不问男女，主张教育为完全生活做准备，然他方面对于女子，特别注重关于子孙教养的活动，其教科目为生理学、心理学及教育学等，这也不外乎如此。如前面所说，美国的中等教育目标里面所含的"家庭上善良的一分子"一项，也就是采用斯宾塞的主张而拟定的，并非站在不平等的立场对女子有所歧视。再进一步说，就苏联而论，它虽抽象地主张男女一样享受"人"的教育，然而在实际上，仍旧很注重培养女子有昔日家庭的生育、教养、烹饪、缝纫等知识技能，这也是因为女子的生理与心理上有一种特征,则不得不如此。由此可见,程君视闺阃里或灶炉边的知识技能是奴隶生活,而为今日的女子所不应该学习的这种主张,似乎是要修正的。任何一种事项是否是奴隶生活,并非从名义上可以观察出来的,而是它属于哪种事项的内容问题。譬如闺阃里的缝纫及灶炉边的烹饪,如果不为他人所强迫,而为女子自身愿意所做,并认它为人类的一种天职,那么,这绝不是奴隶的生活,而是神圣的操作与劳动。反过来说也对,譬如美国社会上的一切事业,从名义上看来,虽差不多都是一种所谓的"社会服务",而为"社会的人"所应该做的,然而事实上,那些事业没有一项不是资本家为他们自己而打算的,不过是雇佣许多一无所有的男女们去做事,使他们获得少许报酬以资糊口而已。试问这种社会服务,是一种神圣的操作与劳动呢?或是奴隶的生活呢?我想谁都知道,这是一种奴隶的生活。由此可见,家庭里的一切工作并非就是奴隶的生活而为一般女子所不该做的。然程君的观察,只知其一而不知其二,关于这一点,还有商榷之余地。

此外,程君所谓"人"的教育,照程君的意思是指"社会的人"的教育。如果程君的这种主张应用于苏联社会,则不成问题。因为苏联的社会虽未完全到达社会主义,然而多少是接近社会主义的,所以苏联的教育学者像马克思(K.Marx)一样,当解释"人"或研究"人"的时候,把"人"解释为"社会的人",那就不会失之抽象,反而可以具体地显出人之所以为人的特征,这譬如我们绝不会"只见森林而不见树木"一般。然而如前面所说,我们中国还是一个未曾进入社会主义时期的国家,而是由"家族主义"扩张到"国族主义"之社会,所以我们如果在今日的中国社会上解释"人"或研究"人",那么,非把"人"解释为"国家社会的人"或简称"国家的人"不可。假使像程君一样,把"人"解释为"社会的人",那么,不啻有招"只见森林而不见树木"之诮。固然,在西洋教育学者中,也颇有人是像程君这样解释"人"或研究"人"的,例如德国的那托尔卜(Paul Natorp)、凯兴斯泰纳(G.Kerschensteiner)及克里克等都解释"人"为"社会的人"。克里克说:从教育上看,我们不可不把个人视为社会全体生活上的个人。并且,克里克指出,原来的教育太侧重个性而不把人导入社会当作"社会之类型的同化"看待,这不啻"只见森林而不见树木"一般。但是像那托尔卜、凯兴斯泰纳、克里克诸人,尤其像克里克这样解释"人"为"社会的人",都不免太抽象,所以日本筱原助市批评克里克"只见森林而不见树木",绝非无的放矢。原本那托尔卜、凯兴斯泰纳、克里克诸人都是遵奉"国家主义"之人,并可以被称为"国家主义"的教育学学者,所以他们所谓的"社会",实在讲,并非广义的社会,而是狭义的社会——国家社会的意思。这样,他们竟解释"人"为"社会的人",而不称"人"为"国家社会的人"或简称"国家的人",岂不名实不相符吗?同一道理,程君在今日的中国社会上解释"人"为"社会的人",也未免太抽象了,更有补充说明之必要。

原来所谓"人",如果照我在前面所说的话,至少分三种,即从家庭的观点上,可以称之为"家庭的人";从国家社会的观点上,可以称之为"国家社会的人"或"国家的人";从广义的社会的观点上,可以称之为"社会的人"。同时,我为补充前面所说的话,对于这三种人,再各下以下界说。现在单就女子而论,所谓"家庭的人",是指具有操持家政、养育子女的德性、知识与技能的女子;所谓"国家社会的人"或"国家的人",是指具有公民的体格、德性、知识与技能,一面能独立自营,一面能帮助他人,并且能够生产和可以随时限制、随时鉴别消耗品的好坏,做一个良好消费家之女子;所谓"社会的人",是指扩张上述第二种人的资格,能够各尽其能,各取所需,彼此之间讲求正义,表示同情之女子。因为有了上述这三种人,并且每一种人各有一定的界说,那么试问,程君所谓的"人",究竟是指哪一种人呢?——"家庭的人"呢?"国家社会的人"或"国家的人"呢?抑或"社会的人"呢?程君所说的"人",当然不是"家庭的人",因为程君就反对"良妻贤母主义"的女子教育,所以假使他所说的"人"是指"家庭的人",那么,这岂不是与他自己的本旨互相矛盾吗?况且,程君明确地告诉过我,他主张的今后的中国女子教育,应该是整个的"社会的人"的教育。程君的这种主张,若从教育的理想上看,固然不成问题,因为教育的理想,如前面所说,在于要有永远的、终极的目的;但是在教育的实质上,又如前面所说,这种"人"的教育,还未能适合今日中国社会之要求。所以,这种主张在今日的中国社会情形之下,未免太早计。剩下的,只有请程君照我个人的意思,认为他所谓的"人"是指"国家社会的人"或"国家的人"而言吧。

程君闻我言,或许以为我的这种主张是"国家主义"教育,与今日的中国社会情形有所冲突。因此,我对我们所谓"国家社会的人"或"国家的人"又不得不做出解释。据我个人的见解,我们所谓"国家社会的人"或"国家的人"与上述的那托尔卜、凯兴斯泰纳、克里克诸人的想象中所存在的所谓"国家社会的人"或"国家的人",从名称上讲,是相同的,然而从内容上讲,彼此是有歧义的。怎么说呢?因为那托尔卜、凯兴斯泰纳、克里克诸人的中心思想是"国家主义",又是"民族至上主义",据他们的意思,国家或民族,尤其德意志国家或德意志民族是至高无上的,所以他们所谓"国家社会"或"国家"只是德意志国家或德意志民族,除此以外,再没有第二个至高无上的国家或民族了。然而我们所谓"国家社会"或"国家"绝不是这样的,因为我们的中心思想是"三民主义"中的"民族主义",如孙中山先生所说,并非"国家主义",而是广义的"民族主义"——求国际上平等、自由的一种主义;况且在"三民主义"里面,除广义的"民族主义"外,还有求政治之平等、自由的"民权主义"与求经济上平等、自由的"民生主义",所以我们所谓"国家社会"或"国家",并非像那托尔卜、凯兴斯泰纳、克里克诸人只以他自己的国家或民族为本位,而不知还有别的国家或民族存在着那样的社会或国家,那是具有"天下为公"的精神之国家社会或国家。所以,我在前面对于从这样的国家社会或国家所引起而规定出来的范畴,不称之为"国民主义",而称之为"公民主义",就是要表达"天下为公"的意思,以为我们中国人民是一种"天下为公"的人民。那么程君对我上述的主张不必鳃鳃过虑,认为它有陷于"国家主义"之虞。我敢再积极地说,我的这种主张,一方面是要越过"良妻贤母主义"的低级女子教育而发展至较高级女子教育,一方面又要渐进地去接近"社会主义"的最高级女子教育,不过,在相当长的一段时期内,非把这种"公民主义"的较高级女子教育继续地维持下去不可。况且,我在前面已经说过,如果我站在辩证法的立场上,那么,我们应该知道从前的"良妻贤母主义"的女子教育里面早已萌芽着"非良妻贤母主义"的女子教育。从另一方面看,就像是苏联的社会主义的女子教育里面,也难以完全摆脱从前的"非良妻贤母主义"的女子教育的痕迹。就前一方面而论,譬如日、德,它虽极力提倡"良妻贤母主义"的女子教育,然而世界的潮流绝对不容许它这样做下去,所以在"良妻贤母主义"以外,不得不实施一种"非良妻贤母主义",例如所谓狭义的公民常识——法制、经济的教育。就后一方面而论,譬如苏联,它虽极力主张"社会的人"的教育,然而在心理学及生理学的某种条件之下,则不得不在社会主义的女子教育的范围以内,有时兼施一种从前的"良妻贤母主义"的女子教育,例如烹饪法、洗濯法乃至育儿方法等。至于现在的中国,固然像希脱拉那样主张,要一切女子都回到家庭里去,是为我们国情所不能容;然而像苏联那样的主张,要一切女子都跑进社会里去,也是为我们的国情所难办到的。我们中国目前的办法,只有折中日、德与苏联的主张,即对于一部分有社会服务能力的女子,同时社会也有职务给她们干,我们可以容许这部分女子先跑进社会里去;对于另一部分没有社会服务能力的女子,同时社会没有职务给她们干,我们只得要求这部分女子留在家庭里做事。这并非是一种妥协、调和的办法,实在是社会进化必然经历的一个阶段。等到将来的中国经过这个阶段,像苏联的社会一样,无论男女,人人都能够在社会上找到服务的地方,同时又有所谓"公育场"及"托儿所"设立,那时,所谓"良妻贤母主义"不废而自废,即使那时候还有这种主义,也不过是在"公育场"及"托儿所"里要女子们去担负这种工作而已。这就是如上面所说,在社会主义的女子教育里面仍保留着从前的"良妻贤母主义"的女子教育痕迹的意思。由此可见,目前的中国女子教育提倡"国家社会的人"或"国家的人"的教育,不但与今日的中国社会情形没有冲突,而且对将来的社会前途也没有阻碍。

总之,我在上面所述的话,是我主张我们尽管反对"良妻贤母主义",然而对于站在男女平权观点上的所谓"良妻贤母主义"的女子教育,又须常常为我们所回顾,一时不能完全地把它抛弃。我的理由,除我在前面所说的话外,还要拿今日中国社会的实际情形来仔细地观察。我个人觉得今日的中国社会,从一方面看,有许多女子缺乏独立自营的能力,即使有些受过相当的教育,但极少数是能够生产而且懂得怎样消费的道理的人,至于大多数,她们不但不能够生产,而且因为受了都市物质文明的影响,反而惯于消耗与浪费,徒增家庭经济的负担。日前我遇见一位很有农村经验的朋友,他很沉痛地告诉我:"现在中国农村破产,慢说它的原因在于帝国主义之压迫,把外国货充斥我国市场,以断我农村生产物之销路,然而农村的内部,壮丁不事耕作,女子不操家政,所剩下的只有老弱无力的农夫在田里耕作。如此,焉得不使生产量低减? 因此,农村焉得不破产?"照这位朋友所说的话来看,在今日农村破产时期内,壮丁怎样处置是另一问题。至于农村的女子呢? 她们非受点所谓"良妻贤母主义"教育不可。同时,从他方面来看,纵使今日的中国女子,人人都受过相当的教育,人人都有生产的知识与技能,既能生产,又善于消费,然而今日的中国社会,凡百事业,都未举办,而且因为种种原因,一时都举办不起来,所以社会没有许多事业,甚至绝无事业给女子们做。这样,纵使女子有很多的生产知识与技能,然而英雄无用武之地,白费教育。固然,这种情形不限于女子,就连男子也是这样,但是女子比之男子尤甚。综合上述两方面的话而论,在这样青黄不接之今日的中国社会,它的女子教育,除以"人"的教育为原则外,还要有稍稍保留着所谓"良妻贤母主义"的女子教育之必要。当然,我们对于从前侧重于男子权利一方面的所谓"良妻贤母主义"的女子教育,无论如何要绝对地排斥,不容许它丝毫地存在着。

　　以上几点,是我对于程君的这本书提出的区区意见。程君的这本书,在理论或原则方面我是极赞同的;不过在实施或方法方面,我觉得有些地方一时是行不通的。具体地说,究竟是否适合于今日的中国社会情形,我在此处姑且提出一点意见贡献于程君,以补充程君这本书之不足。程君既然肯虚怀若谷地向我征求意见,我也毫不客气地对他提出一点意见,以资互相商榷。我想程君不会嫌我冒昧,而引我为一个切磋之朋友吧。

姜琦序于湖北省立教育学院

民国二十三年(1934年)九月二十七日

前　言

　　写这本书的动机,是在去年十月。那时,偶然为了一个问题,竟引起我对于女子教育研究的兴趣。

　　目前中国的女子教育应该朝哪一方向走? 我曾为这个问题思索了好久,可是终没有得到令人稍微满意的结论。我想,与其空在脑子里思索,倒不如从它——女子教育的历史发展中找出它应该走的方向。不过,也许有人要说:"教育是整个的,应该从整个的方面去观察,放着整个的问题不去过问,只注意局部的探讨,只是一种无益的徒劳。"但是我们要知道:女子教育在中国,乃是被视为一种特殊的教育,和我们一般男子所受的教育殊异其趣。我们想明白这种两歧的教育是否合理,与如何使这两歧的教育进于同一教育,那么,女子教育的单独研究,也不是一件毫无价值的事!

　　有了上述理由,从去年十月起,我便开始搜集材料,到今年三月,才正式着手起草。其中最令人感到困难的,是此地图书事业不堪发达,搜集材料颇为不易。其次,个人尚有不少课内工作要做,不能拿出全部时间用在这上面,所以本书的写作费时较长。本来,我是预计暑假中期完稿的,但因为生活的压迫,刚放假我又跑到本省——安徽——第四区(寿县)小学教师暑期讲习会教了一个月的书,回来心神劳顿,懒于执笔,就一直迟到现在。

　　本书共分六章:第一章绪论,把中国过去数千年的女子地位和女子教育粗略地理出一点头绪;二、三、四、五各章,为中国现代女子教育的叙述,对于教育思想和教育实际两方面同等兼顾;末章,为个人对女子教育的意见,可算为本书的结论。我写这本书的目的,并不想要怎样转变社会对女子教育的态度,我只希望能因此引起国内教育家对于这个问题的注意,更进而有所贡献,那我就算不虚费此"抛砖"之力了。

　　本书系草创之作,缺漏甚至错误的地方在所难免,唯求读者指正! 书中征引参考书原文甚多,对于原作者诸君谨致谢意。在书中提到师长先辈时,概遵史例用通常姓氏,未加以任何尊号,谨在此道歉!

在计划写本书时,承姜师伯韩、周师予同两教授指示许多意见。稿成,复承姜、周两师校阅一过,给我不少指正,姜师并赐撰万言长序,我都万分感激!同学刘真先生亦曾为我逐章校阅,费时颇多,得他指正的地方亦不少。此外,还有好多位朋友直接或间接对本书有许多帮助,其中尤以刘效兰女士出力最多,我都在此一并致谢!

安徽省立图书馆馆长陈东原先生,予以借书便利,也在此致谢!

程谪凡自序于安庆安徽大学

民国二十三年(1934年)

第一章 绪 论

第一节 本书的旨趣

一、什么是教育

教育为国家建设的要素之一，这是谁也不能否认的。古往今来，一个民族或国家的健全与否全视其文化程度的高低而定。所谓文化，乃人类生活之一部分，是人类经验的增加和改造。人类为适应社会和自然的环境，无意或有意地创造一种行为的方法或工具，以满足其生活上的需要。这种由经验创造出来的、新的、有效的行为方法，便成为人类的一种新的、适应生活需要的工具。这种工具，常因人类生活的需要和环境的压迫，而不断地增加和改造，不断地由近传到远，由这一代传到下一代。这种不断地由近传到远，由这一代传到下一代的经验的传递，便是所谓的教育。教育是文化的传递者，是文化的创造者。

从上面一段话来看，我们知道教育在人类生活的历程中，对人类经验或文化做出不断的创造和改变。这中间，从最早到现在，它有着一条嬗变的线索。教育史就是在利用科学的方法去观察这嬗变的线索。历史是延续的、不断的，过去原就存在于现在之中，现在是过去演变的结果。所以，我们要了解现在，必得追溯过去，从历史的发展过程中去做有体系的观察、研究，会更明白过去、了解现在、推测将来。

二、本书的旨趣和范围

教育研究之科学方法，不外横的和纵的两方面。前者如教育统计、教育测验等，后者则为教育之史的研究，即所谓教育史实。由此可见，教育之史的研究实为研究教育的重要方法之一。

教育之史的研究之重要，已如前述。那么，为什么要单研究女子教育史呢？

从理论上讲，女子是"人"，是同男子一样的"人"，教育这东西是属于"人"的，它是把上一代的人类文化传给下一代的人类，固无需分别男女。然而，事实上，无论在东方或西方，过去的女子地位是低于男子的。男子占有着社会上的一切权利，女子只不过是男子的附属品而已。男女之地位既如此悬殊，其教育权之享受，自然也不平等。况且，社会上还有一种偏见，认为女子生来就弱于男子，上帝赋予她们低能，使她们的天性、能力等都比男子弱些。这样，不但不给她们享受教育，而且她们也是天生不能享受。如18世纪自然主义教育大师卢梭，他主张女子教育的目的只在于养成"良妻贤母"，使女子锻炼身体，诞育健康的婴儿；修饰姿容，学习跳舞、音乐、绘画、刺绣，好叫男子喜欢；受宗教和道德的陶冶，养成驯良的德性，以和睦家庭。他的根据，就是以为女子无独立存在的人格，她是位为男子而存在，为男子而受教育的人。在卢梭之前的人之轻视女子，那更不需说了。

男子和女子所受的教育是不同的，女子，国家给予她以特殊的教育。这种情形，在世界各国，现在还可以看到。因此，我们要在全部教育史中划出女子教育的部分来做专门的叙述和研究。

为什么要研究中国现代女子教育史呢？固然，教育是整个社会的机构，不能离掉全社会的观点而从事于部分的分析。然为研究便利，我们又不得不把范围缩小些，限于中国。况且，中国现代教育尚在尝试时期，女子教育犹未稳定，我们要改造它，必须先要认识它，为了要认识它，更要对其做单独的研究。

至于为什么要冠以"现代"二字？这是因为女子教育之兴，在中国乃是最近八九十年间的事。在八九十年前，中国无女子教育可言。故本书对于教育的研究，在性别上是限于女子，在空间上是限于中国，在时间上是限于最近八九十年。

第二节　中国过去的女子地位

一、传说中的女子地位

女子人格之被忽视，东西各国，在过去莫不皆然。《圣经》里有这样一段记载，上主天主说："人单独不好，我要给他造个与他相称的助手。"他又为他造了一切鸟类，但因为亚当没有适合的辅助者，就令亚当睡在地上，由亚当身体内抽出肋骨来造了女子,把她送给亚当,亚当说:"这才是我骨中之骨,肉中之肉,可以称她为女人,因为她是从男人身上取出来的。"日本也有个神话,男神伊装册和女神伊装美初次相会时,女神先开口说了话,男神不高兴地说:"女子上前,不成样子。"后来,他们果然生出了丑陋、低能的孩子。自后改由男子先发言,这才生出了很体面的子女。这虽是些荒诞无稽的神话,但从这些神话里,我们可以看到世人轻视女子的态度。印度有一谚语:"女子同鞋靴一样,合脚就穿,不合脚丢了就是。"这是蔑视女子人格的表现。如为现代法家奉为圭臬的《拿破仑法典》上也说,女子本是为男子而生的,女子是男子的财产,是为男子生育子女的。正像树木一样,是园主的财产,给园主生产果实。至于中国,像这类轻视女子的话,更是多有。由此可见,女子没有被认为是人,没有人的人格,她不过是男子的附庸、所有物。并不是某一地方如此,这差不多已是全世界一般人的共同观念了。

二、母系社会的女子地位

女子之被轻视,并非自有人类以来就已如此,而是后来历史演变的结果。在原始氏族社会时期,以母系为中心,社会的一切权力都掌握在女子手里。《吕氏春秋·恃君览》上所谓"昔太古尝无君矣,其民聚生群处,知母不知父",写的就是当时母系氏族社会的状况。

近代的摩尔根(Morgan)对于这个问题研究得颇为精确,他在北美的印第安住了好久,从那里的土人生活中证明了古代母系社会之确实存在。印第安人拥戴共同的女祖先,和我们现在拥戴男祖先一样,组成一个氏族。这氏族由最年长的老婆婆统领,氏族内的经济权总揽在老婆婆手里。老婆婆死了,其家长资格由其年长的女儿继承。儿子们向别的氏族的姑娘们处去入赘,姑娘们则住在家里迎夫。这样,女子都是属于同一氏族的血系,而男子却都是由别氏族拢来的。因此,男子就毫无势力,社会上的实权全掌握在女子手里,一切都由她们赞否而定。像这种母系氏族的组织,在新墨西哥以及亚利桑那地方的皮幼耶卜洛印度人里面,都还存在。由此,我们可以知道在父系社会以前,还有种母系制度实行了若干年。中国当然也经历过这一阶段。

三、母系社会崩溃和女权降落

母系中心社会的崩溃,是铁器发明时期的事。铁器发明促进了农业的进步。

农业进步,男子领有六畜与土地,生产能力日益提高,而女子以经营氏族为范围的生产便不能不降为附庸的地位。因此,母系社会便这样轻巧巧地转变为父系社会,女子也就由支配人的地位而降为被支配的奴隶地位了。这时,生产力量日渐增强,私有财产制度也日渐确立,社会乃因此分裂为富有的治者与贫困的被治者,为维持富有者的地位,国家制度因而产生。在国家制度初确立时,社会组织乃是一种纯粹的奴隶制度。当时属于奴隶这一部分的,除了被征服的异名族,便是女子。女子之被掠夺、买卖、赠予等这一类蔑视"人"的人格勾当,都在这时期一一发生了。

稍后,由奴隶制度社会转变到真正的封建制度社会。在封建制度社会里的女子,除做土地和土地生产物集中的少数帝王诸侯的奴隶者外,还要做家长的奴隶、丈夫的奴隶。在这种三重隶属的情形之下,女子的自由意志完全被剥夺了。这种封建制度所给予女子的压迫和束缚,实际上,直到最近百十年间还巍然存在。

这里,让我们从中国过去的典籍里看看中国女子所处的地位究竟低落到何种境地。

四、女子在家庭中的地位

女子似乎是命定的要弱于男子的。《系辞》上说:"坤道成女。"坤者阴也,阴柔、阳刚,故女子以柔顺为主。女子既生来就富有弱性,那么生男生女,也无怪其待遇各异了。"大人占之:维熊维罴,男子之祥;维虺维蛇,女子之祥。乃生男子,载寝之床,载衣之裳,载弄之璋。其泣喤喤,朱芾斯皇,室家君王。乃生女子,载寝之地,载衣之裼,载弄之瓦。无非无仪,唯酒食是议,无父母诒罹。"①

对于刚出生的男女婴孩,竟有这么大的差别!

女子既如此被人轻视,故人人都不愿生女,以致于"且父母之于子也,产男则相贺,产女则杀之"②。

北齐《颜氏家训·治家篇》有云:"世人多不举女,贼行骨肉,岂当如此,而望福于天乎?吾有疏亲,家饶妓媵,诞育将及,便遣阍竖守之。体有不安,窥窗倚户,若生女者,辄持将去;母随号泣,使人不忍闻也。"③这种杀女的风气,就是到现在,有些地方还仍然存在。(山东及安徽北部溺女之风,现仍盛行。溺法:稳婆洗婴时,在

---

① 曹音.诗经释疑[M].2版.上海:上海三联书店,2016:131.
② 韩非.韩非子[M].秦惠彬,校点.沈阳:辽宁教育出版社,1997:167.
③ 颜之推.颜氏家训[M].北京:中国文史出版社,2003:45.

浴盆上横放一块板,挈婴从板上过,叫作"过桥",半中将婴孩抹落淹死,说是命不好,过不得桥。她若丢到河里、塘里,那更是普遍的溺法。)

女子虽幸而不被杀,然其地位却为极低。她乃男子的附庸,男子的所有物;她只服服帖帖地做奴隶,柔顺服从,自己却无独立的人格。《穀梁传》上说:"妇人谓嫁曰归,反曰来归,从人者也。妇人在家制于父,既嫁制于夫,夫死从长子。妇人不专行,必有从也。"①

《礼记·郊特牲》上说:"出乎大门而先,男帅女,女从男,夫妇之义由此始也。妇人,从人者也:幼从父兄,嫁从夫,夫死从子。"②女子是"从人"的,换言之,就是人的奴隶。所以,她一生都过着奴隶的生活。在未嫁以前,她要善事父母:"鸡初鸣,咸盥漱,栉纵,拂髦总角,衿缨,皆佩容臭。昧爽而朝,问何食饮矣。若已食,则退。若未食,则佐长者视具。"③既嫁尔后:"妇事舅姑,如事父母。鸡初鸣,咸盥漱,栉纵,笄总,衣绅。左佩纷帨、刀砺、小觿、金燧,右佩箴、管、线、纩,施繁袠,大觿、木燧。衿缨、綦屦。以适父母舅姑之所。及所,下气怡声,问衣燠寒,疾痛苛痒,而敬抑搔之。出入,则或先或后,而敬扶持之。进盥,少者奉槃,长者奉水,请沃盥,盥卒授巾。问所欲而敬进之,柔色以温之"④,"凡妇,不命适私室,不敢退。妇将有事,大小必请于舅姑。子妇无私货,无私畜,无私器,不敢私假,不敢私与"⑤。事夫,则以"顺从为务,贞悫为首",所以,"事夫有五:一、平日缊笄而相,则有君臣之严。二、沃盥馈食,则有父子之敬。三、报反而行,则有兄弟之道。四、规过成德,则有朋友之义。五、惟寝席之交,而后有夫妇之情"⑥。

女子除事父母、舅姑和丈夫外,她的主要任务便在育儿了。育儿要"行为仪表,言则中义。胎养子孙,以渐教化。既成以德,致其功业"⑦。

女子一生的活动,统统跳不出这个圈子,她只能在这个圈子里面打转。而这些活动的中心,却在于"夫","夫"便是这个生活之圈的中轴。孝敬舅姑,因为舅姑是夫的父母;养育婴儿,因为孩子要继承夫的宗支。所以,女子之于夫,那是再尊敬没有的了。

① 春秋谷梁转[M].顾馨,徐明,校点.沈阳:辽宁教育出版社,1997:2.
② 礼记[M].崔高维,校点.沈阳:辽宁教育出版社,2000:90.
③ 礼记[M].崔高维,校点.沈阳:辽宁教育出版社,2000:93.
④ 礼记[M].崔高维,校点.沈阳:辽宁教育出版社,2000:93.
⑤ 礼记[M].崔高维,校点.沈阳:辽宁教育出版社,2000:95.
⑥ 陈东原.中国妇女生活史[M].北京:商务印书馆,2015:32.
⑦ 张涛.列女传译注[M].济南:山东大学出版社,1990:1.

怎样叫作"夫"？"夫"的意思究竟是什么？《礼记·郊特牲》上说："夫也者，以知帅人者也。"这显然是以夫为主司，妻为从属了。并且因为"夫有傅相之德而可倚仗"，故又有"丈夫"的称谓。《楚辞》上说："思夫君兮太息"，"思夫君兮未来"。这直以"君"名"夫"了，可见夫的威严！

到了班昭手里，她更把夫抬得和天一样得高大。她说："夫有再娶之义，妇无二适之文，故曰：夫者，天也。天固不可违，夫固不可离也。行违神祇，天则罚之。礼义有愆，夫则薄之。"①

女子既是那样卑贱，那样没一点地位，那么，男子对妻不高兴的时候，当然可以将她赶出去。《大戴礼·本命》上说："妇有七去：不顺父母去，无子去，淫去，妒去，有恶疾去，多言去，窃盗去。"②这是何等苛刻的处分！因为"不顺父母"便是"逆德"，所以说："姑云不，尔而是，固宜从令。姑云是，尔而非，犹宜顺命。"③不问姑的话是否合理，你都得好生生地"顺命"。再若："子甚宜其妻，父母不说，出。"无论丈夫怎样爱妻，只要父母对妻不高兴，那也将认为妻是"逆德"而要被"出"的。"无子"，那是女子的罪过，不然，你为什么要做女子呢？"淫"为"乱族"，可是丈夫宿娼蓄妾，你得不要"妒"，否则那又是"乱家"了。有"恶疾"，怎样"共粢盛"？好说话、窃盗，那都是了不得的犯罪！

所谓"窃盗"，并不一定是指犯了什么偷窃的罪，就是"私积聚"也认为是"窃盗"。例如，"卫人嫁其子而教之曰：'必私积聚。为人妇而出，常也；其成居，幸也。'其子因私积聚，其姑以为多私而出之"④。这就是"子妇无私货，无私畜，无私器"⑤的法典的执行。

丈夫固然有许多理由可以出妻，而妻却不能弃夫而走。《列女传》中所谓"终不更二"，便是"从一而终"的意思。纵令丈夫相弃，女子也只有自怨命薄，如《诗经·王风》："……有女仳离，嘅其叹矣。嘅其叹矣，遇人之艰难矣。……有女仳离，条其歗矣。条其歗矣，遇人之不淑矣。……有女仳离，啜其泣矣。啜其泣矣，何嗟及矣。"⑥这都是女子被夫遗弃的自怨自艾！至若丈夫死了，也仍然不能改嫁，必得

① 五种遗规[M].陈宏谋,辑.北京:线装书局,2015:91.
② 陈宏谋.五种遗规[M].北京:中国华侨出版社,2012:118.
③ 五种遗规[M].陈宏谋,辑.北京:线装书局,2015:92.
④ 韩非.韩非子[M].秦惠彬,校点.沈阳:辽宁教育出版社,1997:66.
⑤ 礼记[M].崔高维,校点.沈阳:辽宁教育出版社,2000:95.
⑥ 冀昀.诗经[M].北京:线装书局.2007:66-67.

"三年重服。守志坚心。保家持业。整顿坟茔。殷勤训后。存殁光荣"①。这就是"饿死事小,失节事大"的缘故。所以,卓文君奔司马相如竟贻为千秋笑柄。

五、女子在社会上的地位

女子生来就要她躲在家里,社会上的事,只有男子去问。《内则》上说:"子生,男子设弧于门左,女子没帨于门右。"②在门右设帨,显然是暗示着女子不外是巾帼中的人物。

古代对于男女之别,非常严谨。一方面固在使男主外,妇主内,不让女子露头角;另一方面在于防止男女间越"礼"相求而有损于贞德。故曰:"男女无辨则乱升。"男女有别的唯一方法,便是隔离,使男女永无接触的机会。"七年,男女不同席,不共食。"③这是隔离之始,以后就"男女不同椸枷"④。即使是同胞血属,也免不了要"避险远别":"姑姊妹女子,已嫁而反室。弗与同席坐,弗与同器食。"⑤男女之间,既然有了内外之别,因此便"内言不出于阃,外言不入于阃"⑥,"男不言内,女不言外。非祭非丧,不相授器。其相授,则女受以篚,其无篚,则皆坐奠之而后取之。外内不共井,不共湢浴,不通寝席,不通乞假。男女不通衣裳,内言不出,外言不入。男子入内,不啸不指,夜行以烛,无烛则止"⑦。把女子紧锁阃内,使她不和男子见面,不和男子说话,认为"女正乎内,男正乎外",乃"天地之大义"。

对女子采用封锁政策,这无异于把女子视为财产或所有物了。既然视女子为财产或所有物,那么,买卖的勾当是必然有的。我们看:"玉人之事:……谷圭七寸,天子以聘女"⑧,成公八年,"夏,宋公使公孙寿来纳币"⑨,"某有先人之礼,——俪皮束帛,——使某也请纳征"⑩。自天子至庶人,都免不了"纳币"而娶。换言之,无论是天子、诸侯,还是庶人,都须拿钱或物品去购买女子。至于"买妾不知其姓

---

① 宋若昭女论语卷下[M].扫叶山房藏版.光绪三十二年(1906年):27.
② 礼记[M].崔高维,校点.沈阳:辽宁教育出版社,2000:99.
③ 礼记[M].崔高维,校点.沈阳:辽宁教育出版社,2000:100-101.
④ 礼记[M].崔高维,校点.沈阳:辽宁教育出版社,2000:99.
⑤ 五种遗规[M].陈宏谋,辑.北京:线装书局,2015:14.
⑥ 五种遗规[M].陈宏谋,辑.北京:线装书局,2015:14.
⑦ 礼记[M].崔高维,校点.沈阳:辽宁教育出版社,2000:94.
⑧ 周礼·仪礼·礼记[M].陈成国,点校.长沙:岳麓书社,1989:125-126.
⑨ 孔子,左丘明.春秋左传[M].2版.哈尔滨:北方文艺出版社,2016:289.
⑩ 周礼·仪礼·礼记[M].陈成国,点校.长沙:岳麓书社,1989:146.

则卜之",那更是直言不讳地说"买"了。

在政治方面,"公庭不言妇女",也是轻视女子之社会地位的表现。"从夫之爵,坐以夫之齿"①,这不过是"妻以夫贵"罢了。

妇人有七出之条,在法律上,女子是受着更大压迫的。

女子既然是"无私货,无私畜,无私器",在经济上,又失去了自主的地位;再加上"妇人不专行,必有从也";她不能继承宗支,对财产的继承,更是谈不上。所以,女子在社会上的地位极其卑贱。

六、妾的地位

妻的地位固低于夫,而妾的地位又低于妻。那么,妾之于夫,更是低到极点了。古代通婚,最重仪式,明媒正娶,总算正室;若未经过预定的婚姻程序而成婚,那便是造成"妾"的原因,《内则》所谓"聘则为妻,奔则为妾"者即是。这样,妾在婚姻的关系上是没有地位的。妾虽在婚姻的关系上没有地位,可是,在当时却已经成通行的制度。《礼记·昏义》上说:"古者天子后立六宫、三夫人、九嫔、二十七世妇、八十一御妻……"②除了后为正室外,余都是妾,这是天子方面的。诸侯位逊天子,所娶当较少:"天子有后,有夫人,有世妇,有嫔,有妻,有妾"③,"诸侯一聘九女"④。卿大夫又逊于诸侯,故卿大夫一妻二妾。至于庶人,则士人一妻一妾。"齐人有一妻一妾而处室者。"是则,从天子以至于庶人,娶妾已是上下通行的制度了。

妾的地位低于妻,前面已经说过。所以,妾要尊称其夫之妻为"女君"。《刘熙释名释亲属》上说,妾谓夫之嫡妻曰女君,夫为男君,故名其妻为女君也。有时,妾称夫为"主父",称夫的妻为"主母"。就在这称谓上,也可见妾的地位的低贱了。妾死了,其待遇亦不平等:"其妻祔于诸祖姑,妾祔于妾祖姑"⑤,"无妾祖姑者,易牲而祔于女君可也"⑥,"妾祔于妾祖姑。亡则中一以上而祔,祔必以其昭穆"⑦。生为女子,已是做了男子的奴隶,再嫁而为妾,则是奴隶的奴隶了。处在这种双重奴隶地位的女子,数千年来,真不知有多少!

---

① 礼记[M].崔高维,校点.沈阳:辽宁教育出版社,2000:90.
② 四书五经:上册[M].陈戍国,点校.长沙:岳麓书社,1985:667.
③ 殷昂.礼记:上[M].北京:当代世界出版社,2007:24.
④ 钱玄,钱兴奇.三礼辞典[M].南京:凤凰出版社,2014:906.
⑤ 四书五经:上册[M].陈戍国,点校.长沙:岳麓书社,1985:554.
⑥ 四书五经:上册[M].陈戍国,点校.长沙:岳麓书社,1985:555.
⑦ 四书五经:上册[M].陈戍国,点校.长沙:岳麓书社,1985:554.

总之，从母系社会转变到父系社会以后，女子所处的地位便一天天降低。她们变成奴隶，度着奴隶的生活；变成财产，任男子去支配宰割。几千年来，经过历代帝王和一般腐儒的明吹暗打，神经麻木了的女文人的推波助澜，亦使女子陷入深渊而不自觉！

第三节　中国女子旧教育的回顾

中国女子过去所处的地位，已如前所述，极其卑贱；而她们在教育方面不为人所重视，也是势所必然。中国的整个社会，数千年来，都为男子所独占，何况教育。就算女子要教育，也只是教她们怎样做奴隶，教她们怎样服服帖帖地"从人"。这种教育是为男子而教的，对女子只是加上一副镣铐。

据考证，自三代以迄于近世，教育制度已有三四千年的历史了。在这三四千年中，女子教育，始终没一点地位。严格地说起来，在光绪三十三年（1907 年）——记住，这一年是值得我们纪念的——以前，根本就无女子教育可言。但女子的学校教育虽形成很晚，而非学校的教育，则是随着生活而俱进的。中国的学校教育，固然是受了西洋文明的影响而兴起，而在制度的本身方面，自有其历史的背景在。这一代的社会制度，乃前一代社会制度演变的结果，这中间是有着一条嬗变的线索。女子教育由非学校教育而进于学校教育，是历史演变的结果，并非偶然！这里，我们就要来看看它演变的线索。

一、原始社会的女子教育

在原始社会时代，所谓教育，不过是一种"模仿"或"学习"，儿童随着成人，有意或无意地模仿成人的动作。因为在那个时代，生活简单，经验缺乏，用不着采用后来教学的方式来施教。所谓"教育和生活的合一"，正可以用来说明原始社会的教育状态。教育仅是动作的模仿，那么，男女所受的同是这模仿的教育，自然没有什么高下。有之，也是女子教育较男子高一点，因为那时乃母系社会，男子是女子的奴隶，奴隶便要模仿或学习奴隶的事情。

二、母系社会崩溃后的女子教育

到母系中心社会崩溃，父系社会建立的时代，男子便跳到女子之上，女子变成男子的奴隶了。自后,只看到男子在社会上活动,女子被禁闭在闺阃内。在这样的社会制度之下,女子教育只限于家庭,国家并没有承认她们在教育上的地位。

三代的时候,六岁之内的男女固是受着同样的家庭教育:"择于诸母与可者,必求其宽容,慈惠,温良,恭敬,慎而寡言者,使为子师……"[①]所谓"子",乃包括男子和女子而言,男女同在"师"的指导之下受着教育。能吃,"教以右手",这是相同的;"能言,男唯女俞。男鞶革,女鞶丝"[②],这就有点不同了;"六年,教之数与方名"[③],也是男女相同。可是,一到七岁,便"男女不同席,不共食"[④]了。

男子是社会的主人,到了十岁自然要出外就傅;女子,她是终生禁锢于闺阃之内的人,乃脱离不了家庭的教育。女子在当时,她不必学习怎样做人,只需学习怎样做媳妇。换句话说,只要能善事舅姑、丈夫和操持家事,便是当时的标准女子了。所以,女子到了十岁,便要深处闺阃,受所谓"姆教"。教些什么?

学女德——婉,娩,听从。

学女事——执麻枲,治丝茧,织纴,组紃。

观祭礼——纳酒浆笾豆,菹醢,助奠[⑤]。

皇家宗室五属的女子,在嫁前三月还有种特殊的教育,就是在"公宫"或"宗室"内教以妇德、妇言、妇容、妇功等四德。什么人教呢?"国君取大夫之妾,士之妻老无子而明于妇道者,禄之使教宗室五属之女"[⑥]。至于平民人家的女子,在出嫁时,父母也叮诫几句,和皇室女子嫁前三月的教育有同等意义。《仪礼·士昏礼》上说:"父送女,命之曰:戒之敬之,夙夜无违命。母施衿结帨,曰:'勉之,敬之,夙夜无违宫事。庶母及门内施鞶,申之以父母之命,命之口:敬恭听尔父母之言,夙夜无愆,视诸衿鞶。"[⑦]

三、旌表贞顺的开端

女子要做好媳妇,对于舅姑必须顺从,对于丈夫必须守贞。"贞"与"顺"便成为女子最高的道德标准。所以,秦始皇几次刻石都曾提及,也不外使女子重视贞洁。

① 礼记[M].崔高维,校点.沈阳:辽宁教育出版社,2000:99.
② 礼记[M].崔高维,校点.沈阳:辽宁教育出版社,2000:100.
③ 礼记[M].崔高维,校点.沈阳:辽宁教育出版社,2000:100.
④ 礼记[M].崔高维,校点.沈阳:辽宁教育出版社,2000:100-101.
⑤ 礼记[M].崔高维,校点.沈阳:辽宁教育出版社,2000:101.
⑥ 郭超.四库全书精华:子部(第2卷)[M].北京:中国文史出版社,1998:1175.
⑦ 五种遗规[M].陈宏谋,辑.北京:线装书局,2015:103.

汉宣帝神爵四年(公元前58年),诏赐贞妇顺女帛,开旌表节孝贞烈之端。这种奖励和提倡,是施于女子的一种暗示教育。

四、汉代两个女教圣人

汉代出了两个女教圣人,写了两部经典,益加锁住了此后两千年女子的奴隶命运。这两部经典:一部是西汉刘向的《列女传》,一部是东汉班昭的《女诫》。《列女传》现存七篇:母仪、贤明、仁智、贞顺、节义、辩通、孽嬖等,无非教女子死心塌地地做父母、舅姑、丈夫、儿子的奴隶。

班昭自己就是一个女子。因为汉代儒风极盛,史籍颇多,有些女子也跟着父兄学些史书。故东汉时期,虽无女子学习之设,竟出了不少女文人,班昭便是其中之一。

从历史方面看,班昭是第一个露头脸的女子。她觉得女子也应该读书,她说:"察今之君子,徒知妻妇之不可不御,威仪之不可不整,故训其男,检以书传,殊不知夫主之不可不事,礼义之不可不存也。但教男而不教女,不亦蔽于彼此之数乎?礼,八岁始教之书,十五而至于学矣,独不可以此为则哉!"[①]女子要教的理由,是因为要"事夫","事夫"便是女子教育的目的。教些什么呢? 当然不外乎所谓的"三从四德"。我们看她对于四德的解释:"女有四行,一曰妇德,二曰妇言,三曰妇容,四曰妇功。夫云妇德,不必才明绝异也;妇言,不必辩口利辞也;妇容,不必颜色美丽也;妇功,不必技巧过人也。幽闲贞静,守节整齐,行己有耻,动静有法,是谓妇德;择辞而说,不道恶语,时然后言,不厌于人,是谓妇言;盥浣尘秽,服饰鲜洁,沐浴以时,身不垢辱,是谓妇容;专心纺绩,不好戏笑,洁齐酒食,以供宾客,是谓妇功。"[②]三从乃从父、从夫、从子,尤以从夫为重。她对于从夫的说明:"夫有再娶之义,女无二适之文,故曰:夫者,天也……","故事夫如事天,与孝子事父,忠臣事君同也"[③]"事夫如事天",这是何等的尊严! 因为要敬事丈夫,自然对于丈夫的父母——舅姑,应该顺从;对于叔妹辈,应该和悦周旋。总之,这些所谓三从四德的大道理,它的基础乃建立在一个根本的观点上——那就是"卑弱"。班昭所谓"古者生女三日,卧之床下,……明其卑弱,主下人也","阳以刚为德,阴以柔为用。

① 五种遗规[M].陈宏谋,辑.北京:线装书局,2015:90.

② 五种遗规[M].陈宏谋,辑.北京:线装书局,2015:91.

③ 陈东原.中国妇女生活史[M].北京:商务印书馆,1998:48.

男以强为贵,女子以弱为美"①。"卑弱"才是奴隶的骨头,女子教育也就建立在这"卑弱"的基点上。

五、唐代几部有关女性的教科书

班昭后五六百年,到了唐代,又出了几部女性教科书:一是唐太宗长孙皇后作的《女则》三十卷;一是陈邈妻郑氏的《女孝经》,一是宋若莘的《女论语》。除《女则》散佚外,余两书在近代犹有很大势力,尤以《女论语》为最。

《女孝经》共十八章:开宗明义,后妃,夫人,邦君,庶人,事舅姑,三才,孝治,贤明,纪德行,五刑,广要道,广守信,广扬名,谏诤,胎教,母仪,举恶。

《女论语》全书分为十二章:立身,学作,学礼,早起,事父母,事舅姑,事夫,训男女,营家,待客,和柔,守节。

以上两书,都是押韵的,读起来便于记忆,故其势力也因而延长到现在。

《女论语》除教女子怎样立身处世,还举出了教女子教育子女的方法。我们拿现在的名词附会来说,"训男女"章就是训子(男和女)教学法。这里,录一段关于训女的方法:"女处闺门,少令出户。唤来便来,唤去便去。稍有不从,当加叱怒。朝暮训诲,各勤事务,扫地烧香,纫麻缉苎。若在人前,教他礼数。莫纵娇痴,恐他啼怒。莫纵跳梁,恐他轻侮。莫纵歌词,恐他淫污。莫纵游行,恐他恶事。"②这不是训女教学法吗?假使我们再附会说它是训育法,也未尝不可,因为那时还是教、训合一的。

唐代教女项目,计有十项:习女工,议论酒食,温良恭俭,修饰容仪,学书学算,小心软语,闺房贞洁,不唱词曲,闻事不传,善事尊长。《女论语》这部教科书的教材内容,除学术、学算没有述及外,其余项目都包括在内。

六、宋明的女子教育

宋代主张女子读书的也有人在,像司马光便主张女子到了六岁应该学习轻的女工,七岁开始读《孝经》《论语》,九岁为她讲解《孝经》《论语》《列女传》《女诫》一类的书;没有诗歌、词曲及音乐等,女子则不宜学习。他以为女子最要晓得的是怎样做人的妻子,他举出做妻的六个标准:为人妻者,其德有六:一曰柔顺,二曰清

---

① 五种遗规[M].陈宏谋,辑.北京:线装书局,2015:90.
② 五种遗规[M].陈宏谋,辑.北京:线装书局,2015:96.

洁,三曰不妒,四曰俭约,五曰恭谨,六曰勤劳。

明代新出的女教专书有:明初仁孝文皇后的《女训》,成祖时群臣编辑的《古今列女传》,明朝吕坤的《闺范》,温璜的《温氏母训》诸书,都在于教女子以为女、为妇、为母之道。

明末,社会渐有不使女子读书的趋势,所以吕坤说,今人养女多不教读书认字,盖亦防微杜渐之意。然女子贞淫,却不在此。果教以正道,令知道理,如《孝经》《列女传》《女训》《女诫》之类,不可不熟读讲明,使她心上开朗,亦阃教之不可少也。

七、清代的女子教育

女子教育到了清代,盛极一时,为前此数千年所仅见。清初,蓝鼎元著《女学》,为女教专书中的巨著,对"三从四德"的道理,阐发靡遗。稍后,陈红谟作《教女遗规》,用意亦与蓝鼎元同。

乾隆年间,李晚芳(女子)编《女学言行录》,极力主张女子应"学"。她所根据的理由是:"……男治乎外,女治乎内,厥职维均,皆不可不学。然男子终身皆学之日,女子自成童以后,所学不过十年,即于归而任人家政。事舅姑、奉宗庙、相夫子、训子女、和娣姒伯叔诸姑,齐家之务毕集,皆取给于十年之学,故学于女子为尤亟。"[1]学些什么呢?"女学之要有四:曰去私,曰敦礼,曰读书,曰治事"[2],"女学之道亦有四:曰事父母之道,曰事舅姑之道,曰事夫子之道,曰教子女之道。四者自少至老,一生之事尽矣"[3]。教育女子应从何时开始呢?"为教为学皆当谨于童年,以端其始。"[4]以上所述,都为李晚芳对于女子教育的主张。

八、男女平等思想的滥觞

自三代以至有清,女子教育都是基于"卑弱"的根本观念,主张三从四德、男尊女卑的。未曾有人敢挺身而出,替三四千年来深受羁缚的女子吐一口气。可是,在清代晚期,却出了两个"前无古人"的先觉。

第一个要说的便是《镜花缘》的作者李汝珍(据《胡适镜花缘引论》考证)。他

① 陈东原.中国妇女生活史[M].北京:商务印书馆,2015:212.
② 陈东原.中国妇女生活史[M].北京:商务印书馆,2015:213.
③ 陈东原.中国妇女生活史[M].北京:商务印书馆,2015:213.
④ 李汝珍.镜花缘:注释本[M].易仲伦,注.武汉:崇文书局,2015:194.

以小说的体裁暴露着过去社会对待女子的种种罪恶,力论女子应该受到平等的待遇、平等的教育和平等的选举权利。这种男女平等的思想充分地表现在这本书里,如他在第十二回里论女子缠足:"试问鼻大者削之使小,额高者削之使平,人必谓为残废之人。何以两足残缺,步履艰难,却又为美?……此圣人之所必诛,贤者之所不取。"①在第五十一回里,借两面国的一个押寨夫人的话指斥女子单面贞操的不当:"假如我要讨个男妾,日日把你冷淡,你可欢喜?你们做男子的,……一经转到富贵场中,就生出许多炎凉样子,把本来面目都忘了;……将糟糠之情,也置度外。这真是强盗行为,已该碎尸万段!你还只想置妾,那里有个忠恕之道!"②以上不过是略举一二,以见其概而已。

和李氏同时的又有俞正燮(安徽黟县人),他正言厉色地提出了他的男女平等的主张。他说:"妇无二适之文,固也,男亦无再娶之仪","妇人再嫁者不当非之,不再嫁者敬礼之斯可矣"。又说:"古言终身不改,身,则男女同也。七事出妻,乃七改矣。妻死再娶,乃八改矣。男子理义无涯涘,而深文以罔妇人,是无耻之论也!"这是何等透彻,何等大胆的议论!他反对缠足,非议贞女及男子教女儿殉节为自荣的心理,在当时封建思想充盛的社会中,敢这样勇敢地提出公正的主张,实所仅见!

李、俞两氏的这种主张,在当时虽未产生多大效力,但是中国男女平权思想的滥觞。此后,中国的妇女解放运动潮涌而起。虽说是受了西洋文明东侵的影响,可是,这一条反抗男尊女卑旧思想的火线,却早伏在一百年前了。我们万不可数典忘祖!

第四节　中国现代女子教育的鸟瞰

一、现代女子教育的分期

鸦片战争以后,西方文明日渐侵入,中国的旧有文明便渐渐摇动起来。维新运动时期,老实不客气把西方文明接受了一部。我们谈现代女子教育,当亦源于鸦片战争,因为战后的教会女校,便是现代中国女子教育的根苗。算起来,自鸦片

---

① 陈东原.中国妇女生活史[M].北京:商务印书馆,2015:39.
② 李汝珍.镜花缘:注释本[M].易仲伦,注.武汉:崇文书局,2015:194.

战争到现在不过几十年的历史,而女子教育正式列入学校制,尚不及三十年。在这短短的历史中,我们要追寻它发展的过程。

我们为研究便利起见,不能不把这短短的几十年再给它分为几个阶段。固然历史的演变是一贯的、整个的,我们不能给它截然划分,使各自成为片段的一部分。但历史的研究,从延绵繁复的事实中求出系统的条理来,终究不能不采用这种人为的、勉强的划分方法。虽然,这一期固含有上一期史实的成分,下一期也含有这一期事迹的痕迹。因为这样,我对于中国现代女子教育,把它分为三个时期:第一个时期,从鸦片战争至光绪三十二年(1840年—1906年),为中国现代女子教育萌芽时期;第二个时期,自光绪三十三年至宣统三年清室灭亡止(1907年—1911年),为中国现代女子教育建立时期;第三个时期,自民国元年(1912年)至现在,为中国现代女子教育发展时期。

二、萌芽时期

这个时期,正是清政府多事之秋。内忧外患,纷至沓来。西洋势力,随通商、传教撞开了中国数千年来闭关自守的门户。经济和军事诸方面的侵略,同时并进,使中国几乎无以自存;再加上传教士到处组织教会,设立学校,更予中国以文化的压迫。国事至此,衰微已极,朝野人士,咸觉非变法不足以固存。于是,维新诏下,改科举,设学堂,外国的典章制度便渐次移植到中国来了。同时,教会在中国各处设立女学,开中国女子学校的先河;而国人也感觉女学之于国家兴亡,攸关匪浅,民间女学亦渐多设立。光绪二十九年(1903年),清政府重订《学堂章程》,将女子教育包括于家庭教育之中,使女子教育走到国家制度的路上。是为中国现代女子教育萌芽时期。

三、建立时期

上期的女子教育,尚在萌芽时代期。除掉教会和国人私办的女子学校,国家并未规定女子的正式教育。女子教育正式列入学制,要以光绪三十三年(1907年)为始。光绪三十一年(1905年)学部成立。三十三年(1907年),学部奏定《女子师范学堂章程》三十九条,《女子小学堂章程》二十六条,是为国家正式承认女子教育之始。不过,这个时期的女子教育和当时的男子教育截然两道。不但在学制的本身上有所不同(当时所定,女子最高教育止于女子师范学堂),在同阶段学校的修业年限和课程方面也有差异。这种制度,我们称之为两性的双轨制。因为在那个时期,纯粹依据性别铺设了男女各异的两条教育轨道,这是中国现代女子教育建立时期。

四、发展时期

清政府到了末叶,外受列强炮火的重重进逼,内有孙中山、黄兴所领导的革命运动,日渐支撑不住。虽也变法维新,预备立宪,却是空喊口号,期保全其万世一系的基业。实际上,无丝毫成效。因此,武昌起义遂推翻满清政府而建立中华民国。

专制政体既经摧毁,所有因缘于专制政体而产生的典章制度,自也随清室灭亡而俱尽。所以,当初的两性双轨制的教育制度,到民国成立,便完全崩溃了。高等教育,在"五四"运动以前,女子虽尚无地位,而其他之中等教育和初等教育,学制上男女已趋于一致了。"五四"运动给予国人以新的意识,摧毁数千年来的礼教壁垒,"良妻贤母主义"的女子教育观到此濒于绝境。文化上,确是一大突变,男尊女卑的观念系既被打破,男女平权的思想又风靡一时,高等教育机关便因此开放女禁,中小学也都实行男女同学。迨至民国十一年(1922年),新学制颁定,不分性别的单轨制教育正式确立。民国十六年(1927年),国民政府定都南京以后,"良妻贤母主义"的女子教育又渐有复活的趋势,这是女子教育发展过程中值得注意的地方。以上是为中国现代女子教育发展时期。

第二章　中国现代女子教育萌芽时期

第一节　变法维新与女子教育

一、清末的内政和外交

　　清代自道光、咸丰以来，国势一天天衰落。一方面固由于人民苦于朝廷的压制，时时欲倾覆之以为快；一方面也是由于清廷自身的腐败，任用奸佞，吏治败坏，贿赂公行，上下蒙蔽；之后，慈禧专政，又穷极奢华，恣情任性，奸宦干涉朝政，弄得派别纷起，党同伐异。清廷的腐败混乱，至此已达极点。

　　政府本身既已腐败不堪，人民自然趁机揭竿而起。所以，内乱终不免一再继起了。清末内乱之大者：在前有回部之扰西北，猺民之乱湖、广（均道光年间事）；在后有太平天国的革命（咸丰初事），义和团的"攘夷"（光绪时事）。八九十年间，竟有这样大的几次变乱，怎叫国势不衰微，民生不凋敝？

　　至于对外交涉，那更令人痛心！

　　鸦片战争撞开中国门户，闭关自守的迷梦被打得粉碎。在先，国人妄自尊大，不明白外国的地势情形，不懂得外国的语言文字，以为自己的国家是文化最丰富而历史最悠久的古国，是天朝，是上邦；视外洋各国为蛮戎夷狄之族，无足轻重。迨鸦片之役，清政府一败涂地，订立所谓《南京条约》：割香港岛，开五口通商，赔款二千一百万银圆，这才晓得外国并不是可以轻视的。不久，于咸丰八年（1858年），因英、法联军之役，又订《天津条约》：领事裁判权的许给，制定新税率的协商，都始于此。后烟台、伊犁诸约相继订立，无不失地丧权，屈服于列强铁蹄之下。甲午中日战开，中国惨败，订立《马关条约》，承认朝鲜独立，割澎湖列岛、台湾，赔军费二万万两，开内地商埠，及许日输内河航行，受创至钜。义和团乱起，毁教堂，杀外国使臣和传教士,八国联军因此进占北京,两宫出走。次年和议既定,毁大沽炮台及天津城垣,赔款四百五十兆两。

清代末叶,不数十年间,订立了许多丧权辱国的条约。自《南京条约》起,便正式承认外国的经济侵略;《马关条约》复许外人在内地通商口岸开设工厂,领事裁判权的许予,关税的不能自主,内河航行的承认,条条都给予外国经济的、政治的、军事的侵略以方便。就海关统计来看,自光绪三年(1877年)至光绪二十七年(1901年),这二十四年间,贸易入超竟增至98646161两,光绪三年(1877年)入超为5788874两。光绪三十年(1904年)以后,入超的数目更有增加,这里且举光绪三十年(1904年)至三十三年(1907年)贸易数字见下表。

表1　光绪三十年(1904年)至三十三年(1907年)贸易概览

	输入	输出	入超
光绪三十年 (1904年)	344060608	239486628	104573925
光绪三十一年 (1905年)	447100791	227888197	219212594
光绪三十二年 (1906年)	410270082	236456739	173813343
光绪三十三年 (1907年)	416401369	264380697	152020672
（本位依海关两）			

从上表来看,中国每年要送给外国几万万两的银钱,其在内地开设工厂所榨取的中国金钱尚未计入。我们中国,一面做了外国原料的产地,一面做了外国商品的销场。因此,外国工商业遂支配了整个中国的经济。陋厄日增不已,国计民生逐渐陷入窘迫,社会的纷乱和不安定的情况也日见显著。

鸦片战争所给予国人的刺激,就是使国人知道中国旧有文化之不足尽恃,西洋文明有可采用的余地。所以,同治初年,有各种同文馆、造船局、机器局等的设置。但那都不过是权宜之计,而非根本之道。甲午战争之后,李鸿章和伊藤博文会于马关的时候,伊藤博文说:"与中堂别来十年,中国毫无改变成法,同深抱歉。"李氏非常惭愧,却也是中国极大的耻辱。之后东西各国都相逼而来,瓜分之说,甚嚣尘上。中国朝野上下,到此已咸认有革新政治的必要了。

二、维新变法

光绪二十一年(1895年),中、日和议初定,康有为联合会试士子一千三百人上书请求变法维新,格于廷臣不得达;康氏乃退而创立强学会于北京,旋被解散。康氏门人梁启超复在上海创办《时务报》,鼓吹维新运动,颇得举国人士的同情,咸觉根本改革不可稍缓。德宗亦以“时局如此,国势如此”,力主新政。所以,光绪二十四年(1898年),下诏国中:“数年以来,中外巨工,讲求时务,多主变法自强。迩者诏书数下,如开特科、裁冗兵、改武科制度、立大小学堂,皆经再三审定,筹之至熟,甫议施行。惟是风气尚未大开,论说莫衷一是,……众喙哓哓,空言无补。试问今日时局如此,国势如此,若仍以不练之兵,有限之饷,士无实学,工无良师,强弱相形,贫富悬绝,岂真能制挺以挞坚甲利兵乎?……用特明白宣示,……各宜努力向上,发愤为雄,以圣贤义理之学植其根本,又须博采西学之切于时务者实力讲求,以救空疏迂谬之弊。……总期化无用为有用,以成通经济变之才。”[①]当时,并擢用康有为、梁启超、谭嗣同等为军械章京,大革旧法。自四月到七月,四个月中,维新的诏令数下,如废八股,改科举,兴学堂(举办京师大学堂,令各省开设中西学堂),汰冗员,裁冗兵,广言路,废淫祀,准工商专利……当时国政,焕然一新。后因文武旧臣忿恚慈禧出而阻止。是年八月,德宗被幽禁于瀛台,慈禧临朝,搜杀新党谭嗣同等六人,康有为、梁启超均逃走海外,新政便就此停顿。

迨经庚子败后,国势益危,国人更觉非变法不足以固存,慈禧也恍悟于排外之非议,急欲改革新政。于是,乃下诏变法,新政又因而复活。

三、变法维新与教育

光绪二十六年(1900年)十二月,复下诏变法,并谕京内外官员条陈时政。当时应诏的非常之多,而至关重要的便是张之洞、刘坤一起奏的《变法三疏》,其第一疏专论教育,影响于后来教育颇大,疏谓:“中国不贫于财而贫于人才,不弱于兵而弱于志气。人才之贫,由于见闻不广,学业不实;志气之弱,由于苟安者无履危救亡之远谋,自足者无发愤好学之果力,保邦致治,非人无由。谨先就育才兴学之大端,参考古今,会通文武,筹拟四条:一曰设文武学堂,二曰酌改文科,三曰停罢武

---

① 张希清,毛佩琦,李世愉.中国科举制度通史:清代卷[M].上海:上海人民出版社,2015:735-736.

科,四曰奖励游学。"①此疏影响清末学校制度很大,定学制,兴学校,都源于此。他人如袁世凯、陶谟、张謇等无不以变更科举、兴学堂诸事奏请施行。

维新空气,弥漫朝野,各省相继设立学堂,学校制度、规章之订颁,势在必行。所以,光绪二十八年(1902年)七月,张百熙拟定《学堂章程》,奉旨照准。张氏原折上说:"古今中外,学术不同,其所以致用之途则一,值智力并孚之世,为富强致治之规,朝廷以更新之故而求之人才,以求才之故而本之学校,则不能不节取欧美日本诸邦之成法,以佐我中国二千余年旧制,……参考列邦,拟定《京师大学堂章程》,并考选入学章程,暨颁发各省之高等学堂、中学堂、小学堂章程各一分。又蒙养学堂为小学始基,前奉谕旨令各省举办,谨再拟《蒙学堂章程》一分,……恭候钦定颁行。"②

光绪二十八年(1902年)奏定的《学堂章程》未及实行,次年闰五月,清廷复命张之洞、荣庆会同张百熙重新厘定,于是有《癸卯之制》。此制设初高两等小学堂、中学堂、大学堂、优级师范学堂、初级师范学堂及各种实业学堂;并订《蒙养院及家庭教育章程》,女子教育包括于家庭教育之中,是为国家明文提到女子教育之始。后来女子教育之建立,即肇端于此。

四、变法维新与女子教育

女子教育是变法维新的产物,变法维新乃女子教育的导火线。有变法维新,才效法异国,才改科举、设学堂,由设男子学堂提到女子教育,进而开设女子学堂。这种演变都发起于维新运动,并不是偶然的事!

倡导维新运动最有力的,当推康有为、梁启超两人;而对于女子教育提倡最早而又最有力的,则又推梁启超。梁氏以为女子在家庭中占着重要的地位,无论为妻、为母,对于男子的成就都是有关系的。光绪二十三年(1897年),梁氏在他主办的《时务报》上发表《变法通议》,力主兴女学。他说:"居今日之中国,而与人言妇学,闻者必曰:天下之事其更急于是者,不知凡几? 百举未兴,而汲汲论此,非知本之言也。然吾推极天下积弱之本,则必自妇人不学始……"③而且,那时教会已正在各地兴办女学,国人竟毫未顾及,实在是中国的耻辱。所以,梁氏又说:"彼土

---

① 璩鑫圭,唐良炎.中国近代教育史资料史汇编:学制演变[M].上海:上海教育出版社,2007:13-14.

② 舒新城.近代中国教育史料[M].上海:上海书店,1928:2-3.

③ 梁启超.变法通议[M].何光宇,评注.北京:华夏出版社,2002:87.

来游,悯吾窭溺,倡建义学,求我童蒙。教会所至,女塾接轨。夫他人方拯我之窭溺,而吾人乃自加其梏压,譬犹有子弗鞠,乃仰哺于邻室;有田弗芸,乃假手于比耦。匪惟先民之恫,抑亦中国之羞也! 甲午受创,渐知兴学,学校之议,腾于朝庑,学堂之趾,踵于都会,然中朝大议,弗及庶嫒;衿缨良规,靡逮巾帼,非曰力有不逮,未遑暇此琐屑之事邪? 无亦守扶阳抑阴之旧习,昧育才善种之远图耶?"①只顾兴设各种男子学校,而丝毫不议及女子,也太漠视女子了。况且,列强之富强,女子教育,未始无相当功效。故梁氏又说:"夫男女平权,美国斯盛。女学布濩,日本以强,兴国智民,靡不始此。三代女学之盛,宁必逊于美日哉?"②女子既影响于国家的兴亡,女学之设,断不宜缓。因此,"同志之士,悼心斯弊,纠众程课,共襄美举。建堂海上,为天下倡。区区一学,万不禆一,独掌埋河,吾亦知其难矣,然振二千年之颓风,拯二兆人之吁命,力虽孤微,乌可以已"③。从上面所述来看,变法维新确为中国接受西洋文明的开始,亦即中国民主政治的肇端。女子能在教育上占有一席之地,也实为变法维新所赐予的恩物。所谓"振二千年之颓风",自兹始。及后,"五四"运动虽解放了两千年来桎梏人性的思想,推翻了一切传统的礼教观念,树立起二十世纪的新文化,使中国思想界发生绝大的掀动;然而若非变法维新为之先驱,我敢武断地说,"五四"运动也许不会产生,即或有之,也绝不会有那样的效果。所以,我以为中国若没有变法维新这一个阶段,女子教育恐怕还要滞后十年,也说不定!

第二节　相夫教子的女子教育观

一、女子教育的重要性

女子是"人",渐渐地转移了一般人蔑视女子的眼光。男子能担负社会的重任,难道女子就不能担负吗? 况且,中国改革新政,废科举,开学堂,都是受了外洋学校制度的影响。东西各国,制度上虽各有不同,而女子学校的设立,则到处皆然。

① 舒新城.中国近代教育史资料:下册[M].北京:人民教育出版社,1981:789-790.
② 舒新城.中国近代教育史资料:下册[M].北京:人民教育出版社,1981:490.
③ 舒新城.中国近代教育史资料:下册[M].北京:人民教育出版社,1981:490.

　　常人都说女子为家庭组织之基本的一员,在家庭方面说,女子尤重要于男子。俗称妻曰内助,妻之有助于夫,古已云然。"妻贤夫祸少",那更可见女子并不是个无关紧要的人。女子要生育,儿童教养之责,又完全负在女子身上。为母的一举一动,一言一笑,都影响儿童的将来,俗话所谓"吃乳像三分",又何况保抱提携、朝夕不离呢! 这样,难怪梁启超说:"……然吾推极天下积弱之本,则必自妇人不学始。"①为什么"天下积弱"是由于"妇人不学"? 这里,梁氏举出了几个理由。第一个理由,是"分利之害":"况女子二万万,全属分利,而无一生利者。惟其不能自养,而待养于他人也。故男子以犬马奴隶畜之。于是妇人极苦,惟妇人待养而男子不能不养之也,故终岁勤动之所入,不足以赡其妻孥,于是男子亦极苦。"②女子和男子之所以极苦,都是因为"妇人不能自养","妇人不能自养"乃在于不学。所以,要解除男女双方的痛苦,唯一的办法便是兴女学。他的第二个理由是妇人无才,丈夫之累:"'妇人无才即是德',此嚣言也。世之瞀儒执此言也,务欲令天下女子,不识一字,不读一书,然后为贤淑之正宗,此实祸天下之道也。……海内之大,为人数万万,为户数千万,求其家庭内外相处熙睦,形迹言语终身无间然者,万不得一焉。……家庭之间,终日不安,入室则愀,静居斯叹,此其损人灵魂,短人志气,有非可以常率推者。故虽有豪杰倜傥之士,苟终日引而置之床第筐箧之侧,更历数岁则必志量局琐,才气消磨,若是乎妇人之果为鸩而不可近也,夫与其饮鸩而甘之,则盍于疗鸩之术,少留意矣。"③女子无才,使女子变成毒鸩,"兴女学"便是"疗鸩"的方术。第三个理由是妇学为母教之本:"西人分教学童之事为百课,而由母教者居七十焉。孩提之童,母亲于父,其性情嗜好,惟妇人能因势而利导之,以故母教善者,其子之成立也易,不善者,其子之成立也难。……故治天下之大本,一曰:正人心,广人才,而二者之本,必自蒙养始,蒙养之本,必自母教始;母教之本,必自妇学始。故妇学实天下存亡强弱之大原也。"④母教之于儿童,至为重大,欲母教完善,必须"兴女学",因为女学是母教的基本问题。末了,梁氏的第四个理由是:"……今之前识之士,忧天下者,则有三大事:曰保国、曰保种、曰保教。国乌乎保? 必使其国强,尔后能保也;种乌乎保? 必使其种进尔后能保也;进诈而为忠,进私而为公,进涣而为群,进愚而为智,进野而为文,此其道也。教男子居其

① 梁启超.梁启超全集[M].北京:北京出版社,1999:30.
② 舒新城.中国近代教育史资料:下册[M].北京:人民教育出版社,1981:490.
③ 梁启超.梁启超全集[M].北京:北京出版社,1999:31.
④ 舒新城.近代中国教育思想史[M].福州:福建教育出版社,2007:280.

半,教妇人居其半,而男子之半,其导原亦出于妇人,故妇学为保种之权舆也。"①男子尚且源于女子,那么,女子教育的重要性,自不言而喻了。

二、女子教育观

综观上面所述的四个理由,我们拿梁氏自己的话来讲,便是"上可相夫,下可教子,近可宜家,远可善种"。归纳起来,可以用"相夫""教子"两个概念给它完全概括。第一和第二两个理由——女子坐而待养和女子无才,都为丈夫之累,是要教女子成为一个贤妻,换言之,要使女子有"相夫"的能力;第三和第四两个理由——妇学为母教基本和保种权舆,乃在于教女子成为一个良母,换言之,使女子有"教子"的能力。"相夫教子"便是这个时期的女子教育的思想或目标。

我们再看梁氏于同年发表的《创议设立女学堂启》,更可证明当时"相夫教子"的女子教育观了。他说:"上可相夫,下可教子,近可宜家,远可善种。妇道既昌,千室良善,岂不然哉? 岂不然哉! 是以三百五十篇之训,勤于母仪七十后学之记,眷眷于胎教。宫中宗室,古经厘其规纲;德言容工,昏义程其课目。必待傅姆,《阳秋》之贤伯姬;言告师氏,《周南》之歌淑女。"②这就是说女子要受教育,才能"相夫""教子""宜家""善种";若视女子为无足轻重,不给以应受的教育,那么,女子便成为无知无业的蠹虫了。女子有影响于国家兴亡,所以梁氏接着说:"圣人之教,男女平等,施教劝学,匪有歧矣。去圣弥远,古义浸坠,勿道学问,惟议酒食。等此同类之体,智男而愚妇;犹是天伦之爱,戚子而膜女。悠悠千年,芸芸亿室,曾不一事生人之业,一被古圣之教! 宁惟不业不教而已,且又戕其支体,蛊其耳目,黜其聪慧,绝其学业。闺阃禁锢,例俗束缚,惰为游民,顽若土番。乌乎! 萃二万万之游民土番,国几何而不弊也?"③女子无知,求其家庭内外,相处熙睦,就非常困难,而做丈夫的也因此"损灵魂""短志气",不能充分发展其志量才气;无业,则"不一事生人之业",更足为丈夫之累。女子无知无业,总体来讲,她不能为良妻,不能"相夫"。

女子除掉"相夫",她的职责便在于育儿,所谓"勤勤于母仪""眷眷于胎教"就是要女子做一个好的母亲。所以,他又说:"……复前代之遗规,采泰西之美制,仪

① 梁启超.梁启超全集[M].北京:北京出版社,1999:32.

② 朱有瓛.中国近代学制史料:第一辑(下)[M].上海:华东师范大学出版社,1986:883.

③ 朱有瓛.中国近代学制史料:第一辑(下)[M].上海:华东师范大学出版社,1986:884.

先圣之明训,急保种之远谋。……仁而种族,私而孙子……"①这就是说,兴女学可以使女子为贤母,可以"教子"。

此外,林纾在福建听到上海兴女学的消息,作《闽中新乐府》,其中有兴女学一首,也赞成"相夫教子"的女子教育观。他说:"兴女学,兴女学,群贤海上真先觉。华人轻女患识字,家常但责油盐事。夹幕重帘院落深,长年禁锢昏神智。神智昏来足又缠,生男却望全先天。父气母气本齐一,母苟蠢顽灵气失。胎教之言人不知,儿成无怪为书痴。陶母欧母世何有?千秋一二挂人口。果立女学相观摩,中西文字同切磋;学成即勿与外事,相夫教子得已多。西官以才领右职,典签多出夫人力。不似吾华爱牝鸡,内人牵掣成贪墨。华人数金便从师,师困常无在馆时。丈夫岂能课幼子,母心静细疏条理。父母恩齐教亦齐,成材容易骎骎起。母明大义念国仇,朝暮语儿怀心头。儿成便蓄报国志,四万万人同作气。女学之兴系匪轻,兴亚之事当其成。兴女学,兴女学,群贤海上真先觉。"②兴女学,可使男子不致"牵掣成贪墨",可使女子不能"课幼子"。"相夫教子得已多",这就是女子教育所要达到的鹄的。

再看《蒙养家教合一章》上说的:"……所谓教者,教以为女、为妇、为母之道也。……故女子只可于家庭教之,……足以持家、教子而已。"③虽当时以为女子不宜"结队入学",然女子之宜受教,已为当局者所承认了。为什么要教?因为要女子"持家教子"。所谓"持家",就是教女子做个贤良的"内助",换言之,就是"相夫"。

所以,在女子教育萌芽时期,一般人对于女子教育的观念,在于养成女子之"相夫教子"的能力。能"相夫",那就是良妻;能"教子",那就是贤母。我们说它是良妻贤母主义的女子教育观,也未为不可。总之,"相夫教子"的女子教育观,或"良妻贤母主义"的女子教育观之在当时,确已成为一般社会先觉者的共同思想了。

---

① 朱有瓛.中国近代学制史料:第一辑(下)[M].上海:华东师范大学出版社,1986:884.

② 严复,林纾.严复林纾诗文选译[M].马克锋,译注.成都:巴蜀书社,1997:254-255.

③ 璩鑫圭,唐良炎.中国近代教育史资料史汇编:学制演变[M].上海:上海教育出版社,2007:400.

第三节 家庭教育中的女子教育

一、女子的家庭教育

女子教育的重要性,虽已为一般社会先觉者所确认和鼓吹,而在政府当局,总觉得教女子从"夹幕重帘院落深"的闺阃走到学校里去,终究有些不大像样。所以,光绪二十八年(1902年)张百熙的《奏定学堂章程》竟无一字提及女子教育。

但,女子教育的重要性,并不因政府当局的忽视而稍减。况且,当时教会在中国设立女校,为数很多。难道我们自己定要忽视到底吗?事实上,大势已经走到"女子要学"的这条路上去,抑制是不可能的事。这样,光绪二十九年(1903年),张之洞、荣庆改订《学堂章程》,才勉勉强强地把女子教育包括到家庭教育之中,订立所谓《蒙养院章程》及《家庭教育法章程》。这次虽没有订立专章,但是国家明文规定了女子教育的肇端。

当时,为什么不设立女子学校呢?我们看《蒙养·家教合一章》所说的:"中国此时情形,若设女校,其间流弊甚多,断不相宜也……"[1],"三代以来,女子亦皆有教,备见经典。所谓教者,教以为女为妇为母之道也。惟中国男女之辨甚谨,少年女子断不宜令其结队入学,游行街市,且不宜多读西书,误学外国习俗,致开自行择配之渐,长蔑视父母夫婿之风"[2]。因为要加固男女隔离的墙壁,女子入学,"断不相宜"。一方面,女子入了学,读了西书,便会"自行择配",不听"父母之命,媒妁之言",更会"蔑视父母夫婿",背叛三从四德的金科玉律,那么,先王之圣教安在?另一方面,女子又不可不学,因此便订出了补救的办法:"故女子只可于家庭教之,或受母教,或受保姆之教,令其能识应用之文字,通解家庭应用之书算物理,及妇职应尽之道,女工应为之事,足以持家教子而已。其无益文词概不必教。其干预外事,妄发关系重大之议论,更不可教。故女学之无弊者,惟有家庭教育。女学原不仅保育幼儿一事,而此一事为尤要;使全国女子无学,则母教必不能善,幼儿身体断不能强,气质习染断不能美。《蒙养》通乎圣功,实为国民教育之第一基址。"[3]

---

① 安树芬,彭诗琅.中华教育通史:第九卷[M].北京:京华出版社,2010:1869.

② 安树芬,彭诗琅.中华教育通史:第九卷[M].北京:京华出版社,2010:1870.

③ 安树芬,彭诗琅.中华教育通史:第九卷[M].北京:京华出版社,2010:1870.

女子之所以要教，就是要使她们"足以持家教子而已"，其任务也仅仅是"足以持家教子而已"。所以，"女子只可于家庭教之"。

应该教女子什么？"惟有刊布女教科书之一法，应令各省学堂（指男学堂）将《孝经》、《四书》（指《女孝经》《女四书》)、《列女传》、《女诫》、《女训》及《教女遗规》等书，择其最切要而极明显者，分别次序浅深，明白解说，编成一书，并附以图，至多不得过两卷。每家散给一本。并选取外国家庭教育之书，择其平正简易、与中国妇道妇职不相悖者(若日本下田歌子所著《家政学》之类)，广为译书刊布。其书卷帙甚少，亦宜家置一编。此外如初等小学字课本及小学前二年之各种教科书，语甚浅显，地方官宜广为刊布。"①

怎样教学呢？"妇人之识字者即可自看自解，以供自教其子女之用。其不识字不能自行观览者，或由其夫、或请旁人为之讲说；有子者母自教其子，以为入初等小学之基，有女者母自教其女，以知将来为人妇为人母之道；是为人母者皆自行其教育于家庭之中，母不能教者或雇保姆以教之。"②

二、家庭师资训练机关

家庭教育，原则上，做母亲的要自教其子女。母亲不能教的，可以雇保姆来教。保姆从什么地方养成呢？训练保姆的有两个机关：

(一)育婴堂附设的蒙养院

育婴堂各地皆有，就原有规模，加以扩充。乳媪的数目，据规定：省城育婴堂至少在五十人以上，各府县城的至少在三十人以上。在育婴堂内划出一院，作为蒙养院，讲习教导幼儿的知识和技能，以为充当乳媪及保姆做准备。教材由官家将保育教导要旨及条目(见原章程)和官编女教科书、家庭教育书刊印多本，颁发各育婴堂，令其自相传习。讲授的人，择其中识字的乳媪充之，每月优给工资；如乳媪中无识字者，可以专雇年纪较大的老妇人，入堂按照书本讲授。当地的贫穷女子，准备将来做乳媪、保姆以为谋生之计的，也可入堂随众学习，但不得超过三十人。蒙养院还收受当地附近三岁至七岁的儿童，施以蒙养教育，以便院中学习保姆者的实习。该院讲习期限一年，期满发给"蒙养院学过保姆凭单"，自营生计。

---

① 安树芬,彭诗琅.中华教育通史:第九卷[M].北京:京华出版社,2010:1870.
② 安树芬,彭诗琅.中华教育通史:第九卷[M].北京:京华出版社,2010:1870.

(二)敬节堂附设的蒙养院

敬节堂蒙养院的一切设施,节妇额数、教材、教习等均和育婴堂相同;当地贫妇可入堂学习;学习一年期满,发给凭单,有充当家庭保姆的资格。所不同的是,敬节堂内"癃老已甚或志在清净寂处,不拟自谋生计"的节妇,不愿来听讲授者,可听其自便。

从上面两个师资机关训练出来的保姆,有了"蒙养院学过保姆凭单",便可充当私家保姆,教导儿童,担负家庭教育的责任。男子受了家庭教育之后,可以入初等小学以至大学;女子则止于家庭教育。初等小学以上的教育,女子是没份的。

蒙养院之训练保姆,与今日师范学校训练师范生,正复相同。我们说蒙养院是女子师范学校的前身,也不为无故。当时之所以不设立女子师范学校,乃是因为"中国此时情形,若设女学,其间流弊甚多,断不相宜也"。因此,只好就已有的育婴堂和敬节堂附设蒙养院,训练担任蒙养教育的保姆了。

"外国女师范学堂,例置保姆讲习科以教成之;中国因无女师范生,故于育婴敬节两堂内附设蒙养院。所学虽然较浅,然其中紧要理法已得大要。"①由此,更可见蒙养院训练保姆,即以替代外国女师范学堂的保姆讲习科,亦即类似于今日之幼稚师范学校或幼稚师范科。不过,当时所谓"保姆",地位甚低,《蒙养·家教合一章》中说"所学虽然较浅,……已远胜于寻常之女佣"②,已可知保姆与女佣实不相上下了。

第四节　教会及国人私办的女子教育

中国女子学校之设,始于教会,继而国人渐有私立。这些教会和国人私办的女子学校,打开了中国女子教育的一条血路。在这一节里,我们就要简略地叙述学制成立前这一类私办的女子教育。

一、教会女校

距今九十年前,教会的第一所女校就在中国出现。那时值鸦片战争之后,开

---

① 安树芬,彭诗琅.中华教育通史:第九卷[M].北京:京华出版社,2010:4382.
② 安树芬,彭诗琅.中华教育通史:第九卷[M].北京:京华出版社,2010:4382.

五埠为通商口岸,教会势力伸张到国内各地,外人之来我国者日渐增多。道光二十二年(1842年),东方女子教育协进社(Society for Promoting Female Education in the East)社员霭尔特税女士(Miss Aldersey)到宁波,民国二十四年(1935年),她在宁波创设了一所女校,那就是中国的第一所女子学校。稍后,道光二十七年到咸丰十年(1847—1860年)之间,在通商五口,教会创设女子学校十一所。同治三年(1864年),英国教会在北京、天津两处各设了一所女校。当时,民风未开,女学之设尚属创举,自然因陋就简,谈不上什么成绩。

光绪七年(1881年),圣玛利亚女校创立;光绪十年(1884年),美以美会在镇江宝盖山创办镇江女塾;光绪十八年(1892年),上海设中西女塾;稍后又设清心女学。甲午战争以后,教会设立的女子学校更多了。

光绪以后,教会女校规模渐具。这里,且举当时一两个女校的规章和课程,以为例证:

镇江女塾章程

一、本塾专教女生,无论年龄大小,只须愿守塾规,皆可来学;但右学之功最切,年小较宜。

二、女生来塾,肄业皆须觅有安保,填写开书为据。

三、住塾女生,就近有无亲友照料,除父母外指定何人来领,皆须填明关书。如非指定来领之人,只可入塾探望,不得擅将该生领出。

四、本塾每日八点钟进塾……暇时备有玩具,俾各散心,惟不准出大门以及门外观望等。每礼拜六日放学,做一切杂事,以及学习针黹。每礼拜日进学听道,读圣日课。……

五、塾中各项课程由教习随时酌派班次,每日按定时刻学习。

六、平时不宜轻易作辍,如家中果有正事,须由该生父母或曾经指定来领之人领去;并订定假期,不得逾限,寻常小事概不给假。

七、住馆学生,每日一粥两饭,每饭一荤一素,衣服自洗。

八、西书、纸簿、墨笔、石笔、墨水等物,均由塾代买,收回价值。

九、学生衣衫,皆当整洁,褂裤略须多备,以便勤于更换。白手巾至少三条,塾中所用衣物,皆须各做记认,以免彼此淆乱;惟家伙木器,不可携来。

十、西国通例,塾中课程皆分年派定,读全考取,给以文凭。

十一、西学课程，按照十二年之期，分列如下（见后），学生果具兼人之量，由教习核定，并读两班或升班时越过一班；其质地不佳，考课时分数在六十分以下者，不得随班上升，仍随后班从头读起。[①]

《中西女塾章程》，大抵和镇江女塾相同。兹择其不同者录之如下：

一、本塾……惟八岁以下不收。已满十三岁者，必须住馆。其十二岁以下者，住馆与否听便可也。

二、住馆学生，……洗衣服役有人，不须该生亲自劳动，亦无分文外费，以归简净。

三、学生铺陈，皆须照本塾式样名目，新制全套，专留塾中应用；直至不再入塾，方可携归。其式样名目开列如下，若能亲自来塾阅看一过，更妙。

四、余等崇奉耶稣圣教，必以真理劝人，故每日早晚与礼拜日，须敬拜造化天地之主宰，以及诵读圣书等事，至进教与否，全凭各人自主。[②]

二、镇江女塾各年功课简表

第一年：圣经，蒙学捷径初编（上），算法（一至十或至百），地理口传，游艺，分字略解，花夜记，诗歌，体操。

第二年：圣经，蒙学捷径初编（下），算法（一至百），全体入门问答，分字略解，真理便读，三字经，百家姓，游艺，读故事书（地球风俗、训儿真言、识字初阶），诗歌，体操。

第三年：圣经，蒙学捷径二编（上下），心算初学（上），地理初阶，官话问答，三字经，植物，动物浅说第一本，读故事书（亨利实录、蒙学浅说、安乐家），英文，诗歌，体操。

第四年：圣经，蒙学课本首集，心算初学（下），数学（上半），蒙学地理，孩童卫生，植物口传，动物浅说第二本，千字文，三教问答，泰西通俗演义，英文，写字，诗歌，体操。

---

① 朱有瓛，高时良.中国近代学制史料：第四辑[M].上海：华东师范大学出版社，1993：341-342.

② 朱有瓛，高时良.中国近代学制史料：第四辑[M].上海：华东师范大学出版社，1993：301-302.

第五年:圣经,蒙学课本(二集),数学一(下半),幼童卫生(下半),植物圆说(春天),动物新编(秋天),四书易知摘要,读故事书(天路历程),英文,写字,诗歌,体操。

第六年:圣经,蒙学课本三编,数学中(上半),植物圆说(春天),动物新编(秋天),背讲四书摘要(下半),读故事书(女训喻说、郭娜喜传),英文,写字,诗歌,体操。

第七年:圣经,蒙学课本四编,数学(下半),地理志,植物学(春天),动物(百兽圆说、秋天),幼学摘讲,诗经,读教士列传,尺牍,作论,英文,写字,诗歌,体操。

第八年:圣经,数学三(下),地势略,解圣教史记(一时祭),植物学(春天),动物(百兽圆说、秋天),背讲左转摘要(上),大美国史记,尺牍,作论,英文,写字,诗歌,体操。

第九年:圣经,代数备旨,圣教史记(二、三时祭),地学指略,左传指略,左传摘要(下),耶稣圣教复初,尺牍,英文,写字,诗歌,体操。

第十年:圣经,代数备旨,行举,天道溯源,背讲古文,万国通史(上半),尺牍,策论,英文,写字,诗歌,体操。

第十一年:圣经,形学,万国通鉴(上半),天文略解,格物入门(上半),东莱博议,万国通史(下半),尺牍,策论,英文,写字,诗歌,体操。

第十二年:圣经,万国通鉴(下半),格物入门(下半),性学举隅,泰西新史,尺牍,策论,英文,写字,诗歌,体操。

在数量方面,据光绪二十八年(1902年)统计,我国女子受教会学校教育者有四千余人,其详见下表。

表2　光绪二十八年(1902年)我国女子受教育概况

学校类别	学校数目/所	学生总数/人	女生数/人
书院	12	1814	96
天道院	66	1315	543
高中等学堂	166	6393	3509
工艺学堂	7	191	96
医学堂及服侍病人院	30	251	32
小孩察物学堂	6	194	97
初等蒙学堂	未详	未详	未详
总计	287(不包括初等蒙学堂)	10158(不包括初等蒙学堂)	4373(不包括初等蒙学堂)

教会学校的女生数,除初等蒙学堂不计外,共有4373人,占当年学生总数的43%多。由此可见,教会对于女子教育的重视及对于中国的影响了。

不过,我们要明白这一点,教会来中国设立学校,其目的并非为了什么传播文化,主要的任务在于传教,设学校只是传教的一种工具或手段而已。所以《圣经》一类含有宗教意味的科目,在整个课程中占着极重要的地位。但是,它们——教会——做了我国女子教育的先驱,给予国人以相当刺激,为中国女子教育开辟一条路径,这是应该感谢的。

三、国人私立的女校

鸦片、甲午等役以后,国人咸觉非普及教育不足以振国威而湔国耻,于是兴学之议,胜于朝野。女子教育,一方面因为国人对于教育的重视,一方面鉴于教会女校的扩张,遂由提倡而渐有私校创立。

第一所国人自办的女学,要算光绪二十三年(1897年)经元善在上海龙华附近创办的经氏女学。当时常州、无锡、苏州、上海各地负笈来学者,为数甚众。后因戊戌政变,经氏因鼓吹维新见忌于当道,该校遂因之停办。同时,梁启超、康有为在上海设立女子学堂,旋亦受戊戌政变影响而停办。

光绪二十七年(1901年),吴怀疚捐资在上海西门生生里创办务本女学,揭"良妻贤母主义",招收师范、中学两科学生,成绩颇为可观。

同年,蔡元培等在上海创办爱国女学,以提倡女权为宗旨。来学学生,多注重于文、艺两科。对于中国女权思想之提高,该校颇为有力。

光绪二十八年(1902年),顾实等在常州创办争存女子学堂。

光绪二十九年(1903年),胡和梅于无锡创办胡氏女子小学。

光绪三十年(1904年),芜湖女子公学成立,闽人沈琬庆于南京创办旅宁第一女学。

光绪三十一年(1905年),侯鸿鉴等在无锡创办竞志女学,分师范、中学、小学三部,以劳苦教育主义为施教宗旨。同时,冯敬人于苏州创办苏苏女学,主旨与竞志略同。

光绪三十二年(1906年),刘翙宸、庄蕴宽于常州创办粹化女学,吕惠如女士于南京创办江南女子公学。次年,杨玉如女士于无锡创办翼中女学,谢长达女士于苏州创办振华女学,张炳生于同地创办大同女学,黄守恒昆仲于嘉定创办女子普通学堂。

光绪三十三年(1907年)以后,《女子师范学堂章程》及《女子小学堂章程》既经公布,公、私立的女子学校亦有增加——差不多全国各大城市中都有女子学校的设置了。

第三章　中国现代女子教育建立时期

第一节　两性双轨制的女子教育之建立

中国自鸦片战争以后,鉴于旧有文明的不足恃,乃渐有接受西方文明、革兴教育的趋向。迨经甲午之役,中国惨败,更引起国人对于教育的重视。光绪二十七年(1901年),清政府下令改书院为学堂,书院之在省城者,改设高等学堂;在各府及直隶州者,改设中学堂;在各州县者,改设小学堂。光绪二十八年(1902年)颁布《钦定学堂章程》,即所谓"壬寅学制",为中国施行新教育的第一次学校系统。光绪二十九年(1903年),更定章程,以女子教育包括于家庭教育之中,对于女子教育渐知注意。光绪三十一年(1905年),学部成立。光绪三十三年(1907年)正月,学部奏定《女子师范学堂章程》三十九条、《女子小学堂章程》二十六条,是为中国女子教育正式列入学校系统之始,这是值得纪念的事。

在未叙述本期的女子教育制度之前,先介绍两种关于女子教育的意见,也许能帮助我们了解本期制度。

一、平等教育的主张

前章曾说过在嘉庆、道光年间有位提倡男女平等的俞正燮,反对桎梏女子人性的旧礼教。俞氏后几十年,在光绪二十九年(1903年),江苏金一著《女界钟》,对女权思想有更透彻、深刻的议论。在帝王专制和礼教根深蒂固的旧社会中,有这等极其敏锐的眼光,甘冒不韪的胆量,令人钦佩!

金一觉得女子生来和男子有同等的求知欲。他说:"道德智识,乃天赋此身以俱来,无男女一也。"[①]而女子所以无知无识,乃是隔绝太甚之所致,并不是天生地

---

① 金天翮.女界钟[M].陈雁,编校.上海:上海古籍出版社,2003:7.

造的。所以,他说:"中国女子尊严如帝王,而卑屈不异于囚虏,堂高廉远,居恒不得望见颜色,至于权力圈限,去筐笥数十步即不敢闻问,出门半里了不辨方向,世间普通情事,说之犹多茫昧。此非其生而愚也,金闺深邃,绣阁寂寥,内言不出,外言不入,别嫌明微而智识之隔绝者多矣。"①女子,她天生是有人格的人,男子不应蔑视女子的人格。国家社会的责任,男女国民应该共同担负,故在当时专制政体之下,他主张女子应参加革命、参政。他说:"女子亦知中国为专制君主之国乎?夫专制之国无女权,女子所隐恫也,然二十世纪无专制国,抑亦女子所饫闻也。夫议政者,固肩有监督政府与组织政府之两大职任者也。然而希监督政府而不得,则何妨退而为要求;愿组织政府而无才,则不妨先之以破坏。要求而绍介,则吾男子应尽之义务也;破坏而建设,乃吾男子与女子共和之义务也。"②革命和参政是女子对国家的义务。在权利方面,入学、交友、营业、掌握财产、出入自由、婚姻自由等权利,女子也应当恢复。而恢复权利的先决条件,乃在于从平等的教育中获得平等的知识和能力。所以,他痛骂当时的教育为奴隶的教育:"女子者奴隶之奴也,并奴隶之教育亦不闻。"他反对偏枯于男子的教育。他说:"教育者,造国民之器械也。女子与男子各居国民之半部分,是教育当普及,吾未闻有偏枯之教育而国不受其病者也。身体亦然,其左部不仁则右部亦随而废。教育者,又精神之库也。无精神之教育,是禁人之食谷麦而杂堆雀鼠以为粮者也。"③女子应该受教育,那么,女子教育的目的何在? 换言之,女子教育要养成怎样的女子? 他以为:

一、教成高尚纯洁,完全天赋之人;

二、教成摆脱压制,自由自在之人;

三、教成思想发达,且有男性之人;

四、教成改造风气,女界先觉之人;

五、教成体质强壮,诞育健儿之人;

六、教成德性纯粹,模范国民之人;

七、教成热心功德,悲悯众生之人;

八、教成坚贞节烈,提倡革命之人。

他的这种女子教育目标,就是要使女子从旧的镣铐家庭跳到新的社会里去,

---

① 金天翮.女界钟[M].陈雁,编校.上海:上海古籍出版社,2003:21.

② 金天翮.女界钟[M].陈雁,编校.上海:上海古籍出版社,2003:63.

③ 金天翮.女界钟[M].陈雁,编校.上海:上海古籍出版社,2003:37.

做一个有人格、有个性的人,去改造社会、救国救民。

当然,这种新的思潮在那样旧的社会中是立不住足的,反动思想的攻击,在所难免。如《方言学堂伦理讲义》(陈曾寿著)里有这样一段痛骂倡导女权者的话:有贱丈夫焉,昧乎男子治外之大义,自弃其天职,昌言女权;充其类必使女子治外尔后已。举重远之任而付之于虑近思胜之人,不知其不可而为之则不智。以孱弱之族而托之以艰大宏济之事,教猱升木而不顾其后则不仁。自不能尽其保卫生人之义务而反欲求庇于妇人之手则无耻。充斯道也,男子弃其治外之天职,而国事废;女子荒其治内之天职,而家道亦废。刚柔失德而人道乖,内外易位而礼义坏。

二、两性双轨制的先声

在帝王专制时代,新旧思想冲突起来,自然是后者战胜前者。帝王需要的是顺民、奴隶,半部分的男子已经压制不了,哪里还能容许女子起来。所以,"男子治外,女子治内"的思想,仍有其巍然存在的势力。当时,一般人虽看到女子教育的不可稍缓,但其着重点,不在于教女子成为社会上的一个完人,而是在于养成女子之"为妻而能相夫,为母而能训子"的能力。换言之,就是教女子做一个主中馈的贤良妇人,使"男子治外"无内顾之忧,无"废家道"之虑。女子教育,即在于培养女子"为妻而能相夫,为母而能训子"的能力。那么,它当然是不同于男子的,它自有其特殊的性质。这种思想,和前面说的金一的平等教育主张完全相反。我们从下面的事例中便可看到这种思想的梗概。

光绪三十二年(1906年),工部主事刘拰呈学部代奏《学务要端折》中有一条论:"严防女学堂流弊"。他说:"各国习尚,尚有为我急宜师仿者,妇人女子悉受教育是也;有为我急宜防禁者,男女无别,自由择配是也。自世变日急,救世之士以西学相揭橥。其偏宕者遂不暇审吾民程度之高下,与中外礼俗之异同,欲捐弃古先一切防维,以自同于欧化,于是男女平权之说日渐流播。且有谓女子守贞为迂,失节为达,公然著书行世者,此诚瞽说妖言,蛊人心而败风俗者也!中国女学,今始萌芽,弊端已见。放纵不检为女界之玷者,各报所记已屡见不一见矣。然使因噎废食,摈二万万女子于学界以外,将来幼稚园及家庭教育无人担任,即各学堂之基础无由建立,是筑室而自毁其址也。"[①]这里所谓"欲捐弃古先一切防维,……公

---

① 朱有瓛.中国近代学制史料:第二辑(下)[M].上海:华东师范大学出版社,1989:587-588.

然著书行世者"，当然是针对《女界钟》一类的书而言，他认为这都是些"瞽说妖言"，足酿成女学的弊端。女学既不能因噎废食，那么，应该怎样办呢？他接着又说："窃以为今日之中国，女学断不可不设，流弊亦断不可不防。防之奈何？一、编课本。女学以能解用之文字、算术及应用之妇职，应习之女工为度，原不必与男子受同等之教育，宜参酌小学堂课程，另编课本。修身一门，宜搜辑名媛贞德淑行，借作楷模，用资规劝。二、择教习。必资性纯淑、向无瑕玷者，方得选充师范。否则，虽外国文及各科学已造精深，亦不延聘。三、严规则。以男女有别为主义，教习、监学、供役人等悉用女子，如必须用男人任事，应划定茅莚，内外秩然。学生中有演述男女平权诸谬说及沾染恶习者，立即斥退。如此，则于兴宏教之中，仍寓杜渐防微之意。"①这一个"学务要端"的意见，便是次年奏定《女学堂章程》的先声，也就是两性双轨制的女子教育建立的由来。

三、两性双轨制的确立

光绪三十三年(1907年)正月二十四，学部颁布《女学堂章程》，两性双轨制的女子教育便正式确立。其奏折上说："窃维中国女学，本以经训，故《周南》《召南》，首言文王后妃之德，一时诸侯夫人、大夫妻莫不恪秉后妃之教，风化所被，普及民间，江汉诸篇，言之尤备。孔子曰：'人而不为《周南》《召南》，其犹正墙面而立也与！'盖言王化始于正家，倘使女教不立，妇学不修，则是有妻而不能相夫，有母而不能训子。家庭之教不讲，蒙养之本不端，教育所关，实非浅鲜，此先圣王化民成俗所由必以妇学为先务也。方今朝廷锐意兴学，兼采日本欧美规制。京外臣工条奏请办女学堂者不止一人一次，而主张缓办者亦复有人。臣等每念中外礼俗各异，利弊务宜兼权。自钦派学务大臣以至设学部以来，历经往复筹商，亦复审慎迟回，未敢轻于一试。故前年《奏定学堂章程》，将女学归入家庭教育法，以为先时之筹备。上年明定官制，将女学列入职掌，以待后日之推行。惟近日臣等详征古籍，博访通人，益知开办女学在时政为必要之图，在古制亦实有吻合之据。且近来京外官商士民创立女学堂者所在多有。臣等职任攸关，若不预备章程，则实事求是者既苦于无所率循，而徒务虚名者或不免转滋流弊。臣等用是夙夜思维，悉心商酌，谨拟《女子师范学堂章程》三十六条，《女子小学堂章程》二十六条，凡东西各国成法，有合乎中国礼俗、裨于教育实际者则仿之，其于礼俗实不相宜者则罢之，不

① 朱有瓛.中国近代学制史料：第二辑(下)[M].上海：华东师范大学出版社，1989：588.

能遂行者,则姑缓之。现在京外各地方如一时女教习难得,不能开办者、务须遵照前章,实行家庭教育之法,以资补助。其已开办各女学堂,务须遵照此次奏定章程,以示准绳。倘有不守定章渐滋流弊者,管理学务人员及地方官均当实力纠正,总以启发知识、保存礼教两不相妨为宗旨。"①再看《女子师范学堂章程》教育总要第一项说的:"中国女德,历代崇重。凡为妇为母之道,征诸经典史册,先儒著述,历历可据。今教女子师范生,首宜注重于此,务时勉以贞静顺良慈淑端俭诸美德,总期不背中国向来之礼教与懿美之风俗。其一切放纵自由之僻说(如不谨男女之辨及自行择配,或为政治上之集会等事),务须严切摒除,以维风化。(中国男子间有视女子太卑贱,或待之失平允者,此亦一弊风。但须于男子教育中注意纠正改良之,至于女子之对父母夫婿,总以服从为主。)"②教育总要第二项又说:"家国关系至为密切,故家政修明,国风自然昌盛。而修明家政,首在女子普及教育,知守礼法。又女子教育为国民教育之根基,故凡学堂教育必有最良善之家庭教育以为补助,始臻完善。而欲家庭教育之良善,端赖贤母;欲求贤母,须有完全之女学。凡为女子师范者,务于此旨体认真切,教导不息。"③

从上面所引的话看来,我们知道当时虽看重女子教育,而这种教育,只是教女子"知守礼法",做更服从的妻女,更贤良的母亲。教她们遵守数千年来载着"经典史册,先儒著述"的"向来之礼教与懿美之风俗";教她们好生教养我们未来的男子(童蒙),好生相助自己的丈夫。至于国家、社会的事,用不着女子过问。女子是家庭以内的人,家庭以外的事,自有父亲管着、儿子管着。甚至连自身的婚姻,也得听从"父母之命,媒妁之言",而不能有所主张。男子虐待女子,女子也只好忍受,只好驯羊似的服从着,至多在男子教育方面矫正点罢了。如果女子真要管国家闲事,管婚姻大事,那就是"牝鸡司晨",违背礼教,政府得"严切摒除,以维风化"。

女子教育的最大目标,就在"为妻而能相夫,为母而能训子"。总之,在于养成家庭中一个贤良的主妇,自然用不着什么高深的学问和专门的技术。所以,在这一条专为女子而设的教育轨上,仅仅规定了八年的小学教育和四年的师范教育。至若其他为男子所享有的中学、实业、专门及大学等教育,女子都毫无一点份!

在这次奏定的两性双轨制的《女学堂章程》中,有四点最可注意:

————————
①陈学恂.中国近代教育史教学参考资料:上[M].北京:人民教育出版社,1986:739-740.
②周予同.中国现代教育史[M].上海:上海良友图书印刷公司,1934:265.
③周予同.中国现代教育史[M].上海:上海良友图书印刷公司,1934:266.

第一,女子的最高教育机关是女子师范学堂,当局既不设女子中学,女子大学更不必说!

第二,女子无中学、实业等学堂的设置;

第三,女子小学堂与女子师范学堂,较之男子小学堂与师范学堂,各少一年;

第四,男女教育,完全分办。

后面是就当时所定章程而制的两性双轨制学校系统图,读者可更易明白当时的学校制度(见下图)。

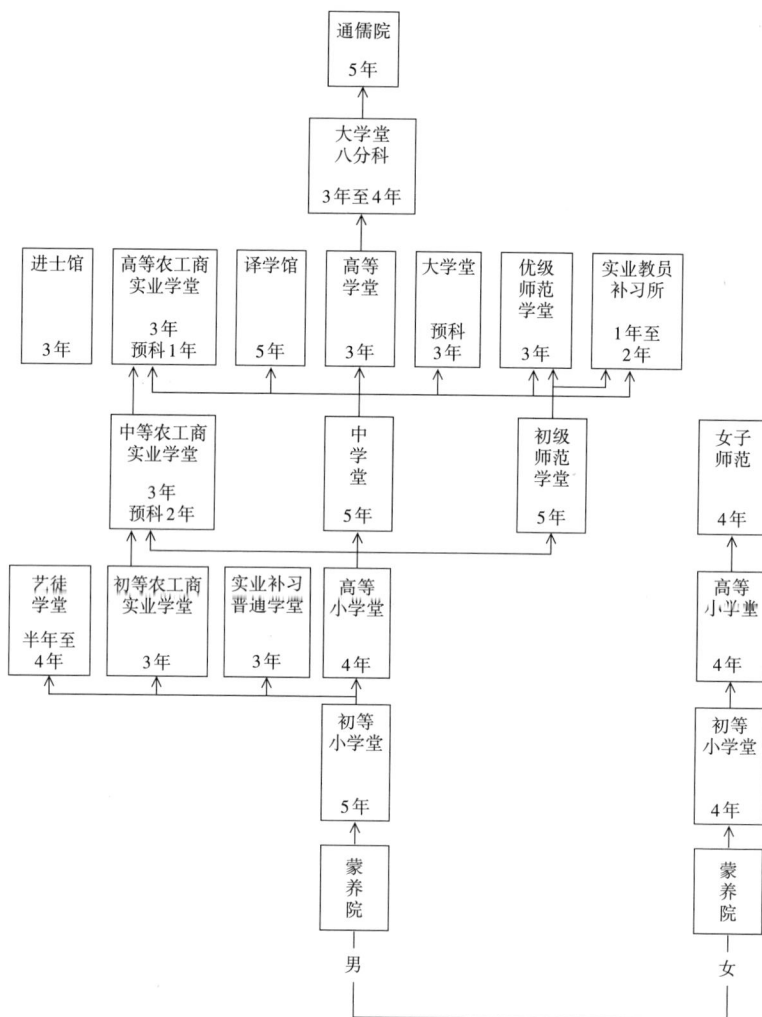

图1　两性双轨制学校系统

第二节　女子师范学堂和女子小学堂概况

光绪三十三年(1907年)既经颁定《女子师范学堂章程》及《女子小学堂章程》,实际上当时女子小学堂固多设立,而女子师范学堂设者尚少。次年三月,御史黄瑞麟奏请设立女子师范学堂,原折上说:"女学为教育根本,亟宜明示准绳。现在各省官立女子师范学堂均未开办,而民间私立者亦寥寥无几,拟请饬下学部先于京师由官设立女子师范学堂以为提倡,并由该部转饬各省提学使按照定章于省城、府城从速设立女子师范学堂一所,以为振兴女学之地。"①折上,交学部议奏,旋学部奏复,请设京师女子师范学堂,是年六月初四日奉旨依议。学部乃派翰林院编修傅增湘为监督,先行开办简易师范科两班,两年毕业,以备各省开办女子小学堂教习之用。同时,学部咨明各省督抚,督同提学使体察地方情形,按照定章,酌量设立女子师范学堂。因此,湖北、江西、江苏、浙江等省,都先后筹议。

在这一节里,为明了当时女子教育实际情形,特述女子师范学堂和女子小学堂之概况。

一、女子师范学堂

(一)女子师范教育宗旨

女子师范学堂,"以养成女子小学堂教习,并讲习保育幼儿方法。期于裨补家计,有益家庭教育为宗旨"②。很明显,我们知道女子师范学堂有直接的目的和间接的目的,直接的目的在于培养师资和讲授保幼方法。为什么要培养师资?——为的是要"补助家计";为什么要讲授保幼方法?——为的是要"有益于家庭教育"。前者可谓之为"相夫",后者可谓之为"教子"。"补助家计"或"相夫","有益于家庭教育"或"教子",便是女子师范学堂的间接目的——也就是它最终的目的。

(二)行政及组织

照奏定章程所定,每州县应设立女子师范学堂一所,惟当初设立时,先在省城

---

① 朱有瓛.中国近代学制史料:第二辑(下)[M].上海:华东师范大学出版社,1989:706.
② 教育大辞典编纂委员会.教育大辞典:第2卷[M].上海:上海教育出版社,1990:32.

及府城筹设,这是官立的;但准许私人设立女子师范学堂,修业年限为四年,招收女子高等小学堂毕业年龄在15岁以上的学生,但"须取身家清白、品行端淑、身体健全,且有切实公正绅民及家族为之保证,方收入学"①。当时开办的简易师范科为两年毕业,入学资格只需身家清白,德性纯淑,文学清顺,年在20岁以上30岁以下("北洋女师"定为40岁以下)者,都可入学。学堂设监督、教习、副教习、监学、总理、书记、庶务等员,自监督至监学,"均以品端学优,于教育确有经验之妇人充之"②;总理、书记、庶务,则以"笃行端品,究心学务,年在五十以上之男子充之"。此外,并设附属小学堂及蒙养院,以便师范生实习之用。附属小学堂设堂长,蒙养院设院长,均以教习兼充。

(三)女子师范学堂课程

女子师范学堂课程,有修身、教育、国文、历史、地理、算学、格致、图画、家事、裁缝、手艺、音乐、体操等十三科(如学生中有学习音乐困难者可免课)。教学时间,每年45周,每周34小时,其课时分配如下表:

表3 女子师范学堂各科每周教授学时

学科	学年			
	第一年	第二年	第三年	第四年
修身	2	2	2	2
教育	3	3	3	15
国文	4	4	4	/
历史	2	2	2	/
地理	2	2	2	/
算学	4	4	3	2
格致	2	2	2	2
图画	2	2	2	1
家事	2	2	2	2
裁缝	4	4	4	3
手艺	4	4	4	3
音乐	1	1	2	2

① 舒新城.中国近代教育史资料:下册[M].北京:人民教育出版社,1981:808.
② 舒新城.中国近代教育史资料:下册[M].北京:人民教育出版社,1981:809.

续表

学科	学年			
	第一年	第二年	第三年	第四年
体操	2	2	2	2
合计	34	34	34	34

课程内容，从各学科要旨中摘录一二，以示梗概："一、修身——其要旨在涵养女子之德行，期于实践躬行。其教课程度，首宜征引嘉言懿行，就生徒日用常习之故，示以道德之要领；次教以言容动作诸礼节；次教以修己治家及对于伦类国家当尽之责任；次授以教授修身之次序法则。凡教修身之课本，务根据经训，并荟萃《列女传》《女诫》《女训》《女孝经》《家范》《内训》《闺范》《温氏母训》《女教经传通纂》《教女遗规女学》《妇学》等书，及外国女子修身书之不悖中国风教者，撷其精要，融会编成，且须分别浅深次序，附图解说，令其易于明晓。二、教育——其要旨在使理会女子小学堂教育、蒙养院保育及家庭教育之旨趣法则，并修养为教育者之精神。其教课程度，先教以教育原理，使知心理学之大要及男性女性之别，并使明解德育、智育、体育之理；次教以家庭教育之法，次教以蒙养院保育之法；次教以小学堂一切教授管理训练之法，并使知家庭教育与学堂教育之关系，及家庭教育与国家之关系；次使于附属女子小学堂及蒙养院实地练习教授生徒及保育幼儿之法则。三、家事——其要旨在使能得整理家事之要领，兼养成其尚勤勉、务节俭、重秩序、喜周密、爱清洁之德性。其教课程度，授衣食、居处、看病、育儿、家计、簿记及关于整理家政之一切事项；并授以教授家事之次序法则。四、裁缝——其要旨在使习得关于裁缝之知识技能，兼使之节约利用。其教课程度，授普通衣类之裁法、缝法及修缮之法；并授以教授裁缝之次序法则。五、手艺——其要旨在使学习适切于女子之手艺，并使其指手习于巧致，性情习于勤勉，得补助家庭生计。其教课程度，可就编织、组丝、囊盒、刺绣、造花等项，酌择其一项或数项授之；此外各种图样，凡有适切于女子之技艺者，均可酌量授之；并授以教授手艺之次序法则。"①

在这次拟定的女子师范学堂课程中，除教育外，以裁缝、手艺占时为多，这或许就是为了所谓的"补助家庭生计"了。若与当时男子初级师范学堂比较，则有下

---

① 璩鑫圭，唐良炎.中国近代教育史资料史汇编:学制演变[M].上海:上海教育出版社，2007:585.

列四点不同:

第一,不设读经、讲经;第二,各科程度均较低浅;第三,特设家事、裁缝、手艺等科,为男子初级师范所无;第四,修身科完全注意女教,即所谓"涵养女子之特性"。

至于简易师范科的课程,部章并无规定。这里,且引天津北洋女子师范学堂所定的学科程度,以见一斑。

北洋女子师范学堂成立于光绪三十二年(1906年),设简易科及选科。简易科又分一二两部,均两年毕业;选科为不欲兼修各科者属之;惟修身、教育为必修科,余任自选。其简易科之学科程度如下表:

表4　简易科学科明细

学科	第一部		第二部	
	程度	附注	程度	附注
修身	人伦道德要旨、教授法		同左	
教育	教育史、应用心理学、论理学大意、教育原理、教授法、保育法、管理法、实地练习		同左	
国文	讲读、文法、作文、教授法		讲读、作文	
历史	中国历史、东洋史要、西洋史要、教授法			无
地理	中国地理、外国地理、地文、教授法			无
算学		无	四则、诸等、分数、小数、比例、百分、杂题、开方	
理科		无	植物、动物、矿物、地质、化学、物理、地文、生理、教授法	
家政	家事卫生、衣食住、育儿、家计簿记		家事卫生、衣食住、育儿、看护、家计、簿记、教授法	
习字	楷书、行书	随意科	楷书、行书、教授法	随意科
图画	自在、用器、教授法	随意科	自在、用器	
手工	裁缝、编物、刺绣、教授法	随意科	同左	随意科
体操	普通、游戏、教授法		同左	
乐歌	单音唱歌、复音唱歌、乐器用法、教授法	随意科	单音唱歌、复音唱歌、教授法	随意科

（四）训育

这个时期，男女之辨，十分谨严，女子德操，极为重视。所谓"启发知识，保存礼教，两不相防"，便是当时办女学的唯一目标。在"保存礼教"的口号之下，女子训育采取严格的隔别主义，乃为其必然的趋势。光绪三十四年（1908年），学部奏设女子师范学堂折上曾说："……所招务取朴质稳重之人，不收儇巧佻薄之辈，令其住堂肄业，内外有别，严立门禁。所以，必使住堂者放假有定期，不使招摇过市，沾染恶习，至学堂衣装式样，定为一律，以朴素为主，概行用布，不敷罗绮；其钗珥亦须一律，不准华丽。……五年以后，妇女中深通国文者渐多，此项国文教习即一律全用妇女充当，以归划一而谨防闲。至堂中建置，应分别内堂、外堂。外堂为各男职员所居，内堂为各女职员及女学生所居，界限谨严，力求整肃。"[1]《奏定女子师范学堂章程》规定："学堂既有寝室，女师范生皆须住堂，不得任意外出。其星期及因事请假者，必须家人来接方令其行"[2]，"教习管理员及学生之亲族，有因事来堂者，须先经总理监督察验属实，始准在外面客厅接见；若非亲族，一概不准在学堂接见"[3]。下面，摘录北洋女子师范学堂寄宿舍规则数条，以明当日的训育实况："本科以德育为重，同学共处，当互为辑睦，以礼义节操相勉，凡涉旧日，有失忠厚之言语、行为，均宜严避。"第二条："堂内以静肃为主，除游戏场外，不得唱歌、喧笑及有一切违碍之举动。"第三条："住堂不得携带珍贵物品，……与有防道德、卫生之书籍、食品、物件。"第八条："每夕满自修时限后，由舍监点名一次，即各归寝室。"第十二条："患病者除在本堂指请医师外，或有保人亲族代劳医师，非经本堂认可不得擅入诊治。……非亲属女眷，不准至病室探看。"第十三条："本堂休课之日准其外出，惟不得过一定时刻，本学生亲属不在本处者，并不准在外过宿。"第十四条："除有特别事情外，不问堂内学友，不许借贷银钱。"第十六条："有女戚来堂探访者，俱在会客室会见，非经禀明舍监准允，不准辄入寝室。"第十八条："值日生每日察看割烹、调派饭蔬并督责仆役整理一切。"第二十条："室长平日留意同室风纪及卫生。"[4]第二十一条，因为要使男女有别，要使"于兴学宏教之中，寓防微杜渐之意"，所以，在京师女子师范学堂开办未久，为了募款助赈，在琉璃窑开女学慈善

---

① 朱有瓛.中国近代学制史料：第二辑（下）[M].上海：华东师范大学出版社，1989：707.

② 舒新城.中国近代教育史资料：下册[M].北京：人民教育出版社，1981：810.

③ 舒新城.中国近代教育史资料：下册[M].北京：人民教育出版社，1981：809.

④ 戴建兵.吕碧城文选集[M].天津：天津古籍出版社，2012：61.

会,竟因此引起学部的干涉。且通令京内外各女学堂知照,通札上说:"近闻琉璃窑地方开办女学慈善会,各地女学堂学生皆入其中发卖所作手工物品以助拯款,并在彼唱歌舞蹈。昨阅《北京女报》所载该会广告,且有招集马戏之事。查助款拯灾,事关善举,原宜俯顺舆情。其发卖手工物品一节,比之古贤媛典簪珥卖书画以助拯者,义无多让。惟在会唱歌舞蹈,累日经旬,则于中国礼俗,实相违异;且于学堂功课,旷废必多。若更招集马戏混迹其中,尤非本部所欲闻矣。现在女学方在萌芽,热心兴学者自应共体艰难,岂可以贻人口实之事端,致生阻碍。今本部为申明劝诫各学生,陈设手工物品以助赈需,尽可遣人送往,不必亲身到会。至于赴会唱歌舞蹈,于礼俗尤属非宜。招集马戏混迹其中,更非敬重学生之道。京师为首善之区,各女学生,自必服习读书,饫闻礼义。本部以全国学堂为己任,惟有责成各学堂创办人员,传知各女学生,共喻本部敬重女学生之深意,保全女学堂之苦心。"[1]稍后,更有一件在现在看来可笑的事:宣统三年(1911年),江苏提学使李瑞清通饬各女学堂改星期五放假,是所谓"防微杜渐"的意思。他说:"照得江汉风行。读《周南》而知德化。女师典训,企班媛而颂徽音:盖琴瑟在御,静好先兆于安弦;讼狱无常,夙夜每防其多露。此女学以礼教为先,而名誉以道德为本也。查宁省女学之盛,颇称完善。但惊风为群,或不禁鸥枭之暗逐。芝兰既植,亦难免萧艾之潜滋。故口众可以铄金,虫生多缘腐物。弊宜祛于所忽,法必极于无疏。……今特改宁省女学校星期放假,均限于第五日一律通行,以便展览,庶杯蛇市虎之疑自隐消于不觉,秀柏贞松之节更相得而益彰。"[2]这种严格隔别主义的实施,可谓登峰造极!

至于女生服装,在当时被认为有关礼教!《奏定女子师范学堂章程》曾定:"学堂教员及学生,当一律布素,……不御纨绮,不近脂粉,尤不宜规抚西装,徒存形式,贻讥大雅。"[3]宣统元年(1909年),学部奏拟女学服色章程折上说:"……学校为教化所关,尤当参酌古今之宜,定为整齐严肃之制,庶几学风之朴,妇容之庄,有以养成高尚端淑之人格。礼教之防,莫先于此。"[4]当时所定服色章程如下:

一、女学堂凡遇行礼日期,监督、教习、监学、堂长、院长等,如系有封命妇,即按品级吉服行礼;无封者,常服行礼;未适人者,即着学堂制服行礼。至学生,无论

---

① 陈东原.中国妇女生活史[M].北京:商务印书馆,2015:263.

② 舒新城.近代中国教育史料:第二册[M].上海:上海书店出版社,1990:173-174.

③ 舒新城.中国近代教育史资料:下册[M].北京:人民教育出版社,1981:810.

④ 朱有瓛.中国近代学制史料:第二辑(下)[M].上海:华东师范大学出版社,1989:675.

已适人未适人均着学堂制服行礼。

二、平时在堂,无论监督……学生,均着学生制服,唯女子小学学生,均用家庭常服。

三、女学堂制服,用长衫,长必过膝,其底襟约去地二寸以上,四周均不开衩,袖口及大襟均加以缘,缘之宽以一寸为度。

四、女学堂制服,冬春两季用蓝色,夏秋两季用浅蓝色,均缘以青。

五、女学堂制服,用棉布及夏布,均以本国土产为宜。

六、女学生得佩襟章以为识别,其制以铜为宜,……

七、女学生不得缠足。

八、女学生不得簪花傅粉被发及以覆额。

九、女学生不得效东西洋装束。

表5　清末女师章程颁布前后之女子师范学堂概况

	名称	备考
章程颁布前	宁垣女子师范学堂	光绪三十年(1904年)闽人沈琬庆创办旅宁第一女学,设初高两等小学及师范班,校址在南京科巷。后改归省立,迁大全福巷,改名为"宁垣女子师范学堂"
	兢仁女子师范学堂	光绪三十年(1904年)设于上海,为私立性质
	浙江女子师范学堂	光绪三十年(1904年)邵敬章、孙智敏等创办,校址在杭州
	福建女子初级师范学堂	光绪三十年(1904年)创设于福州
	安徽全省公立女子师范学堂	光绪三十二年(1906年)阮强、李德膏创设于芜湖,宣统二年(1910年)因军事停办
	湖北省立女子师范学堂	光绪三十二年(1906年)创设于武昌紫阳湖畔
	天津北洋女子师范学堂	光绪三十二年(1906年)创设于天津
	奉天省立女子师范学堂	光绪三十二年(1906年)创设于盛京
章程颁布后	京师女子师范学堂	光绪三十三年(1907年)学部设立
	江西官立女子师范学堂	光绪三十四年(1908年)创设于南昌

续表

名称	备考
云南省立女子师范学堂	光绪三十四年(1908年)就中医学堂改办
四川省城女子师范学堂	宣统元年(1909年)就私立淑行中学改办
吉林女子师范学堂	宣统元年(1909年)创办
山东官立女子师范学堂	宣统二年(1910年)创设于济南
山西官立女子师范学堂	宣统二年(1910年)创设于太原

(注:表格左侧合并单元格为"章程颁布后")

二、女子小学堂

(一)女子小学堂宗旨

女子小学堂宗旨:"以养成女子之德操与必须之知识、技能,并留意使身体发育。"[1]以养成"德操"列诸宗旨之首,可想见当时注重德操的程度。又《女子小学堂章程教育总要》上说:"中国女德,历代崇重。今教育女儿,首当注重于此。总期不悖中国懿美之礼教,不染末俗放纵之僻习。"观此,则所谓知识、技能等,只不过是良妻贤母的必须条件而已。

(二)组织及行政

女子小学堂分女子初等小学堂和女子高等小学堂,两等合并设立者为女子两等小学堂。入学年龄:7岁至10岁入女子初等小学堂,11岁至14岁入女子高等小学堂。修业年限均为四年。并规定女子小学堂与男子小学堂应分别设立,不得混合。学堂设堂长、正教习、副教习,以年岁较长、素有学识,在学堂有经验的女子充之;又设经理、书记、庶务员,以笃行端品,留心学务,年龄在50岁以上的男子充之。女子小学堂的设置,须先将办法、情形禀经地方官核准,方许开办。

(三)课程

据《女子小学堂章程》所定:女子初等小学堂课程有修身、国文、算术、女红、体操五科,外音乐、图画为随意科,得斟酌加入;女子高等小学堂有修身、国文、算术、

---

① 周予同.中国经学史讲义:外二种[M].朱维铮,编校.上海:上海人民出版社,2012:141.

中国历史、地理、格致、图画、女红、体操九科,外音乐为随意科,得斟酌加入。其各学科之程度、时间分配如下列两表。

表6 女子初等小学堂学科程度及每周教授时间表

程度		学年及周学时							
		第一年	每周时数	第二年	每周时数	第三年	每周时数	第四年	每周时数
必修科	修身	道德要旨	2	同左	2	同左	2	同左	2
	国文	发音、字及浅易普通文之读法书法缀法	12	字及日用必须之文字及浅易普通文之读法书法缀法	12	日用必须之文字及浅易普通文之读法书法缀法	14	同左	14
	算术	二十以下数之数法书法及加减乘除	6	百以下数之数法书法及加减乘除	6	通常之加减乘除	6	通常之加减乘除及小数之称法书法并简易加减乘除珠算加减	6
	女红					简易之缝纫及通常衣类之缝法	2	通常衣类之缝法缮法	2
	体操	游戏	4	游戏普通体操	4	同左	4	同左	4
随意科	图画			单形		简易形体		同左	
	音乐	平易单音乐歌		同左		同左		同左	
合计			24		24		28		28

表7 女子高等小学堂学科程度及每周教授时数

程度		学年及周学时							
		第一年	每周时数	第二年	每周时数	第三年	每周时数	第四年	每周时数
必修科	修身	道德要旨	2	同左	2	同左	2	同左	2
	国文	日用必须之文字及普通之读法书法缀法	9	同左	9	同左	9	同左	9
	算术	整数、小数、诸等数、珠算加减	4	分数、步合算比例、珠算加减乘除	4	同左	4	比例、日用簿记、珠算加减乘除	4
	历史	中国历史大要		续前学年	2	补习中国历史	1	续前学年	1
	地理	中国地理大要	2	续前学年	2	外国地理大要	2	补习中国地理及外国地理	2
	格致	植物、动物、矿物及自然之现象	2	同左	2	通常物理化学上之形象元质及化合物简易器械之构造作用人身生理卫生之大要	2	通常物理化学上之形象元质及化合物简易器械之构造作用植物动物矿物相互之关系及对于人生之关系人身生理卫生之大要	2
	图画	简单形体	1	同左	1	诸般形体	1	诸般形体简易几何画	1

续表

程度		学年及周学时							
		第一年	每周时数	第二年	每周时数	第三年	每周时数	第四年	每周时数
必修科	女红	通常衣类之缝法裁法缮法并酌授各项手艺	5	同左	5	同左	6	同左	6
	体操	普通体操游戏	3	同左	3	同左	3	同左	3
随意科	音乐	单音歌		同左		同左		同左	
合计			28		30		30		30

女子教育既有别于男子,则其课程的实施,也自有其特殊之点。所谓"女子性质及将来之生计,多与男子殊异。凡女子者,务注重辨别,施以适当之教育",就是因性别而施教的意思。兹择《女子小学堂章程》所定各学科要旨及程度之重要者录示数则:修身——其要旨在涵养女子德行,使知高其品位,固其志操。其教课程度,在女子初等小学堂,初则授以孝悌、慈爱、端敬、贞淑、信实、勤俭诸美德,并就平常切近事项,指导其实践躬行;渐进则授以对于伦类及国家之责任。在女子高等小学堂,则扩充前项之旨趣,而益加陶冶之功,使其志行更为坚实。授修身者,务援引古今名人及良媛、淑女嘉言懿行,以示劝诫,常使服膺勿忘。女红——其要旨在使习熟通常衣类之缝法、裁法;并学习凡女子所能为之各种手艺,以期裨补家计,兼养成其节约、利用、好勤勉之常度。音乐——其要旨在使其学习平易雅正之乐歌,凡选用或编制歌词,必则其切于伦常日用有裨风教者,俾足感发其性情,涵养其德行[①]。

这次所定课程,有下列数点值得注意:

第一,修身科所授者为道德要旨,唯在使女子"高其品味,固其贞操",做一个三从四德的奴隶;

第二,女红科在女子高小一、二年级,授课时间占全课程时间六分之一,三、四

[①] 教育部基础教育司义务教育实施处. 义务教育法规文献汇编(1900年—1998年)[M]. 北京:中国社会出版社,1998:544-545.

年级占五分之一,可见其重要;

第三,初小图画、音乐,高小音乐都为随意科;

第四,国文科授课时间,初小各年级占总时数二分之一,高小占三分之一强。

(四)训育

女子小学堂管理亦为严厉。初小女生都通学,高小则专宿校内。学生衣着,一律布素,不御纨绮,不进脂粉,尤不许规抚西装,贻讥大雅。另一方面,在课程中使女子涵养德性,讲述"良媛淑女嘉言懿行",使知所适从,并进而导其实践、躬行,是为积极的训育方法。

(五)统计

关于女子小学堂教育统计,最早在光绪三十三年(1907年),据当时统计:女校数为391所,女生数为11936人,女生所占总人数的百分比为2%。

再据宣统元年(1909年)统计:小学堂总数为51678所,女学堂总数为308所,女学堂占小学堂总数的百分比为0.6%。小学生总数为1532746人,女生数为14054人,女生占小学生总数的百分比不到1%。

从宣统元年(1909年)统计来看,全国女子小学堂数仅308所,占小学堂总数不及1%,与男子小学堂约为1∶167;女子小学生数仅14054名,占小学生总数1%弱,与男子小学生约为1∶108。光绪三十三年(1907年)统计,每百名学生中有女生两名,宣统元年(1909年)则每百名学生中女生不及一名,这并非因为女生数的降低,而是男生数的激增。但,由此可见女子教育之较男子教育进步为缓了。

第四章　中国现代女子教育发展时期(上)

第一节　"良妻贤母主义"与"反良妻贤母主义"之论争

一、"良妻贤母主义"

(一)绝对的"良妻贤母主义"

"良妻贤母主义"是中国教养女子的传统思想。清末政府兴女学时期,便毫无疑义地全盘接受了这种主张,为女子教育的本旨。因为它的根深蒂固,所以虽经国体变革,但这种思想仍绵延存续着,在女子教育实施上产生重大的影响。

宣统元年(1909年),沈颐论女子之普通教育,有谓:"……男子之性,沈毅有余,而慎密柔婉诸德,终不如女子。婴儿初生,如叶始芽,如花如胎,爱惜保护,犹虞不育,故其事宜以女子任之。且婴儿初生在襁褓,无时离母。母之视听言动,无一非婴儿模效之资,则其责任顾不重耶? 至于与学校相联络,以养成良善之家风,则如前所云云,尤非女子莫属矣。"[1]所以,"女子之普通教育,非在特殊之技能,而在普通之常识,不必求与于社会国家之事,而必不可有忝于贤母良妻"[2]。因为,"今之幼女,异日皆为人妻人母者也"[3]。"良妻贤母主义"的教育,自为必要。

民国四年(1915年),梁华兰论女子教育,说:"……女子者,人类之母也。相夫教子,持家处世,其所贡献于国家者既多。……吾国女子以数千年之压制,服从既成为第二天性,然正可利用其服从之性,尊之以良好教育,终成世界第一等女

① 沈颐.论女子之普通教育[J].教育杂志.1909,(1)6:1-72.
② 沈颐.论女子之普通教育[J].教育杂志.1909,(1)6:1-72.
③ 沈颐.论女子之普通教育[J].教育杂志.1909,(1)6:1-72.

子。"她认为良妻贤母主义教育是良好的女子教育,她对于良妻贤母主义的解释:"或谓贤母良妻主义,其所需之教育,养成贤母耳、良妻耳,无与于高深,是不与教育平等之义相违背乎?曰未也。夫贤母良妻,乃教育之指归,而教育自身,则为其途术,故未有受高深教育,不能为贤母良妻者也。且正以受高深教育之故,思想高超,见解精确,益以知贤母良妻为人类之所急耳。"①

女子既生为女子,良妻贤母的条件自不可以不具,而且他们认为良妻贤母的责任,并不是一件卑贱的事。如陈衡哲主张女子教育应当注重于母职的训练,以为女子应该把整理家务、教育女子,作为她的终身事业。她说:"假使一个女子在结婚之后,能把她的心思才力,都放在家庭里去,把整理家务、教育子女,作为她的终身事业,那么,我以为即使她不直接的做生利事业,她却不能算是社会上的一个分利的人。她对于社会的贡献虽比不上那少数超类拔萃的男人及女子,但至少总抵得过那大多数平庸无奇的男子对于社会的贡献了。但劬劳家务是一件牺牲很大的事业,知道的人既少,名誉的报酬也是等于零度。换言之,做贤母良妻的人,都是一种无名英雄。她们的努力常在暗中,而她们的成绩却又是许多男子努力的一个大凭借。她们是文化的重要基础,但正像一个塔或其他建筑的基础一样,她们承受的压力是很大的,她们的牺牲是埋藏于地下的,她们不像那塔尖的上蟊云霄,为万目所瞩,为万口所赞,但她们却是那座巍巍与天相接者的重要根基。我们明白了这一层,便不致因为女子从事家务以外职业者的少,即否认她们在文化上的贡献了。"因为这样,她觉得:"贤母良妻的责任,不比任何职业卑贱,……大多数女子以家庭为世界,不但是 件当然的事,并且也是值得保存的社会情形了。"女子既应当"以家庭为世界",那么,良妻贤母的教育自为必要,所以,她对于女子教育主张训练母职:"……我深言女子不做母妻则已,既做了母妻,是必不可不尽力去做一个贤母,一个良妻的。世上岂有自己有子女不能教,反能去教育他人子女的女子呢?又岂有不能整理自己的家庭,而能整理社会的人呢?易子而教,是可以的,请一位家庭教师或保姆来分工也是可以的;但精微的母职,却是无人代替的。儿童的智识,你尽可以请人来代授,而儿童的人格,却是必须由你做模范的。这是我对于贤母一个名辞的解释。假使一个女子在结婚之后,这一层也做不到,那么我想她还不如把对于其他一切事业的野心都放弃了,干脆去做一个社会上的装饰品罢。所以我说,母职是最大多数女子的基本职业。""良妻贤母主义"的女子

---

① 陈独秀.常识之无[M].西安:陕西人民出版社,2013:144.

教育思想,到此可以说已阐发无遗,不异替"良妻贤母主义"重佩上一层护符!

(二)相对的"良妻贤母主义"

这里所谓相对的"良妻贤母主义",是说女子教育的目的固在养成良妻贤母,而于良妻贤母之外也要兼顾女子的社会性。这种思想,说它是"良妻贤母主义"和"反良妻贤母主义"的调和论,也有几分理由。但,它的出发点仍基于"良妻贤母主义",所谓兼顾"女子的社会性",只是为"良妻贤母"增加一点条件而已。所以我们仍旧认它为"良妻贤母主义",不过较之绝对的"良妻贤母主义"稍为活动点罢了。

民国六年(1917年),侯鸿鉴在《今后之女子教育》一文中,主张女子教育的目的在于养成家庭和社会两方面的人才。所谓家庭人才,第一须杜绝旧思想之家族,须知学校所养成的人才固足以供家庭的需用;第二须令学生在校多一日肄业,即令对于家庭多一日辅助的能力。所谓社会人才,第一须知旧社会之习惯应如何改造,第二须令学生有改进社会的知识和技能。同时,在女子的能力方面,他觉得其最适宜于师范教育和职业教育。因为"女子性质,勤劳慈善",对师范教育最为相宜;女子有职业,可以自存自活,职业教育也是女子所必要的。对于学校课程,他主张注重家事,而家事的教学,不重在教室内,而重在课外的实地练习。

民国九年(1920年),陆费逵发表了他的《女子教育的急务》,论女子教育的目的有四:第一,健全女子的人格;第二,养成贤母良妻;第三,在男子能养家的时代,从事无害生理、无妨碍家庭的职业;第四,预备充足的实力,于必要的时候代男子做国家社会一切的事。并且,他认为要实现以上四个目标,首先要顾到下面三个前提:第一,女子自身的觉悟——小女子自己觉悟她的人格;第二,家庭的觉悟——以同等眼光看待儿女;第三,社会的觉悟——尊重觉悟的女子和家庭。在这里,陆氏看到了女子应有健全的人格,应有为国家、社会服务的准备,这是异于一般的"良妻贤母主义者"的地方。

民国十年(1921年)三月,姜琦在浙江省立女子师范学校讲演女子教育问题之研究,他认为女子之生理的、心理的和社会的诸种天分都不同于男子,因主张男女应该各依其天分而分别施教。他说:"现在所谓女子教育这句话,也是就着一般人类的个性而立论,换一句话说,女子不能够和男子受完全同一的教育,因为男女各有特别的性向……伦理学上男女的人格是平等的,但是心理学上男女的人格是不同的,……所以我主张:男子有男子特殊的教育,女子也有女子特殊的教育。"①
对于良妻贤母的女子教育目的,他认为仍有存在的价值,并且他给了"良妻贤母"
一个新的解释:"倘使一女子能够同配偶者互相协助,这叫做'良妻';能够有经济
和知识的能力直接教育女子,这叫做'贤母'。"其实这种解释已不必限于"良妻"和
"贤母"了,就是以之为"良夫"和"贤父",甚至为家庭制度社会下的"人"的教育目
标解释,又何尝不可呢? 不过,他既仍以"良妻贤母"为名,我们仍旧认他是着重于
"良妻贤母"的女子特殊教育的。但,他是否以"良妻贤母"为女子教育的唯一目的
呢? 再看他以下的话:"我们先要问:'良妻贤母'四个字,究竟是不是绝对没有价
值? 如果绝对没有价值,不妨即刻弃掉它,若有几分价值,在今日情形之下,未尝
不可拿来发挥一下子。照我的意思,'良妻贤母'四个字,并不是绝对没有价值,不
过不能够当做女子教育的唯一目的,只可当做目的中之一部分。"②那么,真正的女
子教育目的是什么? 他说:"女子教育的真正目的,是在于养成完全的女子人格
(包括良妻、贤母、公民而言),详细地说明:是在于使女子成为真女子,开发其所有
天赋的诸种本分,以遂圆满的调和的发达之作用。"这里我应该附带地说几句话,
就是姜氏最近对于女子教育的主张。据他自己告诉我,已有些变更,对于以前的
主张似有些不信任了。现在他觉得女子教育就是人的教育,固无须分别男女,所
谓女子的"天赋的诸种本分",大半也都是环境的产物。他还说:"思想是动的,它
在不断地朝前迈进,我十三年前的主张和现在的主张之不同,也就是个人思想随
时代而演进的结果。"那么,我们似不能再以他为"良妻贤母主义者"了。

二、"反良妻贤母主义"

(一)男女平等教育

"反良妻贤母主义"乃"良妻贤母主义"思想的反动,这一派觉得女子和男子一
样,要和男子受同等的教育。女子的教育目的,不在于养成良妻贤母,而在于养成
比良妻贤母更重要的"社会的人"。因为女子生来就是一个"人",她非专为夫的
"良妻",子的"贤母"而生的,她有和男子同等的"做人"目标和担负社会改进的
责任。

---

① 姜琦,等.女子教育之问题及现状[M].北京:商务印书馆,1925:2.
② 姜琦,等.女子教育之问题及现状[M].北京:商务印书馆,1925:4.

这一派的主张,同为"男女教育应该平等",而出发点则各有依据:有从参政或公民资格上主张男女平等教育的,有从人格上主张男女平等教育的,也有从心理上和生理上主张男女平等教育的。立脚点虽有不同,但归纳起来,实为"男女平等教育"的全部理由。殊途同归,更使"反良妻贤母主义"的基础格外稳定。

(二)从参政或公民资格上讲

女子为社会的一员,对于社会诸种设施和本身的权利义务,都应该明了和参与,而这种参与社会生活的能力,则必赖于教育的平等。高一涵在《女子参政问题》一文里(武昌暑期学校讲演辞),从参政问题上主张打破"良妻贤母主义",力斥旧日女子教育偏重家事的不合理。他说:"我国女子教育制度多偏重家事方面,所以国民学校中所用国文读本要加入家事要项。女子中学的课程特设家事园艺缝纫各科,女子师范特别加入'以造就蒙养院保姆为目的'一项。再看各省及中央所办的女子职业学校,大概总不外家事、烹调、缝纫、蚕桑、缫丝、编物、刺绣、摘棉、造花等科,这种教育机关,简直可算是'良妻贤母养成所',所有的职业,大半属于家庭的事业;所学的知识技能,大半是操持家政的知识技能。我们天天说男女知识不平等,请问这种教育制度——女子教育和男子教育不同——又怎能造成男女知识、职业的平等结果呢? 所以女子要想抱着为社会之一员的人生观,又非打破这种使女子知识不能与男子平等额教育制度不可。"[1]

民国十二年(1923年),中等教育改进社女子教育委员朱其慧、刘吴卓生、袁昌英等提出了改进中国女子教育之计划,从公民资格上主张男女平等教育:"在民主国旗之下,男女对于国家,都有应尽之义务、应享之权利,至于义务如何去担负,权利如何去享受,才能致国家于治平,这是要靠着教育慢慢去做成的。义务非学不会尽,权利非学不会享。一国之人,若有一半不会尽义务,不会享权利,这个国家是断断站不稳的。所以要想有一个健全的国家,必先要个个国民——男的、女的——都健全,都有相当的学识、技能、品格、体力,去挑公共的担子,发挥特殊的贡献。照这样看来,女子教育是建设健全国家的一个要素。我们不谈普及教育则已,要谈普及教育,必须是女子教育同时普及。"[2]

---

①舒新城.近代中国教育思想史[M].福州:福建教育出版社,2007:295.
②舒新城.近代中国留学史 近代中国教育思想史[M].北京:商务印书馆,2014:507.

（三）从人格上讲

女子是"人"，自然有"人"的"人格"。中国一向就忽略了这一点，只教女子做奴隶——男子的奴隶，而不以"人"去看待她们。所谓"妇者服于人者也"，都是我们古圣古贤铸成的大错。到了现代，妇女们有些自觉了，而做男子的也知道往日忽视女子人格的不当。所以，女子人格的解放，便随革命的怒潮而掀起、提高。

而且健全女子的人格，也关系社会国家綦重。"吾侪少年中国之创造，既从社会入手，则中国妇女人格之造就发展，亦吾侪重大之责任，妇女人格未能健全，则少年中国未曾健全，盖少年中国乃具健全人格之男女国民所共同组合者也。"①什么是人格？"人格也者乃一精神之个体，具一切天赋之本能，对于社会处自由之地位。故所谓健全人格，即一切天赋本能皆克完满发展之人格。中国昔日妇女不得读书学问，即是一部分人格受委屈。女子若有参预政治事业社会事业之才能，而不许其发展者，斯亦蔑视妇女之人格也。"②怎样发展女子的健全人格呢？"是在妇女之受同等教育。"③

过去的教育，对于女子的健全人格，的确太蔑视了。李光业在《今后的女子教育》一文中说："从前的女子教育，缺乏人格的要素，基本上视为劣弱，即所谓女性劣弱观是。由此观念，而发现奴隶观，方便观，非人格观。妇女非为独立的人格者，而为男子的奴隶方便，并为其子女的奴隶方便。今后的女子教育，对于此等不合理的观念，当一扫而空，注力于人格的陶冶，图女子人格思想的充分发达；先认自己人格的存在，有独立的价值和权威，更进而把'夫'和'了女'也视为和自己同等的人格者，自行树立自己的理想，自觉自己的价值。"他又说："历来的女子教育，偏于家庭主义，而于女子同为社会国家的一员的一点，极其蔑视，实为一大缺憾。此后当注意于理知的陶冶，以弥补此中的缺憾，使女子具有男子同样的知识和思想，共同图国家社会的进步发达。"

民国七年（1918年），胡适在新青年上发表一篇《美国的妇人》（北京女子师范讲演稿），力说中国"良妻贤母主义"人生观的狭小，他以具体的方法提出"反良妻贤母主义"的女子教育的主张。他说："……她（暗指美国的妇人）的一言一动，似

---

① 宗白华.宗白华全集:第一卷[M].合肥:安徽教育出版社,1994:83.
② 宗白华.宗白华全集:第一卷[M].合肥:安徽教育出版社,1994:83.
③ 宗白华.宗白华全集:第一卷[M].合肥:安徽教育出版社,1994:83.

乎都表示这种'超于良妻贤母'的'人生观';似乎都会说道:'做一个良妻贤母,何尝不好? 但我是堂堂的一个人,有许多该尽的责任,有许多可做的事业。何必定须做人家的良妻贤母,才算尽我的天职,才算做我的事业呢?'这就是'超于良妻贤母'的'人生观'"①,"这种'超于良妻贤母的人生观',换言之,便是'自立'的观念。……美国的妇女,大都以'自立'为目的。自立的意义,只是要发展个人的才性,可以不依赖别人,自己能独立生活,自己能替社会做事。中国古代传下来的心理,以为'妇人主中馈';'男子治外,女子主内';妇人称丈夫为'外子',丈夫称妻子为'内助'。这种区别,是现代美国妇女绝对不承认的。他们以为男女同是'人类',都该努力做一个独立自由的'人',没有什么内外的区别的。……男女同有在社会谋自由独立的生活的天职,这便是美国妇女的一种特别精神"②。这种"自立"的精神怎样来的呢? 他以为"这种精神的养成全靠教育",所以他主张中国的女子教育应趋重于"独立的人"的养成。

(四)从生理和心理上讲

反对男女受同等教育的人,往往以"生理上的体质女子弱于男子,心理上的智慧女子低于男子"为其最大理由。但到了科学的实验方法昌明的现代,这种固陋的成见,已证实为不可靠了。其实在18世纪时,有位哲学家海尔凡鸠斯(Helve-tius)已从事于妇女能力的观察,他说:"男女才智的不同不是生成的,乃是教育和经验造成的。"这给予欧洲妇女运动一个很大的学理上的帮助。

自从实验心理学发达以后,人们对于男女智能的研究,格外努力。1906年汤普生女士(Miss H.B.Thompson)著《男女智的特性》,谓男子与女子智力的差别,比男与男或女与女智力的差别,并不大些。男女间仅有两种异性:一为男子意志的动作之速度,较女子为高;一为女子的记忆力较男子为强。但就大体上讲,男女的智力是相等的。1914年,桑代克在他的《教育心理学》中,对于男女智慧的差别,有这样一段话:男女平均智慧上最特著的差别是很小的,在实际上无甚关系。男子或女子中的差别,比男女间的差别要大得多。……过去的女子初等、中等、高等教育的成绩,并不亚于男子。近代心理学家都承认这种成绩,不是女子受了特殊的、胜过男子的训练之结果,是天赋的平等之显现。

---

① 胡适.中国人的人格[M].北京:中国工人出版社,2016:245.
② 胡适.中国人的人格[M].北京:中国工人出版社,2016:245.

常人又以为女子的"经期"足以造成男女技能的差别。但据1914年安诺德（Arnold）的试验，他令在他监视下的女生，在月经来潮期，除真有病者，概不得辞却智识的身体的各项任务。试验结果显示，那些女生不但身体不消瘦，且强壮起来了；智慧方面，也毫无损失。同年，荷林华斯（Hollingworth）试验23个妇女，证实知觉之速度和密度等心理作用，都不因"经期"而消减。

在今日较为先进的任何国度里，无论何种职业都已有女子加入了。事实上，女子也并无什么心理上和生理上的缺陷而不能胜任她所担负的事业。既然，女子在心理上和生理上不弱于男子，那么男女平等的教育，自然是需要的。

综上所述，"良妻贤母主义"和"反良妻贤母主义"所持的理由，已举梗概。而孰是孰非，读者自能判别。不过，这里所要提示的，就是这两派的主张，前者是系根基于中国"男子治外，女子治内"的传统思想，有点偏于社会的保护性，后者则是受了近代社会主义的影响，思打破传统思想取而代之。

第二节　民国成立与两性双轨制的崩溃

一、民国成立

清廷统治了中国二百余年，正当西洋文化高潮之冲，内忧外患，交相煎逼，自嘉庆、道光以还，日在战乱之中。及至光绪，危机更为显著。于是，国内起了两种运动：一是康有为、梁启超领导的变法维新，一是孙中山、黄兴领导的革命运动。前者主张消极的改良，维护旧政府进行立宪；后者主张积极的革命，推翻旧政府，建立新政府。这两种运动，一时并起，戊戌政变乃为前者的发动，辛亥革命便是后者的成功。

辛亥革命，举国响应，结束了清廷二百余年的命运。这不但推翻了满清政府，而且从根本上推翻了数千年来一脉相承的专制政体，开中国前所未有的创局。清廷既被推翻，革命党人首在南京成立临时政府，为中国民主政治的第一声。是年秋，政府迁设北京，民国政府正式成立。

二、壬子癸丑学制

民国成立，凡从前因缘于专制政体而存在的典章思想，都随皇家宝座的消灭而失效。民国元年(1912年)一月,教育部颁布《普通教育暂行办法通令》谓:"民国既立,清政府之学制,最必须改革者。各省部督府或省议会,鉴于学校之急当恢复,发临时学校令,以便推行,具见维持学务之苦心,本部深表同情。惟是省自为令,不免互有异同,将使全国统一之教育界,俄焉分裂,至为可虑。本部特拟《普通教育暂行办法》若干条,为各地方不难通行者,电告贵府,望即宣布实行。"①同时,颁布普通教育暂行课程之标准,以使各地遵守。这时对于教育的改造,最重要的是:第一,初等小学可以男女同学;第二,小学废止读经科;第三,中学校为普通教育,文史不必分科;第四,中学校初级师范学校,均改为四年毕业;第五,课程标准,女子不另行规定,但就其各级学校增损其学科。

　　民国元年(1912年)九月至民国二年(1913年)八月,教育部颁布各种学校章程,民国学制正式成立,即所谓"壬子癸丑学制"。是按照此规制定,初等小学四年,高等小学三年,较前期减少一年;与高等小学平行的有乙种实业学校。中学校四年,较前减少一年,与中学平行的有甲种实业学校。师范学校仍为五年,分预科一年,本科四年。大学预科三年,本科四年或五年,大学院不定年限。高等师范与大学平行而程度略低,分预科一年,本科三年,研究所一年或两年;专门学校与高师相当,分预科一年,本科三年。其系统图见下:

---

　　① 璩鑫圭,唐良炎.中国近代教育史资料汇编:学制演变[M].上海:上海教育出版社,1991:596.

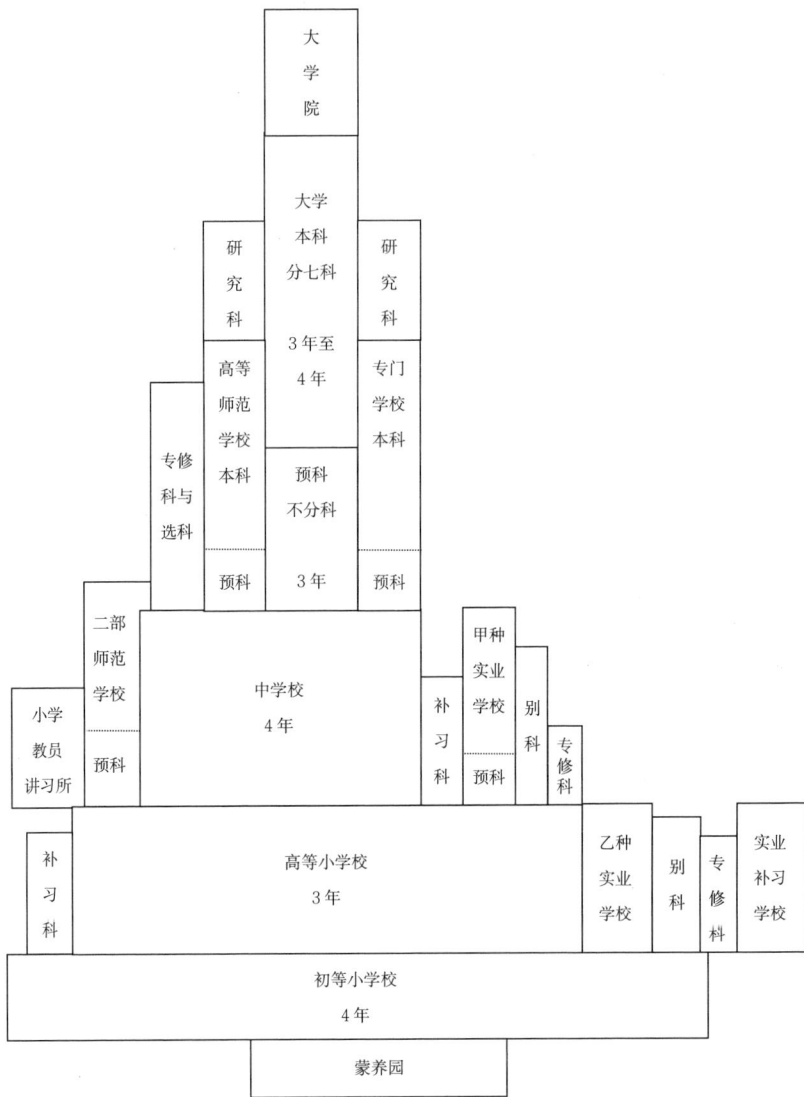

图2　壬子癸丑学制系统

此制特色:第一,初小男女可以同学;第二,女子高小以上,可设女子中学、女子师范及女子高等师范;第三,女子学校不另立系统。

壬子癸丑学制,固不能称为彻底的不分性别的单轨制,然与从前所定的两性双轨制相比较,则进步颇多。从前的女子小学和师范,都较男子少一年,现在却年限相等了;从前为女子所不能享受的中学教育、实业教育、高等师范教育,现在都和男子一样列入学制了。而且,女子学校不另立系统,更为女子教育造福不少。

两性双轨制的女子教育,到民国成立便开始崩溃,而彻底的单轨制的建立,则有待于民国十一年(1922年)新学制的颁定。

三、奖励女学

女子教育,因革命成功而益加进步,各省有妇女教育会的组织,宣传提倡,不遗余力;再加上政府的奖励,收效更大。故民国成立后,女子学校之增设,较前不啻倍蓰。政府当局之奖励女学,如民国二年(1913年)浙江教育司所订办法:第一,每学期由省视学调查报告,给奖一次;第二,女生在30人以上办有成效者,每学期给奖状一纸;第三,在40人以上办有成效者,每学期奖给津贴洋五十元;第四,在50人以上办有成效者,每学期奖给津贴洋八十元;第五,在百人以上办有成效者,每学期奖给津贴洋百元。其他省份亦有类似奖励办法,不必详举,此不过示以当时政府提倡女子学校之一斑而已。

民国四年(1915年),袁世凯任总统,对于各省女教员历事5年至10年者,传令嘉奖,题给匾额,以彰优异。同年冬,中央特派女视学四人,分四路巡视各省教育,计当时所派者:东路女视学吕惠如(江、浙、皖、鲁等处),南路女视学计宗兰(广、滇、湘、闽等处),西路女视学钱维贞(山、陕、甘、新等处),北路女视学祝宗梁(关东、塞北等处)。在封建思想尚未涤清时期,能毅然选派女子充任视学,我们不能不认为是一种进步的现象。且此次女子视学,实开中国未有的创举,对于以后女子职业解放方面,影响颇大。虽然,当时袁世凯阴谋帝制,倡导女学也许是为笼络人心,别有作用;但我们站在女子教育的立场上讲,无论他是否诚心奖励,这种设施于女子教育总归是有利的。

民国六年(1917年),第三次全国教育联合会议决:"推广女子教育案",分培养师资与增设女子中小学两项。培养师资主张:第一,增设师范学校;第二,师范学校附设讲习科;第三,师范学校设立第二部;第四,择适宜地点设师范讲习所。次年教育部曾通令各省区,酌量地方教育情形分别办理,此亦可见对于女子教育的注重了。

四、女子教育方针

两性双轨制的女子教育,虽经崩溃,但彻底的男女平等教育终究尚未建立起来。我们看《壬子癸丑学制》所定的,只初等小学男女可以同校,高等小学以上必须分别设立,而在教育实施方面,也是男女异趋。所以教科书的编制,另外有专为"女子适用"的。

民国三年(1914年),教育总长汤化龙发表对于女子教育的意见,以为:"中国今日,凡百事务,皆属过渡时代。如女子教育,尤不可不十分慎重,以谋完善。考中国女子,本生长于深闺中,多不出门,故其见闻至为狭隘,智识亦颇幼稚。此一缺点,实与今日时势大不相合,其开发女子智识之方法,不可不大加研究。至于中国女子之性质,则概多静贞优美。亦幸赖三千年来,遵奉一种高尚之道义,行于家庭所致,故未使女子陷于败德非道之域中,诚为可喜! 民国以来,颇有一派人士倡导一种新说,主张开放女子之界限,其结果致使幽闲女子,提倡种种议论,或主张男女同权,或倡导女子参政,遂至有女子法政学校之设立。虽属一时风潮所驱,为过渡时代势所难免之现象。然以余观之,则实属可忧之事也! 即如教育部此次禁止私立女子法政学校者,盖谓该学校在今日,不但毫无利益,而反有巨害。余对于女子教育之方针,则务在使其将来足为良妻贤母,可以维持家庭而已。惟对于智识技能之方面,则非设法研究,以谋发展,则不能适应于文明日进之时势也。"[①]从这一段话里,我们可以看出当时政府对于女子教育所持的态度。那么,民国五年(1916年),教育部之禁止女生自由结婚,也非无故了。

民国五年(1916年),教育部为端肃女校风化,通令全国谓,……各省女校,往往自为风气,装饰服用,任意自由,若不取缔,不足以昭划一。兹特严定惩戒规则五条:第一,不准剪发,违者斥退;第二,不准缠足,违者斥退;第三,不准无故请假,结伴游行,违者记过二次,第四,通校女生不得过十四岁,如有隐匿冒混者,记过;第五,不准自由结婚,违者斥退,罪及校长。

从上述各段来看,民国成立,在学制方面,确已打破清末所建立的两性双轨制,但在实际的设施方面,歧视女子教育的思想或政策,仍为继承前期的"良妻贤母"或"相夫教子"的女子教育观,而无丝毫的变革。

然而这种歧视女子教育的政策,不过是政府当局一时的主张,终敌不住新思潮的冲击。"五四"便是冲破一切残余封建思想的总动员,所有传统的思想或观念,统统给打倒了;而女子教育,也因"五四"运动而渐进于男女平等的领域中。民国十一年(1922年)的新学制绝对承认男女平等教育,我们能说它不是受了"五四"

---

① 中华全国妇女联合会妇女运动历史研究室.中国妇女运动历史资料(1840—1918)[M]. 北京:中国妇女出版社,1991:212.

运动的恩赐吗?

第三节　"五四"运动与男女同学

一、"五四"运动

"五四"运动是民国八年(1919年)五月四日为教育界所主动的一种空前的民众大运动。这种运动,使中国思想界起了一大突变,是思想解放的锁钥,是推倒旧礼教的主力军,有人称之为"中国的文艺复兴",确非无故。

"五四"运动之起有近因、远因。近因为山东问题的失败,试看四月二十四日梁启超自巴黎电国民外交协会:"对德国事,闻将以青岛直接交日本,因日使力争,结果英、法为所动;吾若认此,不啻加绳自缚,请警告政府及国民,严责各全权,万勿署名。"①北京各校学生团体,事前亦有通电谓:"青岛归还,势将失败,五月七日在即,凡我国民,当有觉悟,望于此日一致举行国耻纪念会,协力对外,以保危局"②。是已至箭在弦,一触即发的时机了。终于,五月四日的大运动,首由北京各校学生发起,而全国遂亦风靡响应。

"五四"运动的远因,是数千年来思想禁锢的反响。本来,中国的共和政府,虽已成立七八年之久,而在思想上,封建残余的势力仍旧存在。自西洋文化侵入以后,思想界形成新旧两派的对峙,日在抨击之中,旧的思想虽根深蒂固,但新的思想也如怒潮之来,势不可遏。"五四"运动遂做了他的导火线,使中国思想界呈一异彩。

"五四"运动既推倒了旧的思想和礼教,对于妇女解放自然有极大帮助。在教育方面,大学的开放女禁,中学的男女同学,予女子以平等教育的机会,这都是"五四"运动不可湮没的功绩。我们应该承认"五四"运动划出了中国文化的鸿沟,因为它结束旧的文化的生命,更建造起新的文化的基础。

二、男女同学的理论

关于男女同学的理论,大致可分为三派:第一,绝对的男女同学论;第二,绝对

---

① 马振犊,唐启华,蒋耘.北京政府时期的政治与外交[M].南京:南京大学出版社,2015:145.

② 杨盛清,陈文斌.五四运动[M].广州:广东人民出版社,1979:41.

的反男女同学论;第三,相对的男女同学论。第一派的主张,以为男女同学可以解决男女交际问题,打破旧日"男女授受不亲"的观念。而且,学校男女兼收,一方面财力、人力固为经济,他方面男女因竞争而学业也更易进步。第二派的主张,以为中国"男女有别"的习惯由来已久,一朝打破,势必弊窦丛生;而且男女心性不同,各有所趋,更不能纳诸一轨。第三派主张小学和大学可以男女同学,至于中等学校,学生正当青春发动时期,血气未定,应该分别设校。

上述三派的主张,孰是孰非,读者自有定评。不过,我个人的主张,是赞成前派的绝对男女同学论——自小学以至于大学。至于我的立论的根据则有下列数点:

第一,男女同样是"人"——这是男女同学的一个基本观点。男女同样是"人",只有"人"的教育,而没有"男子"或"女子"的教育。我们不能把女子划出"人"的范畴,叫她们另外去受一种"女子适用"的教育。男女既应同样地享受"人"的教育,那么,对于教育的设施,自不必严立界限,使男子受男子的教育,女子受女子的教育。

第二,个性差异大于男女性的差异——心理学实验的结果表明,男子与女子的智力的差别,并不大于男与男或女与女的差别。换言之,男子或女子中的差别,比男女间的差别要大得多。因此,一般人所谓男女心性不同,已无存在的余地了。男女性间既然无甚差异,在心理方面,男女同学便无反对的理由。

第三,恋爱是自然的冲动——中国旧礼教之防范男女,极为严厉,"男主外、女主内",显分畛域,致使数千年来女子屈服于男子肘腋之下,而未曾度讨一天抬头的生活。现代持反对男女同学之论者,以男女界限为词,主张分别设教。即稍进步的人,仅主张小学和大学可以男女同学,中学则绝宜防范。其实,两性间的相爱,乃是人类——他动物亦然——自然的冲动。吾人正宜善为诱导,使两性间不生隔阂,而达于真正爱的乐园中,使其在团体的组织下,共同协力于社会的改革与建造。若徒为防范,反使此种冲动发泄于不正当之途,危害更大。试看古往今来,在极严厉的防范之下,正不知发生过多少荒唐淫乱的故事!原来,人是好奇的,凡禁止的就是所愿望的,禁止愈严的也就是愿望愈切的;若撤其藩篱,使男女间有多接触的机会,倒可免掉许多因为好奇心的驱使所发生的反常行为。

三、男女同学的先驱

实行男女同学最早的,怕要算岭南大学了。岭南大学是中、美合办的一所私立大学,一切主张只须内部通过,便可实行,不受政府当局的牵制;其内部办法一仿美制,所以对于男女同学这件事,并不持保守态度。在光绪三十一年(1905年),该校创办伊始,就有教职员同教会里的女子,和一二位家庭开明的女子插入学校和男生同学了。虽然,民国四年(1915年)时曾分办女学,但不到一年便正式实行男女同学。民国九年(1920年)该校女生数达28人。

岭南大学实行男女同学,但对于女生特别定下了几条规则:

第一,大学女生,除本校教职员女儿外,应住在宿舍。若得监督同意,则本校教职员之近亲可予以特别权利。

第二,女生若得父母或家长来缄,可以请假,不然若欲过省城——广州城,须得一女护士(Chaperon)同往。

第三,十一月至二月内,女生告假,当在六点半钟返校,其余各月,须七点半返校。

第四,女生不论如何缘故,不能入男生寄宿舍,或在宿舍外寄宿。

第五,夜后女生不能游行。

第六,女生可在她宿舍里的应接室见探访的人,但每晚不能过七点半。礼拜日和礼拜一日晚,不能过九点半。

第七,旷课告假须得大学 Attendence office（教务处）和女监学的同意,方有效力。

第八,其余告假单,由女监学发出。

第九,其余学校里的事务,女生可和那班顾问商量。

第十,女生的行为和与大学的关系,是女监学直接管理的。

岭南大学实行男女同学的结果,据甘乃光观察有下列诸现象:

外观。从前对于衣服不甚留意的人,现在已经洁净得多。言语方面,亦很为注意,男女间不便说的话,已减了多多。各人见面和谈论时,都是笑容可掬,互相为礼的。

学业。男女因为同堂,许多人见得不读书的羞愧,因此发奋读书的就日日增多。有的想得女生的喜欢,因而勤学读书的也是不少。总之,男女同学,学问上比较的看起来,是比从前活跃得多。

服务。男女同学后,据各班的表示,各样会社都已进了新生命。从前闭户读书的人,也出来服务了。会社之中,尤以交际会为最多。

家庭。从前女学分办,是怕女生家庭不许她们来读书;但现在女生的人数,日日增加,这可见家庭方面是没妨碍的。

社会。社会方面,对与男女同学,因为没有事情发生,也是没有反对的论调。

四、大学开放女禁

岭南大学开男女同学的先河,对于后来国立大学开放女禁,多少有些影响。最有影响于开放女禁的乃是"五四"运动。"五四"运动摧毁了数千年来的旧礼教和旧思想,男女平权的觉悟至此更为坚定。于是,一般女子求知的欲望日渐增多,多不愿以一知半解而作废其前途。如邓春兰女士所谓:"我以为我尚在青年,总当求些高深学问,才有做人的工具。所以去年,北京高师在各省招生的时候,我虽然因父亲避职务上循私的嫌疑,未许我入选官费生,我还是要求他用私费送我来京。我没有启程的时候,就上蔡孑民先生一封信,要求他开女禁。"[1]

胡适在他的《大学开女禁的问题》一文中也主张大学开放女禁,进行的步骤,据他的意思:第一步,大学当延聘有学问的女教授,不论是中国女子还是外国女子;第二步,大学当先收女子旁听生——因为旁听生不限定预科毕业,只须有确能在本科听讲的能力就可。现在女子学制没有大学预科一级,女子中学与女子师范的课程又不与大学预科相衔接,故最方便的法子是预备生能在本科旁听;第二步,女学界的人应该研究现行的女子学制,把课程大加改革,总得使女子中学的课程与大学预科入学的程度相衔接,使女子高等师范预科的课程与大学预科相等。

蔡元培对于大学开女禁的问题说得尤为透彻,他说:"大学之开女禁问题,则予以为不必有所表示。因教育部所定规程,对于大学学生,本无限定男子之规定,如选举法中之选举权者。且稽诸欧美各国,无不男女并收。故予以为无开女禁与否之问题。即如北京大学明年(按:指民国九年)招生时,倘有程度相合之女生,尽可报考,如程度及格,亦可录取也。"其实,政府方面并不那样简单,我们看当时教育部给北京大学的公函上有这样的话:"……惟国立学校为社会观听所系,所有女

---

① 中华全国妇女联合会妇女运动理事研究室.五四时期妇女问题文选[M].北京:生活·读书·新知三联书店,1981:266.

生旁听办法,务须格外慎重,以免发生弊端,至于女学前途转滋障碍!"①可见当局对于这个问题态度的严谨了。

首先要求北京大学开放女禁的是邓春兰女士。邓女士于民国八年(1919年)四月上书北京大学校长蔡元培请开女禁,不久"五四"运动发生,议遂搁置。是年年假后,王兰女士复来请求,北京大学乃准许她为旁听生。于是,邓春兰女士等也援例入北大旁听。计当时北京大学的旁听女生共有9人,兹表志如下:

表8　民国八年(1919年)在北京大学旁听的女生信息

姓名	籍贯	经过学籍	旁听系级
王　兰	江苏无锡	北京女子师范学校	哲学系第一学年
邓春兰	甘肃循化	同上	同上
韩恂华	直隶天津	直隶第一女子师范学校	同上
赵懋芸	四川南溪	北洋女子师范学校	同上
杨寿璧	贵州贵阳	北京女子师范学校	同上
赵懋华	四川南溪	北洋女子师范学校	同上
程勤若	安徽歙县	不详	国文系第一学年
樊　涓	江苏南汇	协和女子大学	英文系第一学年
查晓园	浙江海宁	同上	同上

这是中国首先进大学的女子,也是中国大学教育允许女子享受的开始。

民国九年(1920年)秋,北京大学与南京高等师范相约正式招收女生,高等教育之男女同学的难关,才算打破。

同年十一月,广东省省长令广东高等师范实行男女同学,令文上说:"教育所以增进国民之程度,女子与男子同属国民,即应受同等之教育,不应有畸轻畸重之分。文明先进诸国,凡教育事业,并不歧视男女,学制具在,班班可考。我国狃于故习,男女之畛域过严,因之教育未能刷新,……是高等师范学校男女同校,按诸文明国之先例,参以世界之潮流,考之近日教育家之议论,宜属有利无弊,自应亟图实现,以符男女平等之义,为此令仰该校长……妥议一切办法,克日呈复,以凭通令招考。"②

继之,北京高等师范也兼收女生。此外,私立学校,如大同学院、南开大学、厦

---

① 曹义孙,胡晓进.三十年中国法学教育大事记(1919—1949)[M].北京:中国政法大学出版社,2011:25.

② 段云章,倪俊明.陈炯明集:上卷[M].广州:中山大学出版社,2007:505.

门大学;教会学校,如岭南大学(早已收女生)、沪江大学;医学校,如北京协和医学校等,都男女兼收。据调查,民国十一年(1922年)下列七大学兼收女生数如下:

表9　民国十一年(1922年)部分招收女生学校概况

	男女学生总数/人	女生数/人	女生约占总人数百分比
北京大学	2246	11	
东南大学	812	44	
南开大学	260	23	
北京师范大学	794	16	
东大上海商院	167	10	
中国大学	1626	14	
厦门大学	237	4	
合计	6142	122	1.99%

注:上表见《最近三十五年之中国教育》第206页。倘有其他大学未计入,全国大学女生数当不止此。

大学自"五四"运动开放女禁以后,到现在差不多全国各大学都男女生兼收了。人数统计,容下章再为详述。

五、中小学的男女同学

小学校男女同学,民国元年(1912年)即有规定:"初等小学可以男女同校。"民国四年(1915年)《国民学校令施行细则》:"国民学校或其分校,同学年之女生数足敷编制一学级时,应分别男女各编学级;但第一、第二学年不在此限。"又《高等小学校令施行细则》:"高等小学校或其分校,应分别男女各编学级。"这就是说,国民学校三年以上可以同学,但最好不同级;高等小学校可以同学,但不可同级。到"五四"运动以后,不仅初等小学男女可完全同校同级,高等小学的男女同校同级也逐渐实行了。

在中学方面,因为大学已开女禁,升入中学的女生日渐增加。因此,第六次全国教育联合会议议决呈请教育部实行中学男女同学,推广女子教育。原呈上说:"前届本会议决改革女学制度案,一年以来,各地高等专门以上学校男女同学,颇有遵照试办者。惟女子中等教育尚未普及,专门大学招收女生及格者自居少数。兹为增多女子求学机会,促进男女同学起见,拟请大部通令各省区,各级学校招收学生:或绝对的男女同学,或分部同学,或添设女子班,或附设女校,各就地方情形酌择办理,庶人才、经济两问题较易解决,习惯不同之障碍可以减少,男女共学之目的亦易达到矣。"①当时,教育当局虽未明令准许男女同学,但实际上,一面为适应供求的需要,一面受了"五四"运动思想解放的影响,中学的男女同学便应时而兴了。民国十年(1921年)已经实行男女同学的中学,有北京高等师范附属中学、广东执信学校、湖南岳云中学等,开了中学校男女同学的新纪元。民国十一年(1922年),除上述各中学外,又有广州第一中学、上海吴淞中学、保定育德中学、南京暨南学校、东南大学附属中学补习班、江苏省立第一中学高三班等,都有女生在内。

民国十六年(1927年)以后,革命的空气弥漫全国,各省中学,除了极为守旧者外,大都兼收女生或添设女子部。唯最近又有男女中学分设的趋势。其实,中学校男女同学,实行以来已有十余年,并没有发生什么流弊,现在,又何必要把已成习惯的男女同学分开来而使他们俨分畛域,各自为谋?

第四节　不分性别的单轨制之确立

一、新学制的萌芽

《壬子癸丑学制》颁定后,不数年间已渐感觉其不妥适了。民国四年(1915年)四月,第一届全国教育联合会召开,湖南省教育会提议改革学校系统,并指斥《壬子癸丑学制》六大弊害:

第一,学校种类太简单,不足谋教育之多方面的发展。

第二,学校名称不正确,致使一般人视小学为中学的准备,中学为大学的准备,失其独立作用。

第三,学校的目的不贯彻,使求学者三、四年一易其宗旨。

第四,学校教育的不完成,依规定的学科时间,恒有充其所教,罄其所学,不能得俱足的生活能力,反贻社会之累。

第五,学校的阶段不衔接,非失之太过即失之不及。

第六,各阶段的年限分配不适当。

---

① 中国第二历史档案馆.中华民国史档案资料汇编(第五辑第三编):教育[M].南京:凤凰出版社,1991:719.

因此,他们提出十个改革的要点,这里仅择其与女子教育有关的几则录在下面:

第一,图女子教育之便利,且予以得受高等教育之机会,而其升学程度不减于男子,改女子高等小学校、女子中学校为女子高等学校及女子文科学校。

第二,增广征收师范生之途径,分男女师范学生为二部。

第三,图女子专门教育之发展,增设女子专门学校。

第四,男女中等教育之基础已善,废止大学预科,且许女子有入大学之机会。

此案提出,当以事体重大,未曾开议,特分函各省征集意见,后虽未见实行,亦为新制改革的嚆矢。

民国五年(1916年)以后,学制改革的呼声更喧腾全国。其原因不外两点:第一,欧战告终,国人外鉴于各国学制的变革,内察社会及时代的需要,觉得不能不修改旧章以求适应;第二,民国元年(1912年)颁布的学校系统依然采自日本,后来国人留学美国者日多,而赴美参观教育者又络绎不绝,所以民国五、六年间(1916—1917年)国内教育家多称道美国学制,而美国中小学的"六三三改制说"又于此时风行全国。

有了上述的两个原因,学制改革,势在必行,所以民国八年(1919年)第五届全国教育联合会会议定下届大会讨论学制改革问题。次年,第六届会议提出关于学制议案者,仅安徽二案,奉天、云南、福建各一案,当以提案太少,乃又暂缓以俟下届。民国十年(1921年)十月,第七届全国教育联合会于广州召开,当时提议改革学制的有广东、湖南、安徽、浙江、江西、直隶、山西、福建、云南、奉天、黑龙江等十一省。会议结果:以广东省教育会所提系统案为学制系统草案,由各省区加以讨论以便设法实施。此项草案即后来新学制产生的蓝本。

二、新学制的建立

学制改革,喧腾已久,全国教育联合会差不多年年都有关于改革的提案。民国十年(1921年)且通过草案,各省有讨论的,有试行的,新学制已呈"箭之在弦"之势。教育部鉴于事已至此,知旧制之必难保全,乃于次年九月,趁全国教育联合会在济南开第八届会议之先,自动召集"学制会议"。参加"学制会议"的有各省区教育会及教育厅代表,国立大学及专门学校校长以及教育部指派与聘请的人员。会议结果:对全国教育联合会草案略加修正,并将修正议案送交第八届全国教育联合会征求意见。十一月一日,大总统令公布学校系统改革案。于是,新学制正式建立。

这次学制,分为初等、中等、高等三大阶段。初等段分为幼稚园与小学两级,幼稚园即旧制蒙养园的改称,收受4岁以上6岁以下的儿童。小学校6年(收6至12岁儿童),原为单整的,但得依地方情形分为初级、高级,采用四二制;并明定义务教育为4年,但得延长之。中等段6年(12至18岁),分初级中学与高级中学两级,得依各地情形采用三三制、四二制或二四制。初级中学实施普通教育,得单独设立,但视地方需要得兼设职业科。高级中学,除普通科外,得分设农、工、商、师范、家事等科。高等段废止大学预科。大学为选科制,修业年限4年至6年,得单独设立或综合各科设立,单独设立者称某科大学。旧制高等师范学校一律提升为师范大学(新学制系统图见下)。

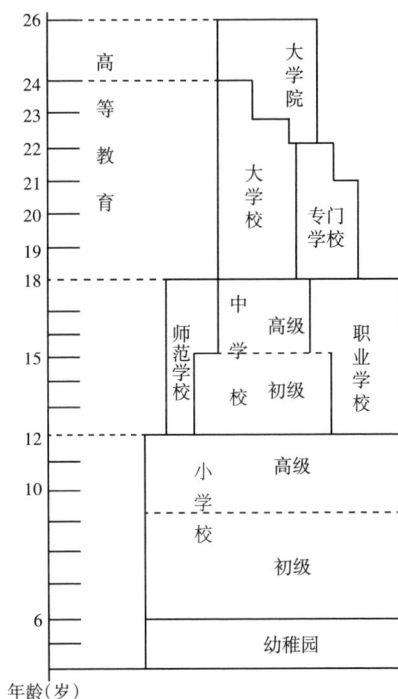

图3　新学制系统

三、新学制的特点

学制改革酝酿了好久,经过八年的时间,新学制终正式产生。新学制的特点,据公布的学校系统改革案所提示的标准为:适应社会进化的需要,发挥平民教育精神,谋个性之发展,注意国民经济力,注意生活教育,使教育易于普及,多留各地方伸缩余地。

这次学制的变革,显然地,是受了"五四"运动和美国教育思潮的影响,从上面七个标准里便可看得出来。我觉得这次学制改革的最大特点,比前面七个标准尤为重要的,乃是不分性别的单轨制之确立。在形式上,这学制与光绪二十八年(1902年)的学制正相同,对于两性问题,都不加区别,但实质上的用意则大为悬殊。光绪二十八年(1902年)的学制只承认男子能受教育,女子在教育上无丝毫地位。那时学制虽不分男女,可是"教育"这两个字只是"男子教育"的简称,学制只是"男子学制"的别名。新学制则不然,它虽不分男女,而其用意乃在教育为男女所共有的、同得的,男女在平等的原则下享受同等的教育。所以,从幼稚园直到最高阶段的大学院,都毫无差别地使男女共同享受。当然,它更不同于光绪三十三年(1907年)的两性双轨制,它是不分性别的男女所共有的单轨制。《壬子癸丑学制》虽是一条单轨,可惜不彻底。《壬子癸丑学制》明明规定在女子高校之上可以设女子中学、女子师范及女子高等师范,而独于专门学校及大学却未加明示,可见当时对女子的专门及大学教育尚未明白确定,换言之,就是女子尚不能和男子享受同等的教育。我们单站在女子教育的立场来说,学制的演变,到民国十一年(1922年),才算走上了正轨,真正的男女平等教育,实以此为始。

新学制已显示教育不是男子的或女子的教育,而是"人"的教育了。教育既是"人"的,自无须再分辨男女,以性别为施教的标准。男子和女子,应该同站在"人"的地位,同等地参与教育的活动。这种教育制度,才是真正的平等教育。在真正的平等教育制度之下,个人依其个性以求发展,各个人都有同等的发展机会,绝不强以性别为界限而遏制个性的发展。

第五节　母性主义的抬头

一、革命运动与妇女解放

革命是被压迫者或被统治者推翻压迫者或统治者的一种运动。为增加或集中革命的力量,它同情所有的被压迫者,更进而联合之以施行其革命策略。妇女久处于被压迫的地位,在革命的发动过程中,她们确是一支有力的队伍。而且,因为同是被压迫者,对于同为被压迫者的解放,自是革命所应有的任务。我们试看无论在哪一个国度里,妇女解放总是随着革命运动而发动,有一次革命运动,妇女解放也就随着更进一步。像法兰西,当1789年大革命爆发时,成千上万的妇女们组成伟大的群众,袭击束缚思想的教堂,拥进王宫所在地的凡尔赛,几乎做了法国大革命的先锋。虽然平民妇女领袖古杰(Olympe do Gouger)和自由的拥护者罗兰夫人(Roland)为了争夺女权和自由而上了断头台,但因此给了所有妇女们一个绝大的启示,为法兰西、为欧洲甚至为全世界的妇女运动安置下一座光明的灯塔。

再如苏联,在现代,他们的妇女地位,世界上怕没有别的国家能够赶得上。但在苏联革命以前的帝俄时代,其妇女地位是极其卑下的,社会上的一切权利都把持在男子手里,女性必须屈服于男性肘腋之下而为其奴隶、牛马或产物。教育、文化及社会事业,这一切都与她们无关,除掉拿出体力和肉的诱惑外,她们是不必用什么脑力的。可是,在苏联革命以后,新政府成立,所有帝俄时代加于妇女身上的镣铐全被摧毁,她们已由狭隘的牢笼跳到广大的社会上来,成为同男子一样完全平等的人了。无论在哪一方面,她们都可以和男子同等地努力和享受,都有充分的机会发挥她的智慧和技能。

在中国,现在虽然没有达到那样彻底的男女平等的境地,然而自从"推翻清朝建立民国"这种革命运动爆发以后,中国妇女也渐由自觉而走上解放的路。及至民国十五年(1926年)的国民革命运动爆发,妇女解放运动更推进不少。国民革命乃中国国民党所领导的,《中国国民党政纲》对于女子有这样的规定:"于法律上、经济上、教育上、社会上确认男女平等之原则,促进女权之发展。"[①]第二届全国代表大会也有关于妇女运动的决议案,最重要的如:第一,切实提高女子教育;第

[①] 孟昭华,王涵.中国民政通史:下卷[M].北京:中国社会出版社,2006:1182.

二,注重农工妇女教育;第三,开放各行政及职业机关容纳女子;第四,筹设儿童寄托所。在事实方面,像社交公开、恋爱自由、职业和行政机关的开放、女子继承权的确定等,都是革命的成果。

二、国民政府成立后的学制

在这里,我们得先把这个时期的教育行政组织简单地说明一下。原来国民政府成立于广州时,所有行政组织大都采用委员制,因此中央教育行政机关就有教育行政委员会的设置。民国十六年(1927年),国民政府定都南京以后,群议改制,而教育行政委员蔡元培复以为:"官僚化之教育部,实有改革之必要。欲改官僚化为学术,莫若改教育部为大学院。"①是年十月,乃取消教育行政委员会而成立大学院。但大学院因名非习见,一部分人士对之颇多怀疑。民国十七年(1928年)八月,中委经亨颐等于五次全会提出设立教育部案,因此,十月间国民政府公布行政院组织法时,乃将教育部列为行政院组织中十部之一。成立仅一年的大学院便就此结束,而民国元年(1912年)以来就有的教育部也因而重新恢复。至于省教育行政机关,民国十六年(1927年)六月曾拟定大学区组织条例,将全国分为若干大学区,区设校长一人总理区内一切学术与教育行政事项,此制首试行于江、浙两省,继组织北平大学区,旋因遭各方反对,于民国十八年(1929年)六月依据二中全会的决议停止试行。

国民政府成立后,学校系统并无多大变更。民国十七年(1928年)五月,大学院召开第一次全国教育会议,议决中华民国学校系统原则六条:根据本国实情,适应民生需要,提高教育效率,谋个性之发展,使教育易于普及,留地方伸缩可能。

同年八月,大学院根据这些原则议定一个学校系统,九月复加修正,并原则上另加"提高学科标准"一条于原案三、四两项的中间合成七个原则。此次所订的几条学校系统原则和民国十一年(1922年)新学制的七个标准大致相同;其学校系统与民国十一年(1922年)所定亦无甚出入。兹示其学校系统图如下:

① 高平叔.蔡元培教育论著选[M].北京:人民教育出版社,2011:542.

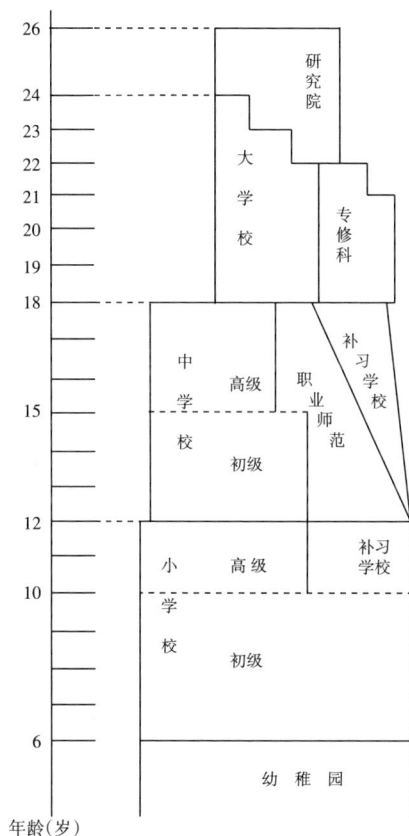

图4　民国十七年(1928年)学制系统

这次学制,对于女子教育,也和民国十一年(1922年)新学制一样,并不区分男女。但在实际上,于女子教育则特别着重于母性的培养。

三、母性主义的女子教育

这里所谓的"母性主义",也就是近于"良妻贤母主义"的一种女子教育思想。不过,它的含义比之"良妻贤母主义"则为广大。前者含有社会的观念,以民族为中心;后者缺乏社会性,乃以家庭为中心。这种母性主义,自国民政府建都南京以后,便开始抬头。

《中国国民党第二届中央执行委员会会议宣言》首先提出了这种主张:"对于女子教育尤须认真培养博大慈祥之健全母性,实为保国救民之要图,优生强种之基础。"①

第三次全国代表大会所确立的教育实施方针亦谓:"男女教育机会平等。女子教育并须注重陶冶健全之德性,保持母性之特质,并建设良好之家庭生活及社会生活。"②

民国十七年(1928年),"全国教育会议宣言"有云:"女子中等教育,应培养女子特有的社会职分,有适应其特需的需要。所以我们认定女子中学校,以单独设立为原则,但因地方人才、经费的限制,不能分设两种学校时,亦得于一校内,根据女子特殊的需要,变通办理。"③本来,在这次会议上,就议决了"中等女子教育应有特殊设施案",其理由:"中国国民党中央执行委员会全体会议宣言中,关于女子教育之要旨,谓:'女子教育须确认培养博大慈祥之健全的母性,为保国救民之要图,优生强种之基础。'此一要义,实为今后建设女子教育必不可易之方针。教育之意义,非仅教授科学的知识与生产的技能;其更重要之目的,实为设整个的人类文化。女子在文化上之天职,不尽同于男子,此为人人所知。若认女子与男子之教育,体用皆同,实为背于事实。尤其在中国今日,一切建设,皆当与民更始之时,民族之生存,国家之建设,社会之组织,其赖于女子之特别贡献者至大。

"幼儿之保育,儿童之教养,为民族生存之基本。若女子于此无适当之知识、能力及道德的习练,绝不能完成此伟大而切要之任务。

"社会生活之基础,在于良好的家庭生活之建设,而良好家庭之建设,实为女子最主要的任务之一,此更有赖于特殊之教育为之养成者也。

"此二者皆为女子教育应有特殊的设施之要点。在小学教育时期,女子之身体、精神尚未达实施上项教育之可能,无论男女儿童,度应受之教育,无显著之区别;而专门教育,其目的在养成特殊之学术与技能,一切科学的研究,更不因男女而有异;是以小学与专门教育,为不分性别之共同教授与研究,实为至当。唯中等教育,在年龄关系及教育技能上,皆为养成社会的生活能力之重要时代。为达上述两种特殊的教育目的,中等女子教育,必须有特殊之设施。盖除此而外,更无能达到中央全体会议宣言所指示之要旨之道。"④因为上述理由,便议定了下面的办法:"(一)关于教育内容者:中等女子教育之教材,须注重养成女子特有之社会

① 章辑五.世界体育史略[M].上海:勤奋书局,1936:56.

② 徐传德.南京教育史[M].2版.北京:商务印书馆,2012:248.

③ 中国蔡元培研究会.蔡元培全集:第18卷(续编)[M].杭州:浙江教育出版社,1998:509.

④ 中华民国大学院.全国教育会议报告[M].上海:商务印书馆,1928:45.

职分,加入关于处理家政教养儿童等学科及训练。女子德性之涵养,应注意于艺术的陶融及体育。(二)关于学校设置者:女子高初级中学,以特别设置为原则,各地方因经济力及教授人才之缺乏,不能分设者,得于中等学校中分设男女两部。(三)关于教员养成者:高级师范学校内应设立女子教育之专科。"①

和上面决议案有关系的,有张奚若提出的"实行中等男女分校制案"。他主张中学应有男女分校,重要的理由:在生理上,中学一段适当青春发动期,在此期中,青年男女意志薄弱,易引起性的纠纷问题;家庭为避免因男女同学所发生的不良影响,不令其女儿入校;欧美情形不同,中国不可比拟。因此,他主张:中学以男女分校为原则;同城中如无独立女子中学,得于男子中学内另设女子部,现行之合班教授制,应一律革除。

不过,当前面那个"中等女子教育应有特殊设施案"经大会通过后,浙江代表表示不满,乃去函声明谓:"……此案通过,和男女教育机会均等的教育宗旨完全相反,如果大学院一定要采择施行,浙江大学区内已经开放女禁的各中等学校中千数女生便都要被迫辍学,这简直是摧残女子教育,是浙江大学所不能做的。"

从以上各段看来,我们可以明了,"母性主义"在近年来中国女子教育上新张起一面旗帜。关于母性主义的女子教育之理论上的发挥和实际上的设施,当然还有不少的文献可供参考,但它的根本思想可以拿以上所述的各段来代表。

---

① 中华民国大学院.全国教育会议报告[M].上海:商务印书馆,1928:46.

第五章　中国现代女子教育发展时期(下)

第一节　本期之女子初等教育

一、组织及行政

民国成立,所有清代之法和规章,自不能不有所变更。关于教育方面,推翻了以前的两性双轨制。同时,在学校系统上破除了男女的界限。这可说是一大变革。

初等教育,民国元年(1912年)公布小学校令,分小学为高初两等。修业年限:高等小学三年,初等小学四年,男女均同。与清制比较,女子初等教育年限缩短一年。校内设校长、正教员、专科正教员、副教员等。民国四年(1915年),将小学校令重新修正,公布所谓"国民学校令"及"高等小学校令"(另有预备学校令未及实行,旋废),将初等小学校改称为国民学校,修业年限仍为四年。《国民学校令施行细则》第十九条:"国民学校或其分校同学年之女生足够编制一学级时,应分别男女各编学级,但第一、第二一学年不在此限。"又《高等小学校令施行细则》第十一条:"高等小学校或其分校应分别男女各编学级。"初等教育,在那时期,男女同学尚有限制;"五四"运动后,因大中学都渐倡导男女同学,小学校的男女同学才算彻底实行。

民国五年(1916年)以后,南方规模较大的小学,在校长之下,设有教务、事务、训育各主任及各种委员会,对于学校行政和教学方法也渐知注意。

民国十一年(1922年),新学制建立,规定高等小学校二年,初等小学校四年,修业年限缩短了一年。民国十二年(1923年),教育部令改各县劝学所为教育局,掌理初等教育,至今仍沿此制。

民国二十一年(1932年)以后,"小学法"及"小学规程"先后公布,定小学教育在"发展儿童之身心,培养国民之道德基础,及为生活所必需之基本知识技能"[①]。小学分为两级:前四年为初级小学,得单独设立;后两年为高级小学,须与初级小学合并设立。此外,为推行义务教育,各地得设简易小学及短期小学。小学之设置,以市、县或区、坊、乡、镇设立为原则,但亦准许私人或团体设立,非"中华民国之人民或其所组织之团体,不得在中华民国领土内设立教育中国儿童之小学"[②]。

"小学规程"规定:"小学女教职员在生产时期内应予以六个星期之休息。其代理人之俸金应由学校呈请主管教育行政机关另行支给。"[③]这是对女教职员的一种应有的特殊待遇。

二、幼稚教育

幼稚教育,始于光绪二十九年(1903年)的蒙养院。当时以蒙养家教合一,训练保姆为蒙养院及家庭所用。民国成立,改蒙养院为蒙养园(旋又改称幼稚园),定为学龄前的教育机关,男女儿童都有同等享受此种教育的机会。实际上,在民国成立后数十年中,幼稚教育亦仅具其名。民国九年(1920年)第六次全国教育联合会议会建议"各地师范应设保姆训育所及幼稚园",然终究推行不广。

国民政府定都南京,民国十七年(1928年)召开第一次全国教育会议,曾经议定专案:"通令全国,民国十七年(1928年)起,各省各县各市实验小学及师范附属小学应设立幼稚园","各省区,应就环境适宜之地,开设幼稚师范学校。或就各省之师范(或高中师范科)内,添设幼稚师范科,以培养专门人才,供给良好师资。(乡村幼稚园,不易单独设立。故最初办法,应就可能范围以内,多招现任乡村教师之夫人、未婚妻或近亲训练之,方能造就一人得一人之用)"[④]。

陶知行主张推广乡村幼稚园,帮助采桑娘子照应儿女,使得她可以多养些猪,多生点利。由此推广,且可为乡村受过教育的妇女开一职业上的出路,更可为乡村妇女运动之唯一中心。照这样说来,幼稚园当然与整个妇女问题有关了。本来,现在的幼稚园,都侧重于城市,而为富有者的专有品,对于大多数的民众,可谓

---

① 周予同.中国现代教育史[M].福州:福建教育出版社,2007:76.

② 教育大辞典编纂委员会.教育大辞典:第10卷(中国近现代教育史)[M].上海:上海教育出版社,1991:27.

③ 邓菊英,李诚.北京近代小学教育史料:上册[M].北京:北京教育出版社,1995:119.

④ 中华民国大学院.全国教育会议报告[M].上海:商务印书馆,1928:344.

毫无裨益。

幼稚教育,到了民国十七年(1928年)以后,才逐渐发展。现在,城市中固是多有着幼稚园,就是乡村幼稚园也正在萌芽,不断地兴立起来,虽然在数目方面还是极少。

三、小学课程

民国元年(1912年)公布"小学校令",规定女子初等小学科目为修身、国文、算术、手工、图画、唱歌、体操、缝纫等八种(男校缺缝纫);女子高等小学校科目为修身、国文、算术、本国历史、地理、理科、手工、图画、唱歌、体操、缝纫十一种(男校缺缝纫,另添授农业或商业,并可加授英语)。同年十一月,并颁"小学校教则"及课程表。兹将其特为女生规定者摘录如下:

一、修身要旨,在涵养儿童之德性,导以实践。……对于女生,尤须注意于贞淑之德,并使其知自立之道。

二、国文要旨,……女子所用读本,宜加入家事要项。

三、缝纫要旨,在使儿童习熟通常衣服之缝法、裁法,兼养成节俭、利用之习惯。

初等小学校首宜授运针法,继授简易之缝法、补缀法。视地方情形,得兼授西式裁法、缝法、补缀法。缝纫材料宜取常用之物,在教授时宜说明工具之用法,材料之品质,及衣服之保存法、洗涤法。民国五年(1916年)修正小学课程科目,大抵与民国元年(1912年)所定无多出入。民国四年(1915年)高小科目加授读经,民国五年(1916年)又取消,详见下列两表:

表10　民国元年(1912年)女子初等小学校科目

科目	学年及周学时							
	每周教授时数	第一学年	每周教授时数	第二学年	每周教授时数	第三学年	每周教授时数	第四学年
修身	2	道德之要旨	2	道德之要旨	3	道德之要旨、公民须知	3	道德之要旨、公民须知

续表

科目	学年及周学时							
	每周教授时数	第一学年	每周教授时数	第二学年	每周教授时数	第三学年	每周教授时数	第四学年
国文	10	(发音)简单文字读法书法及日用文章之读法书法作法语法	12	简单文字之读法书法及日用文章之读法书法作法语法	14	简单文字及日用文章之读法书法作法语法	14	简单文字及日用文章之读法书法作法语法
算术	5	百数以内之数法书法二十数以内之加减乘除	6	千数以内之数法书法百数以内之加减乘除	6	通常之加减乘除（珠算加减）	5	通常之加减乘除及简易之小数诸等数加减乘除（珠算加减乘除）
手工	1	简易制作	1	简易制作	1	简易制作	1	简易制作
图画			1	单形、简单形体	1	单形、简单形体	男2女1	简单形体
唱歌	4	平易之简单唱歌	4	平易之简单唱歌	1	平易之简单唱歌	1	简易之简单唱歌
体操		游戏		游戏、普通体操	3	游戏、普通体操	3	游戏、普通体操
缝纫					1	运针法通常衣服之补法	2	通常衣服之缝法补缀法
总计	22		26		男29女30		男31女30	

表 11　民国四年（1915 年）高等小学校科目

科目	学年及周学时					
	每周教授时数	第一学年	每周教授时数	第二学年	每周教授时数	第三学年
修身	2	道德之要旨	2	道德之要旨、中国法制大意	2	道德之要旨、中国法制大意

续表

科目	学年及周学时					
	每周教授时数	第一学年	每周教授时数	第二学年	每周教授时数	第三学年
读经	3	讲授《论语》	3	讲授《论语》	3	讲授《论语》
国文	10	日用文字及普通文之读法、书法、作法	8	日用文字及普通文之读法、书法、作法	8	日用文字及普通文之读法、书法、作法
算术	4	整数、小数、诸等数(珠算加减)	4	分数、百分数、珠算、加减乘除	4	分数、百分数比例、珠算、加减乘除
本国历史	1	本国历史之要略	2	本国历史之要略	2	本国历史之补习
地理	1	本国地理之要略	2	本国地理之要略	2	外国地理之要略
理科	2	植物动物矿物及自然现象	2	植物动物矿物及自然现象	2	通常物理化学上之现象元素与化合物、简易机械之构造作用、人身生理卫生之大要
手工	男2 女1	简易手工	男2 女1	简易手工	男2 女1	简易手工
唱歌	2	单音唱歌	2	单音唱歌	2	单音唱歌
体操	3	普通体操、游戏、男兵式操	3	普通体操、游戏、男兵式操	3	普诵体操、游戏、男兵式操
农业			男2		男2	
家事	2	缝纫	4	缝纫、家事大要	4	缝纫、家事大要
图画	男2 女1	简易形体	男2 女1	简易形体	男2 女1	简易形体
外国语			男2		男2	
总计	男34 女32		男40 女34		男40 女34	

从上列两表,我们可以看出此次课程与光绪三十三年(1907 年)女子小学堂

课程比较,有下面几个特点:

初级小学方面:(1)添手工科;(2)取消随意科名目,改图画、唱歌(原名音乐)为必修科;(3)改女红为缝纫,时数略减;(4)修身科添授公民须知。

高等小学方面:(1)格致改称理科;(2)取消随意科名目,改唱歌(原名音乐)为必修;(3)女红扩大改为家事;(4)修身科添授中国法制大意。

民国八年(1919年)以后,新文学运动已盛,国语运动随之而起。次年一月,教育部明令国民学校改国文为国语科,旋高等小学校亦改革,并令小学教科书一律用语体文编辑。京师(北平)并设国语讲习所。同年二月,教育部令各省教育厅选派中学师范毕业生或小学教员到京传习国语。自始,国语在小学中乃取国文科而代之。

当时,美国教育思想由留美学生的回国而盛行到中国来,故学制改革遂在民国十一年(1922年)正式实现。小学课程到了民国八年(1919年)以后逐渐改变,民国十二年(1923年)全国教育联合会所拟《小学课程纲要》,虽未经当局明令施行,但实际上支配了民国十二年到民国十六年(1923—1927年)间的中国小学教育。

《小学课程纲要》有下列诸要点:

小学校课程分为国语、算术、地理、历史、公民、卫生、自然、园艺、工用艺术、形象艺术、体育十一科目(前四年史、地、公民、卫生合并为社会一科)。

小学校为表明各科性质及谋衔接的便利,依初中六学科分别说明如下:(甲)卫生、公民、历史、地理属社会科(前四年以合并教学为宜);(乙)地理之一部分属自然科;(丙)园艺附入自然科,兼属艺术科;(丁)工用艺术(旧称手工)属艺术科,兼属社会科;(戊)形象艺术(旧称图画,新加剪贴塑造)属艺术科;(己)音乐属艺术科,或以方便得附于体育科。

小学校授课以分数计,初级前两年每周至少1080分钟,后两年至少1260分钟,高级每周至少1440分钟。

此项《小学课程纲要》和此前所订小学科目比较,显然不同,其特点为:第一,各科施教标准,不以男女性别而有差异;第二,根据教育标准,于教学目的、程序、方法和毕业最低限度都有规定;第三,以儿童为本位,顾及儿童的实际生活和学习心理,使课程社会化;第四,采用分数制,变一律的时间为差异的时间,使之适合儿童生理和心理的发展。

民国十七年(1928年),《小学暂行条例》定小学课程为三民主义、公民、国语、算术、历史、地理、卫生、自然、音乐、体育、党童子军、图画、手工等十三科目。次年八月,教育部又颁布《小学课程暂行标准》,定小学课程为党义、国语、社会、自然、算术、工作、美术、体育、音乐等九科目。此次所订暂行标准较全国教育联合会的《小学课程纲要论》在形式或内容方面,都更为进步。其最大特点是在科目上尽量合并;各科间注重教学的联络,重劳动生产,教材富于弹性;教学方法更具体。

前项暂行标准,经四年的试验,汇集各方意见,于民国二十一年(1932年)十一月后,由教育部正式公布《小学课程标准》。其科目及每周教学时间如下表:

表12 《小学课程标准》中的科目及每周教学时间(分钟)

年级		科目											附注
		公民训练	卫生	体育	国文	社会	自然	算术	劳作	美术	音乐	总计	
低年级	一年级	60	60	150	390	90	90	60	90	90	90	1170	上列分数都可以3除尽,便于以30分或45分或60分支配为节
	二年级	60	60	150	390	90	90	150	90	90	90	1260	
中年级	三年级	60	60	150	390	120	120	180	120	90	90	1380	
	四年级	60	60	150	390	120	120	240	120	90	90	1440	
高年级		60	60	180	390	180	150	210	150	90	90	1560	

《小学课程标准》与"暂行标准"不同之点:

第一,党义科不特设,将党义教材充分融于国语、社会、自然等科中;第二,将"暂行标准"中社会、自然两科从卫生部分划出,另行订《卫生科课程标准》;第三,改工作为劳作科,并将商情部分删除,商情估价作业纳入算术等科中;第四,增加公民训练标准。

从上面的叙述来看,小学课程的演变乃由分化而进于混合,由个人主义而进于社会化,由超生活而进于实生活,由成人本位而进于儿童本位。总之,课程的演变,从历史的方面观察,后一期显示着比前一期进步的现象。

女子的小学课程,在民国十二年(1923年)以前,都在同一系统中增损其学科的科目和时间;但自《小学课程纲要论》拟订以后,男女在同一标准之下享受教育。从此,课程标准再没有分辨男女性别而有不同的规定了。而且小学男女同学已成常态,所教科目的实施,自也无甚差异。不过,在实际上,如劳作或工作科的男子习农、工、商,女子习家事,仍旧被认为是当然的事。

四、教学和训育

民国初年,男女教育系统虽同,而实施殊异。民国元年(1912年)颁布的《小学校教则》,就是着重点各有不同,必须分别施教,故除初等小学男女可以同学,教科书兼收女子材料外,高等小学则须分别男女,教科书也有"女子适用"等字样。而且当时社会上一般人对于女子教育的态度,都觉得女子读书只是一种装饰。用不着怎样认真去教她们,再加上女子师范教育不发达,小学师资方面就弱了许多。

就当时整个小学教学来讲,只注意到"怎样教",还没有注意到"怎样学"。所谓教学法,进步的也不过是启发式,其实用注入式的还居多数。到民国五六年间(1916—1917年),自学辅导的方法,从美国到中国,这才注意到"怎样学"的问题上来。继自学辅导之后,传进来的是分团教学,再后便是设计教学法了。民国十一年(1922年)道尔顿制输进,各地多有实验。民国十九年(1930年),华虚朋博士(Dr.C.W.Washburne)来华,文纳特卡制也随之传来中国,各地小学多先后实验与推行。近来,国内对于小学教学法的研究和介绍,更为发达,小学教学的效率日有提高。小学自男女同学彻底实行以后,男女儿童同在新方法之下享受教育,并无轩轾。

关于训育方面,民国初年高小男女分校或分班,训育的实施,自亦有异。当时,承旧礼教的余绪,女校训育以养成"贞淑之德"为其最大目标。稍后,男女同学已成普遍现象,训育的实施,渐趋一致。现录民国八年(1919年)北京女子高等师范附属小学训育实施状况如下:

第一,训育方针。本校取感化及渐进主义,凡事均由职教员以身作则,率先倡导。

第二,全校训练。以诚、敬、勤、朴为校训,有朝会训话,讲室训话,力谋全校之统一,以养成善良之校风。

第三,学级训练。每日就始业或终业后相机训话,以期养成善良之校风。

第四,个人训练。特设个性调查簿,随时观察记载之,对于个人之所长所短,于课外施行特别训练法。

第五,仪式。始业、毕业及各种纪念日皆举行仪式,俾儿童得实地练习礼仪。

第六,服装。制服材料,夏季用浅月色竹布,春秋季用银光爱国布,高等科毛蓝布裙,一切装饰品不许佩戴。

第七,集会。每年举行运动会、游艺会、成绩展览会各一次,每周、每月各级得分作讲演会及学科练习会。

第八,作业。各级级长及公买部经理,每学期选举一次,其余各项勤务生(普通教室、特别教室、公买室、图书馆、标本室、体操器械室等)均按照日轮替。

第九,课外修习及运动。每日始业前有定时修习,休息时及终业后有分部运动,以自由动作,无待教师之指挥监督为原则。

第十,敬礼。每日上学、放学或途遇师长时,均须致敬礼;同学中亦彼此互致敬礼,表示谦恭,以立接人处世之基础。

第十一,赏罚。儿童学行优良者,酌与褒奖;言行恶劣者,酌与惩戒。物品奖励及牌示过失等,一概不用。

民国八年(1919年)以后,学生训练益趋重于社会实际生活。训育制度,从级任制更进到训导制,将学生分为若干团由教师分任训导,对于个别和团体训练都能注意到。民国十六年(1927年)后,各校有市政府或村政府的组织,期使学生练习自治生活,发扬互助精神,增进服务能力与兴趣,以促进其德育、智育、体育、群育之发展。

五、统计

关于小学方面之女生数目,据教育部第一次至第五次的教育统计,全国小学女生数如下:

民国元年(1912年)130984人;民国二年(1913年)155326人;民国三年(1914年)166841人;民国四年(1915年)171488人;民国五年(1916年)164719人。再据

民国七年至民国八年(1918—1919年)全国教育统计女生数,国民学校190882所,高等小学24744所,总计215626所。

民国七年至民国八年的女子小学生数,较光绪三十三年(1907年)增加18倍多,较宣统元年(1909年)增加16倍。在这十多年中,每年约增加2倍,女子小学教育,不可不谓有相当进步了。然与当时男生数相比较,则又瞠乎其后。民国七年至民国八年(1918—1919年)男生数计,国民学校4177519所,高等小学421893所,总计4599412所。女生在全体小学生中占4.5%,换言之,200个小学生中只有9个女生,其余都是男生,男生数大于女生数20倍多。

据中华教育改进社调查,民国十二年(1923年)全国女子小学生数,高等小学校35182所,国民学校368560所。其详情见下表:

表13　民国十二年(1923年)国民学校与高等小学校人数概况

省区	国民学校			高等小学校		
	男女生总数/个	女生数/个	女生约占总人数的百分比	男女生总数/个	女生数/个	女生约占总人数的百分比
京师及京兆	79220	4172	5.00%	5568	767	12.11%
直隶	519679	22265	4.11%	34824	1338	3.70%
奉天	293151	17448	5.62%	27380	2240	7.56%
吉林	55419	4157	6.98%	6562	643	8.92%
黑龙江	46190	4161	8.26%	4797	769	13.82%
山东	728047	15797	2.12%	38439	1807	4.49%
河南	257139	6522	2.47%	22548	1036	4.39%
山西	738194	129889	14.96%	40529	2792	6.44%
江苏	343143	36019	9.50%	40856	5583	12.02%
安徽	73447	4391	5.64%	18170	728	3.85%
江西	185855	5595	2.92%	22765	420	1.81%
福建	119048	3713	3.02%	25796	719	2.71%
浙江	373926	19781	5.02%	36366	2847	7.26%
湖北	190162	6620	3.36%	15788	1371	7.99%
湖南	279729	22805	7.54%	34087	1569	4.40%
陕西	188959	3544	1.84%	17815	1469	7.62%
甘肃	101810	1832	1.77%	12099	88	0.72%
新疆	3066	86	2.73%	468		

续表

省区	国民学校			高等小学校		
	男女生总数/个	女生数/个	女生约占总人数的百分比	男女生总数/个	女生数/个	女生约占总人数的百分比
四川	524925	29209	5.27%	50115	4684	8.55%
广东	311944	11843	3.66%	64473	2253	3.38%
广西	159054	6729	4.06%	24683	872	3.41%
云南	155260	7766	4.76%	23569	915	3.74%
贵州	53357	2728	4.86%	11896	131	1.09%
热河	15421	973	5.94%	1501	99	6.19%
绥远	7943	144	1.78%	435		
察哈尔	10287	371	3.48%	850	42	4.71%
总数	5814375	368560	6.34%	582379	35182	6.04%

据同年调查,全国1811县中,无女子初等小学者423县,无女子高等小学者1161县。见下表:

表14 民国十二年(1923年)各省区无女子小学之县数

省区	每省之县数/个	无女子初等小学县数/个	无女子高等小学县数/个
京师及京兆	20	1	12
直隶	120	4	61
奉天	57	8	21
吉林	37	5	20
黑龙江	35	8	17
山东	106	2	58
河南	108	20	78
山西	105	3	44
江苏	60	1	16
安徽	60	13	41
江西	81	37	64
福建	62	28	58
浙江	75	3	16
湖北	69	9	47
湖南	75	24	48
陕西	91	37	83

省区	每省之县数/个	无女子初等小学县数/个	无女子高等小学县数/个
甘肃	77	37	73
新疆	40	36	40
四川	146	5	60
广东	94	30	71
广西	80	27	69
云南	101	15	67
贵州	80	64	70
热河	15		13
绥远	8	4	8
察哈尔	9	2	6
总数	1811	423	1161

民国十八年(1929年)，全国女子小学教育之量的方面，据教育部统计，如下列两表：

表15　民国十八年(1929年)各省市女子小学生数与小学生总数比较

省市	初级小学			小学高级部		
	男女生总数/人	女生数/人	女生约占总人数的百分比	男女生总数/人	女生数/人	女生约占总人数的百分比
江苏	597753	112813	18.87%	52831	13961	26.43%
浙江	555069	97397	17.55%	49062	7494	15.27%
安徽	167675	24751	14.76%	33217	5778	17.39%
江西	157164	18016	11.46%	20352	3119	15.33%
湖北	97942	17460	17.83%	12959	1964	15.16%
湖南	588151	110999	18.87%	42139	7216	17.12%
四川	871063	119695	13.74%	100539	19464	19.36%
云南	186781	13263	7.10%	26009	4301	16.54%
广东	401426	42940	10.70%	130116	19853	15.26%
山西	799977	169016	21.13%	35496	4423	12.46%
河南	576927	44370	7.69%	34695	4374	12.61%
河北	712882	50674	7.11%	44004	4917	11.17%
山东	386371	48688	12.60%	65326	6771	10.36%
辽宁	548649	210353	38.34%	52550	15306	29.13%

省市	初级小学			小学高级部		
	男女生总数/人	女生数/人	女生约占总人数的百分比	男女生总数/人	女生数/人	女生约占总人数的百分比
吉林	116040	17714	15.27%	15356	2368	15.42%
黑龙江	67072	8127	12.12%	6801	1640	24.11%
热河	26385	1816	6.88%	2259	134	5.93%
察哈尔	63500	4196	6.61%	6208	994	16.01%
新疆	3705	265	7.15%	1124	\	\
宁夏	5735	291	5.07%	770	9	1.17%
东省特别区	11336	3403	30.02%	2048	453	22.12%
南京	13465	5588	41.50%	2366	937	39.60%
上海	94762	26471	27.93%	16409	4774	29.09%
天津	16262	4159	25.57%	3572	635	17.78%
北平	23752	7852	33.06%	13268	4800	36.18%
汉口	8959	3380	37.73%	2467	859	34.82%
青岛	11198	2640	23.58%	1486	254	17.09%
威海卫	8580	849	9.90%	653	59	9.04%
总计	7118581	1167186	16.40%	774082	136857	17.68%

表16 民国十八年(1929年)各省市小学女教职员数统计

省市	初级小学			小学高级部		
	男女生总数/人	女生数/人	女生约占总人数的百分比	男女生总数/人	女生数/人	女生约占总人数的百分比
江苏	20379	1970	9.67%	4136	663	16.03%
浙江	20293	1017	5.01%	6011	1044	17.37%
安徽	9880	721	7.30%	2915	391	13.41%
江西	9443	203	2.15%	1544	117	7.58%
湖北	3932	369	9.38%	1045	69	6.60%
湖南	37587	1280	3.41%	3672	364	9.91%
四川	35926	2604	7.25%	11447	1846	16.13%
云南	8466	286	3.38%	1057	106	10.03%
广东	25421	1585	6.24%	8414	921	10.95%
山西	34062	2123	6.23%	2914	290	9.95%
河南	29816	861	2.89%	2647	149	5.63%

续表

省市	初级小学			小学高级部		
	男女生总数/人	女生数/人	女生约占总人数的百分比	男女生总数/人	女生数/人	女生约占总人数的百分比
河北	39994	1357	3.39%	2841	250	8.80%
山东	36248	822	2.27%	3735	361	9.67%
辽宁	15631	1029	6.58%	1423	201	14.13%
吉林	3522	319	9.06%	895	113	12.63%
黑龙江	2080	256	12.31%	484	108	22.31%
热河	1536	53	3.45%	196	9	4.59%
察哈尔	3687	148	4.01%	420	47	11.19%
新疆	140	9	6.43%	60		
宁夏	320	2	0.63%	134		
东省特别区	402	105	26.12%	273	19	6.96%
南京	583	239	40.99%	173	52	30.06%
上海	3668	1173	31.98%	1654	531	32.10%
天津	637	160	25.12%	246	48	19.51%
北平	678	115	16.96%	436	58	13.30%
汉口	407	106	26.04%	149	44	29.53%
青岛	257	56	21.79%	174	38	21.84%
威海卫	319	17	5.33%	49	3	6.12%
总计	345314	18985	5.50%	59144	7842	13.26%

民国十八年(1929年)女子小学生数为1304043人,占总人数的16%强,较民国元年(1912年)约增加10倍。与民国八年(1919年)比较,十年中,女生人数从21万多增至130万多。

民国十八年(1929年),女子小学生数量最多者为辽宁,超过20万人,其次为山西,超过15万人,最少为新疆,尚不及300人。男女生比例,以南京市为最高,女生数占总人数40%以上;以宁夏为最低,不及5%。大抵特别市和教育先进的省份,其男女生比例的差异较小。女教职员数占男女总数的比例,亦以都市比例较高,如南京、上海,在30%至40%之间,余如天津、北平、汉口、青岛等,在15%以上30%以下,较中数(平均数)大2倍至4倍。

幼稚园儿童数,据同年统计:男女总数是31967人,女生数是9498人,女生占总人数的百分比是29.71%。

第二节　本期之女子中学教育

一、女子中学的成因

女子的中学教育,本期才算开始。民国元年(1912年)以前,光绪三十三年(1907年)以后,女子教育虽在学制上占了一点地位,而那仅是一种两性双轨制,实际上又是另外一幅面目,不能和男子同等享受的。所以,在那时只有女子师范学堂和女子小学堂。民国成立,学校系统重新厘定,打破旧有的两性双轨制,故中学阶段,女子便有了同男子平等享受的地位。

民国元年(1912年)"中学校令"规定:"专为女子设立之中学称女子中学校",是则女子中学教育已在学制上确定了它的地位。女子中学教育,学制虽有规定,实际上,在"五四"运动以前,公家很少有女子中学的设立。所谓中学校关于女子中学的规定者,只是虚拟了八九年之久,至多不过对私立女子中学有些制裁的效力而已。

"五四"运动以后,思想解放,且有几所高等教育机关开放女禁,女子求知的欲望因而高涨。但当时仅有小学校与女子师范学校两级,女子中学为数寥寥,学校数量实不足以供女子求知的需要。所以,民国八年(1919年)五月二十四日,教育部通知各省区谓:"查现在各处女子高等小学毕业生,日见增多。本部现又就北京设立女子高等师范学校,女子中学校之设立,实系要图。各省区如未经设立女子中学校,应先就省区经费筹办省立或区立女子中学校,以宏造就。"[①]

民国十年(1921年),第六届全国教育联合会议决"促进男女同学以推广女子教育"呈请教育部探择施行。是年七月,教育部乃训令各省教育厅谓:"据第六次全国教育会联合会呈送,议决促进男女同学,以推广女子教育案。查现时女学未甚发达,实由女子中学太少,应由本部通行各省,速设女子中学,并于相当学校附设女子中学部,以资推广。惟中等学校男女同校,现尚未便照准……"[②]

因此,是年乃有小规模的女子中学教育出现,如江苏以无锡竞志女学作为代用中学,于第一女子师范和第二女子师范附设女子中学班,山东于济南女子职业

---

① 朱有瓛.中国近代学制史料:第三辑(上)[M].上海:华东师范大学出版社,1990:379.
② 朱有瓛.中国近代学制史料:第三辑(上)[M].上海:华东师范大学出版社,1990:380.

学校添设女子中学班,等等,都是那个时期的产物。

　　在当时,教育部虽没有明文准许中等学校男女同校,而实际上实行男女同校的中等学校,不在少数。

二、组织及行政

　　民国元年(1912年),"中学校令"规定男女学校分别设立,修业年限均为四年。中学以省立为原则,准许县立和私立。虽然在学制方面已确认女子中学教育的地位,可是实际上,学制公布后八九年间,并无什么公家女子中学校的设立。所以这种规定,也不过是一纸文书罢了。

　　"五四"运动后,女子中学教育渐见发达。民国十一年(1922年),新学制公布,真正的不分性别的单轨制建立起来,男子的中学系统也就是女子的中学系统了。新学制增中学校修业年限为六年,分初中、高中两级,采用六三三制。但依设科性质,也得用四二或二四制。民国十七年(1928年),学校系统案对于新学制所定的中学校组织,无甚变更。至于学校内部的行政组织,据民国二十二年(1933年)"中学规程"规定:中学设教导主任一人,处理教务、训育事项;六学级以上之中学,得设教务、训育、事务主任。是则三主任制仍为一般通行的学校行政组织。

三、课程

　　民国元年(1912年)十二月,公布"中学校令施行细则",定女子中学校学科为修身、国文、外国语、历史、地理、数学、博物、物理化学、法制经济、图画、手工、家事园艺、缝纫、乐歌、体操。次年三月教育部根据上定学科颁布中学校课程标准如下表:

表17　民国元年(1912年)中学校课程标准

科目	学年及周学时							
	每周时数	第一学年	每周时数	第二学年	每周时数	第三学年	每周时数	第四学年
修身	1	持躬处事、待人之道	1	对国家之责务、对社会之责务	1	对家族及自己之责务、对人类及万有之责务	1	伦理学大要、本国道德之特色

科目	学年及周学时							
	每周时数	第一学年	每周时数	第二学年	每周时数	第三学年	每周时数	第四学年
国文	7	讲读、作文、习字楷书行书	男7女6	讲读、作文、文字源流、习字同前学年	5	讲读、作文、文法要略、习字同前学年	5	讲读、作文、文法要略、中国文学史、习字行书草书
外国语	男7女6	发音、读音、默写、文法、拼字、讲解、会话、习字	男8女6	读法、译法、默法、造句、会话、文法	男8女6	读法、译解、会话、作文、文法	男8女6	读法、译解、会话、作文、文法、文学要略
历史	2	本国史、上古、中古、近古	2	本国史、近世、现代	2	东亚各国史、西洋史	2	西洋史
地理	2	地理概要、本国地理	2	本国地理、外国地理	2	外国地理	2	自然地理概要、人文地理概要
数学	男5女4	算术、代数	男5女4	代数、平面几何	男5女4	代数、平面几何	男4女3	平面立体几何、平三角大要
博物	3	植物、普通植物之形态分类解剖生理生态分布应用等之大要、动物、普通动物之形态分类解剖生理习性分布应用等之大要	3	动物同前学年生理及卫生之构造个人卫生公众卫生	2	矿物、普通矿物及岩石之概要地质学之大意		
物理化学					4	物理、力学、热学、光学、电学、物性、音学、磁学	4	化学、无机化学、有机化学大意
法制经济							2	法制大要、经济大要

续表

科目	学年及周学时							
	每周时数	第一学年	每周时数	第二学年	每周时数	第三学年	每周时数	第四学年
图画	1	自在画、临画、写生画	1	同前学年	1	自在画、临画、写生画、用器画、几何画	男2 女1	自在画、意匠画、用器画、几何画
手工	1	竹工木工	1	木工、黏土、细工	1	黏土、石膏、细工、金工	1	同前学年、工业大意
家事园艺			女2	家事整理、家事卫生、饮食物之调理、实习(洗涤、烹饪等) / 蔬果花木培养法、庭园构造法实习	女2	侍病、育儿、经理家产、家计薄记实习(洗涤、烹饪、救急疗法等) / 同前学年、实习	女2	同前学年、实习(烹饪、救急疗法)
缝纫	女2	初步技术之练习、普通衣服之缝法、裁法、补缀法	女2	同前学年	女2	同前学年	女2	同前学年
乐歌	1	基本练习、歌曲	1	同前学年、乐典	1	同前学年	1	基本练习、歌曲乐器
体操	男3 女2	普通体操、兵式训练	男3 女2	同前学年	男3 女2	同前学年	男3 女2	同前学年
合计	男33 女32		男34 女33		男35 女35		男35 女34	

备考
(1)女子中学校缺三角法,其余学科程度比照学期时数酌定,并得延长算术教授时数至五学期以内,而减少代数几何之时数;
(2)女子手工授编物、刺绣、摘棉、造花等照所定时数分配;
(3)女子中学校免课兵式,体操代以舞蹈、游戏照所定时数分配此次所定课程,男女中学不同之点:男子中学无家事园艺、缝纫;女子中学数学可减去三角法;女子中学手工限于编物、刺绣、摘棉、造花等,男子中学则异是;女子中学体操免课兵式。

民国八年(1919年)四月,教育部通令各省区:中学校得酌量地方情形增减所定科目及时间。于是,中学自由改制,各校相继采用选科制或分组制,课程渐形分歧。这里,且以北京女子高等师范学校附属中学为例。该校自民国八年(1919年)起采用全国中学校长会议的决议案,设第一部及第二部,前者为志愿升学者而设,后者为志愿从事职业者而设。两部课程稍有出入,兹示其课程表如下:

表18　北京女子高等师范学校附属中学第一部课程

学科	学年及周学时							
	第一学年	每周时数	第二学年	每周时数	第三学年	每周时数	第四学年	每周时数
修身	道德要旨、礼仪实习	1	同前学年	1	同前学年	1	道德要旨、法制经济概要	1
国文	讲读及文法、作文	7	同前学年	6	同前学年	5	同前学年	5
习字	楷书	1	楷书行书	1	同前学年	1	行书草书	1
外国语	发音、拼字、读法、讲解、默写、会话、文法、习字	6	读法、译解、默写、造句、会话、文法	6	读法、译解、会话、作文、文法	6	读法、译解、会话、作文、文法	5
历史及地理	本国地理	3	本国历史	3	外国地理	2	世界史	2
数学	算术、珠算	4	算术、代数	4	代数、几何	4	代数、几何	4
博物	植物、动物、实验	3	生理及卫生、动物、实验	3	生理及卫生、矿物及岩石、实验	2		
物理化学					物理、化学、实验	4	物理、化学、实验	4

续表

学科	学年及周学时							
	第一学年	每周时数	第二学年	每周时数	第三学年	每周时数	第四学年	每周时数
教育							应用心理、教育大意	2
图画	自在画、写生画	1	同前学年	1	自在画、用器画	1	自在画、用器画、考案画	1
手工	应用手工	1	同前学年	1				
家事园艺			衣食住、整理及卫生、实习	2	侍病育儿、经理家产、家计薄记、实习	2	烹饪法、蔬果花木等培养法、庭园构造法、实习	3
缝纫	普通衣类之裁法、缝法、补缀法	2	同前学年	2	同前学年	2	同前学年	2
乐歌	基本练习、歌曲乐典	1	同前学年	1	同前学年	1	同前学年、练习乐器	1
体操	徒手操、机械操、游戏舞蹈	2	同前学年	2	同前学年	2	同前学年	2
总计		32		33		33		33

表 19　北京女子高等师范学校附属中学第二部课程

学科	学年及周学时							
	第一学年	每周时数	第二学年	每周时数	第三学年	每周时数	第四学年	每周时数
修身	道德要旨、礼仪实习	1	同前学年	1	同前学年	1	道德要旨、法制经济概要	1

学科	学年及周学时							
	第一学年	每周时数	第二学年	每周时数	第三学年	每周时数	第四学年	每周时数
国文	讲读及文法、作文	7	同前学年	6	同前学年	5	同前学年	5
习字	楷书	1	楷书行书	1	同前学年	1	行书草书	1
历史及地理	本国地理	3	本国历史	3	外国地理	2	世界史	2
数学	算术、珠算	4	算术、珠算	4	代数初步、几何初步	3	代数初步、几何初步	3
博物	植物、动物、实验	3	生理及卫生、动物、实验	3	生理及卫生、动物、实验	2		
物理化学					物理化学、实验		学庭应用理化学、实验	4
教育							应用心理、教育大意	2
图画	自在画、写生画	1	同前学年	1	自在画、用器画	1	自在画、用器画、考案画	1
手工	各种应用手工	2	同前学年	2	同前学年	2	同前学年	2
家事园艺	衣食住、整理及卫生、洗濯法、实习	2	侍病育儿、经理家产、家庭医学大要、实习	4	家计簿记、家庭医学大要、烹饪法、实习	4	烹饪法、蔬果花木等之培养法、庭园构造法、实习	4
缝纫	普通衣类之裁法、缝法、补缀法	2	同前学年	2	同前学年	2	同前学年	2
乐歌	基本练习、歌曲乐典	1	同前学年	1	同前学年	1	同前学年、练习乐器	1
体操	徒手操、器械操、游戏舞蹈	2	同前学年	2	同前学年	2	同前学年	2

续表

学科	学年及周学时							
	第一学年	每周时数	第二学年	每周时数	第三学年	每周时数	第四学年	每周时数
外国语	发音、拼字、读法、译解、默写、会话、文法、习字	3	读法、译解、默写、造句、会话、文法	2	读法、译解、会话、作文、文法	2	同前学年	2
总计		32		32		28		32

新学制已经颁行,民国十二年(1923年),全国教育联合会乃拟定《新学制课程标准纲要》,关于初高中必修学分规定如下表:

表20　初中必修学分

学科		学分
社会科	公民	6
	历史	8
	地理	8
言文科	国语	32
	外国语	36
算学科		30
自然科		16
艺术科	画图	12
	手工	
	音乐	
体育科	生理卫生	4
	体育	12
共计		164

表21　高中公共必修学分

科目	学分
国语	16
外国语	16
人生哲学	4
社会问题	6

续表

科目	学分
文化史	9
科学概论	6
卫生法 健身法　　体育 健身其他运动	10
共计	67

高中普通科又分两组:第一组注重文学和社会科学,第二组注重数学及自然科学,除公共必修学分外,尚有分科专修(必修与选修)及纯粹选修学分,毕业学分总额定为150分。

《课程标准纲要》对于中学课程规定的特色,是分科制和学分制的确定,这当然是受了美国教育思潮的影响。这次所拟纲要,虽未成为法令,而实际上确为一般学校所采用——在前数年各校仍多沿用。

民国十八年(1929年)秋,教育部颁布《中小学课程暂行标准》,规定中学校科目如下表:

表22　初级中学科目及学分

科目	学分
党义	6
国文	36
外国语	20或30
历史	12
地理	12
算学	30
自然课	15
生理卫生	4
图画	6
音乐	6
体育	9(包括国术)
工艺	9
职业科目	15或5
党童军	不计学分
总计	180

表23　高中普通科科目及学分

科目	学分
党义	6
国文	24
外国文	26
数学	19
本国历史	6
外国历史	6
本国地理	3
外国地理	3
物理	8
化学	8
生物学	8
军事训练	6
体育	9
选修科目	18
总计	150

民国二十二年(1933年)三月,教育部公布"中学规程",规定中学课程如下表:

表24　初级中学各学科每周教学时数及学生自习时数

科目		第一学年		第二学年		第三学年	
		一学期	二学期	一学期	二学期	一学期	二学期
公民		2	2	2	2	1	1
体育		3	3	3	3	3	3
卫生		1	1	1	1	1	1
国文		6	6	6	6	6	6
英语		5	5	5	5	5	5
算学		4	4	5	5	5	5
自然	植物	2	2				
	动物	2	2				
	化学			4	3		
	物理					4	3
历史		2	2	2	2	2	2
地理		2	2	2	2	2	2
劳作		2	2	2	2	4	4

续表

科目	第一学年		第二学年		第三学年	
	一学期	二学期	一学期	二学期	一学期	二学期
图画	2	2	2	2	1	1
音乐	2	2	1	1	1	1
每周教学总时数	35	35	35	34	35	34
每周在校自习总时数	13	13	13	14	13	14

表25　高级中学各学科每周教学时数及学生自习时数

科目	第一学年		第二学年		第三学年	
	一学期	二学期	一学期	二学期	一学期	二学期
公民	2	2	2	2	2	2
体育	2	2	2	2	2	2
卫生		2				
军训	3	3	3	3		
国文	5	5	5	5	5	5
英语	5	5	5	5	5	5
算学	4	4	3	3	4	2
生物学	5	5				
化学			7	6		
物理					6	6
本国中	4	2	2			
外国史				2	2	2
本地	2	2	2			
外地				2	2	2
伦理						2
图画	1	1	2	2	2	2
音乐	1	1	1	1	1	1
每周教学总时数	34	34	34	33	31	31
每周课外运动及在校自习总时数	26	26	26	27	29	29

四、教学与训育

实际上,在中学无教学法之可言,只有教而没有学,学生只管像被注射似的让老师把知识灌注到脑子里去。所谓"自学"或"自动的研究",不但在民国初年谈不上,就是现在也很少有学校能够做到。这原因,一方面固由于中学教学法研究的幼稚,另一方面是由于教师缺乏教学能力。目前中国关于中学师资训练的机关,为师范大学、大学教育学院及大学教育学系。严格点说,大学教育学院和大学教育学系乃是一种侧重于教育研究的场所,它所要养成的是教育学术的"研究者",若以之充任中学教师,则对于中学学科的知识本非深究,自不能有十分良好的效果。至于让专门研究自然科学的人充任自然科教师,研究文法的人充任工具学科和社会学科教师,那么,他们毫无教学的训练,其结果那更是不必问的了。而在中国,一般的中学教师都缺乏此种教学的训练。所以,教学法之在中学,简直是谈不到的。

至于中学女生的训育,因为礼教的传统观念没有被打破,比男校学生自然要严厉得多。现在,负训育责任的人,名义上虽从"监学"改为"训育主任"或"教导主任",实际上仍是看监似的消极的管理或监督,尚未注意到积极的指导。当然,这也有例外。所以,对于女子的训育,都只在一个方针——封锁政策——下实施着,不过现在的封锁程度低一点罢了。

民国初期,女校有种"对牌"制度,家庭接学生回去时,须拿对牌对明方准出校。这制度到现在有些学校仍然存在,不过改"对牌"为"留宿证"。留宿证是一个纸折子,星期假日家庭接学生回家时,需在折上盖家长印章,拿到学校里对明印监再盖上训育处图章,这才算办完了这笔手续。终日防学生如同防贼一般,不但不准学生打电话,而且还要拆看学生的家信——学生收信发信,均须由学监舍监拆阅,这简直不当学生是"人"了。这现象而今尤为普遍。再如白天学生不准出屏门一步(内地女校大门后多有屏门);晚间锁闭寝室总门,防止有人出入……这类训育方法,我曾看到许多女校都在暗地里严格地实施。

五、统计

在"五四"运动以前,女子中学教育尚在萌芽期内,数量方面,非常之少。据教育部第五次全国教育统计数据显示,民国五年(1916年)八月至民国六年(1917年)七月,女子中学学生数为724人,其分配情形:京兆135人,黑龙江42人,江苏429人,福建82人,湖北36人。女生人数约占中学生总人数的1.2%,男生数是女生数的82倍强。又据中华教育改进社调查,民国八年(1919年)以前,政府设立的女子中学仅有9所,学生622人,教职员132人。虽当时调查容有遗漏,然亦可见那时期女子中学教育之不发达了。据中华教育改进社调查,民国十一年(1922年),当时全国女子中学生数如下表:

表26 民国十一年(1922年)全国中学校学生数与女学生总数明细

省区	男女生总数/人	女生数/人	女生约占总人数百分比
京师及京兆	5469	823	15.05%
直隶	7480	46	0.61%
奉天	3712	154	4.15%
吉林	960		0
黑龙江	629	35	5.56%
山东	6291	92	1.46%
河南	3036		0
山西	6910		0
江苏	9216	953	10.34%
安徽	1938	18	0.93%
江西	4165		0
福建	3773	111	2.94%
浙江	5131	120	2.34%
湖北	5524	186	3.37%
湖南	8953	86	0.96%
陕西	1829		0
甘肃	777		0
新疆			0
四川	9581		0
广东	9107	468	5.14%
广西	3921		0
云南	2940	157	5.34%
贵州	1664		0
热河	178		0
绥远	102		0
察哈尔	99		0
总数	103385	3249	3.14%

从上表来看,民国十一年(1922年)全国女子中学生数为3249人,约占中学生

总数的3.14%,男生数是女生数的30倍多。且在全国26省区中,无女子中学生者达13省区。民国十八年(1929年),据教育部统计,全国女生数如下:

表27　民国十八年(1929年)全国女学生数概览

	女生数/人	男女生总数/人	女生约占总人数百分比
中学校	19294	106901	
初级中学	13779	141767	
总计	33073	248668	13.30%

民国十八年(1929年)女子中学生数最多之省份为江苏,有5294人;次为浙江、湖南,各有2500余人,最少者为绥远,仅有22人。无女子中学生者,有黑龙江、新疆、西康、青海、宁夏。

据教育部统计,民国十九年(1930年)全国女子中学生概况如下列各表:

表28　民国十九年(1930年)各省市中学男女生数概览

省市	高中		初中	
	男生数/人	女生数/人	男生数/人	女生数/人
江苏	3443	704	18803	5977
浙江	1543	243	12939	3419
安徽	705	69	6686	1437
江西	1465	219	8427	1250
湖北	1257	309	8835	2094
湖南	852	283	19889	3013
四川	2794	212	37379	6634
福建	1632	376	10571	2267
云南	128	/	5648	563
贵州	254	5	3511	723
广东	2679	422	38643	4446
广西	603	75	14163	1358
陕西	809	80	2191	4
山西	967	33	9043	458
河南	884	21	13118	860
河北	1848	197	13064	963
山东	1007	122	12049	1967
甘肃	136	/	1670	98

续表

省市	高中		初中	
	男生数/人	女生数/人	男生数/人	女生数/人
宁夏	/	/	81	/
青海	/	/	188	/
新疆	/	/	150	/
辽宁	2150	455	16025	1991
吉林	128	/	3488	729
黑龙江	96	/	1087	/
绥远	112	/	229	/
热河		/	323	/
察哈尔	65	/	503	124
西康	/	/	/	/
东省特别区	221	/	1223	226
南京	1518	261	3482	905
上海	5913	1498	14192	5436
北平	4420	991	7697	2890
青岛	262	105	1016	324
威海卫	/	/	367	15
总数	37891	6680	286680	50171

表29　民国十九年(1930年)各省市中学兼收女生校数概览

省市	中学/所	初级中学/所	总数/所
江苏	21	38	59
浙江	6	33	39
安徽	1	14	15
江西	14	15	29
湖北	6	8	14
湖南	1	1	2
四川	7	16	23
福建	14	34	48
云南	/	2	2
贵州	1	2	3
广东	60	47	107
广西	6	30	36

续表

省市	中学/所	初级中学/所	总数/所
陕西	1	/	1
山西	8	7	15
河南	3	6	9
河北	2	8	10
山东	10	33	43
察哈尔	1	/	1
南京	5	7	12
上海	22	23	45
北平	17	7	24
青岛	1	1	2
威海卫	1	/	1
总数	208	332	540

民国十九年(1930年),全国女子中学生数比例如下:

表30　民国十九年(1930年)全国女子中学生数比例

	女生数/人	中学生总数/人	女生约占总人数百分比
高中	6680	44571	14.99%
初中	50171	336851	14.89%
总数	56851	381422	14.91%

由上表可知,100个中学生中约有女生15人,男生数几乎为女生数的6倍。然与民国十一年(1922年)比较,中学女生由3249人增至56851人,约增加16倍强。在数量方面,不可不谓有相当进步了。即与民国十八年(1929年)比较,一年中,女生数亦增加23778人。至于民国十九年(1930年)中学女教职员数,据统计如下表:

表31　民国十九年(1930年)中学女教职员数

	中学/人	初级中学/人	总数/人
女教员数	1565	1110	2675
女职员数	521	580	1101
总数	2086	1690	3776

第三节 本期之女子高等教育

一、女子高等教育的先驱

高等教育,清末即有举办,至民国成立,更颁新令,以"教授高深学术养成硕学宏材,应国家需要为宗旨";然都不及于女子。虽民国元年(1912年)公布了《女子高等师范学校章程》,却虚设了八年之久。所以,"五四"运动以前,在高等教育方面,女子简直没有一点地位。

另一方面,国家虽无女子高等教育机关的设立,而教会女校却做了中国女子高等教育的先驱。岭南大学自1905年起已兼收女生,这不仅开中国女子享受大学教育的先河,而且也为后来男女同学的滥觞。稍后,除岭南大学仍旧继续招收女生外,复有三所专为女子而设的女子大学相继成立。这三所大学都为教会所设:一为北京协和女子大学,创办于宣统元年(1909年),后归并协和大学实行男女同学制,改称燕京大学;一为南京金陵女子大学,创办于民国四年(1915年);一为福州华南女子大学,创办于民国三年(1914年),为初级大学性质。此外,尚有北京协和女医校及广州夏噶医科大学两所,也是专为女子而设的高等教育场所。

这里,且举金陵女子大学当日的实况,略为叙述以见一斑。当初,金陵女子大学分为文理两科,两科课程除共同必修者外,其余就科别和个性所近自由选读,但每年每学生需读18学分(当时称为单位),四年共须读完72学分方可毕业,兹示其科目及学分如下:

表32 一年级必修科

科目	中文	圣书	生理学	英文	化学	总计
学分	5	3	2	5	3	18

表33 二年级必修科

科目	中文	圣书	英文	总计
学分	5	3	4	12

表34　三年级必修科

科目	中文	圣书	英文修辞学	总计
学分	5	3	1	9

表35　四年级必修科

科目	中文	圣书	英文修辞学	总计
学分	2	3	1	6

选修科(一年级不能选读)分文科和理科选修科。文科选修科有:中文学、英文文学、各国文学、哲学、教育学、社会学、经济学、历史、心理学和道学(圣经)。理科选修科有:化学、动物学、植物学、物理学、天文学、算学和美术学。

教会学校虽然免不了含有宣传宗教的意味,但在中国确为女子高等教育开辟了一条蹊径。若没有这一条先驱的路线,中国女子高等教育怕还须滞后若干年,虽然还有别的成因。

二、女子高等师范

国家正式设立的女子高等教育机关,北京女子高等师范学校要算是第一所了。北京女子高等师范学校为北京女子师范学校改成。民国六年(1917年),北京女子师范学校开办国文教育专修科一班,次年开办手工图画专修科、博物专修科两班,以为改建北京女子高等师范学校做准备。国文教育专修科设伦理、教育、心理、国文、历史、地理、体操、音乐、日文等科目;手工图画专修科设伦理、心理、图画、手工、国文、数学、物理、音乐、体操等科目;博物专修科设伦理、教育、植物、动物、生理、矿物、地质、图画、体操、音乐、英语等科目。到民国八年(1919年)四月二十三日,北京女子师范学校正式奉令改为国立北京女子高等师范学校,这才第一次实现女子高等教育机关的创办。

据民国八年(1919年)三月十二日教育部颁布的《女子高等师范学校规程》所定,女子高等师范学校设本科及预科,此外并得设选科、专修科、研究科。本科分文科、理科及家事科。文科所习学科为伦理、教育、国语、历史、地理、家事、乐歌、体操;理科所习学科为伦理、教育、国文、数学、物理、化学、植物、动物、生理卫生、地质、外国语、家事、图画、乐歌、体操;家事科所习学科为伦理、教育、国文、家事、应用理科、缝纫、手艺、手工、园艺、图画、外国语、乐歌、体操。修业年限:预科一年,本科三年,研究科一年或两年,专修科、选科均为两年或三年,与男子高等师范学校相等。

实际上,民国八年(1919年)七月,北京女子高等师范学校的组织分为四部:国文部、数物化部、博物部和家事部。除国文部有本科生一班外,余均为预科生,此外尚有补修科、图画手工专修科、保姆讲习科、师范本科等在内。民国九年(1920年)又复改组,设十学系:教育哲学系,中国文学系,西洋文学系,历史学系,数学物理学系,物理化学系,动物学地质学系,家政学系,体育系,音乐系。据同年调查,学生数为236人,附属中学学生320人,附属小学及幼稚园学生数百人。

这里,我们且看看当时男子高等教育的状况:所有大学和各省高等学堂为男子所独有,姑不必说,即就男子高等师范而论,民国四年(1915年)已有高等师范学校10所,学生1917人,民国七年(1918年)各省高师虽多停办,而仍有学校7所,且学生增至2403人,比起女子教育来当然是进步多多。不过,这是过去的历史。本期女子能够在高等教育方面占有地位,以打破数千年来"男尊女卑"的旧观念,已是值得歌颂的事了!

三、"五四"后的女子高等教育

"五四"运动以后,北京大学首开女禁,继之南京高等师范学校、北京高等师范学校、广东高等师范学校及其他公私立大学都相继兼收女生。男女同学的难关,到此已完全打破。女子在高等教育的阶段上,已占有和男子同等的地位了。

据民国十一年(1922年)调查,除国立的北京女子高等师范学校、私立的金陵女子大学和广州夏噶医科大学为女子专校外,兼收女生的有下列各校:

表36 民国十一年(1922年)兼收女生的学校

国立的	省立的	私立的
北京大学	天津河北大学	北京中国大学
北京师范大学	武昌外国语专	北京平民大学
北京政法大学	广东法政专门	北京新华大学
北京农业大学	云南东陆大学	北京新华商专
北京工业大学		南京金陵大学
北京医科大学		厦门厦门大学
北京美术专门		广州岭南大学
南京东南大学		长沙群治法专

续表

国立的	省立的	私立的
上海商科大学		长沙达才法专
武昌高等师范		长沙自修大学
广东高等师范		武昌中华大学
		江西豫章法专
		上海中国公学
		上海美术专门
		上海南方大学
		天津南开大学

大学女禁既开,风气已成;再加以国民革命的北伐狂潮,更掀起了妇女运动的波澜,激起女子求知的欲望,因亦较前更盛。到现在,差不多全国各大学、独立学院及专科学校都已是男女生兼收了。所以,近十年来,女子高等教育有相当进步。在质的方面,女子渐能表现其本身的才性,从事社会的各种活动,虽然在数量方面,还没有男子那样多(教育及社会制度若能改善,女子人才必更胜于现在)。

四、单设的女子高教机关

在目前,除了各大学、独立学院、专科学校多兼收女生外,尚有几所专为女子设立的高等教育机关,我们不能不在此补述一下。

民国十一年(1922年),《新学制系统改革案》第二十一条规定得设立单科大学,二十二条附注:“依旧制设立之高等师范学校,应于相当时期内提高程度,收受高级中学毕业生,修业年限四年,称为师范大学校。”[①]此案颁布后,各高等师范学校都次第升格改为大学。北京女子高等师范学校亦于次年改为国立北京女子师范大学,是为中国最早的国立女子大学。其宗旨:养成中等学校师资,养成教育行政人员,研究高深学术,发展女性特长。当时分设教育、心理、国文学、英文学、史地、数学物理、物理化学、博物等学系。

民国十四年(1925年)八月,教育部解散国立女子师范大学,同时组建国立北京女子大学,同年十二月,又恢复国立女子师范大学而使两校并存。次年,合并国立北京女子师范大学及国立北京女子大学,改组为国立北京女子学院,内分师范

---

① 璩鑫圭,唐良炎.中国近代教育史资料史汇编:学制演变[M].上海:上海教育出版社,2007:1011.

大学部(即女子师范大学所改)及大学部(即女子大学所改)。民国十六年(1927年),北京教育部又合并国立北京大学、北京师范大学、北京女子学院师范大学部及大学部、法政大学、农业大学、医科大学、工业大学及艺术专校等九校,改组为国立京师大学。就合并各校性质分为十部,名北京女子学院师范大学部为国立京师大学女子第一部,名大学部为国立京师大学女子第二部。民国十七年(1928年)六月,国立北平大学成立,国立京师大学女子第一部改为北平大学女子师范学院。国立京师大学女子第二部为北平大学女子文理学院分院。民国十八年(1929年),大学区制废,政府准许北京大学恢复独立,并令师范大学与女子师范学院合并,称国立北平师范大学。余各校仍并入北平大学,北平大学女子文理学院分院废除分院名称,改称北平大学女子学院,民国二十年(1931年)二月又改称为北平大学女子文理学院。北平大学女子文理学院虽为北平大学的一部,然这一部却是单独存在的、专为女子而设的女子学院,故仍可认为是单设的女子高等教育机关。

国立北平大学女子文理学院分文、理两科:文科分设国文学系、英文学系、哲学系、经济学系、史学系、音乐系等;理科分设数学系、物理学系、化学系、体育系等。据民国二十年(1931年)统计,共有学生144人。

单设的女子高等教育机关,除北平大学女子文理学院外,尚有省立河北女子师范学院、私立金陵女子文理学院及夏噶医学院等校。

河北女子师范学院为河北省立第一女子师范学校改设,成立于民国十八年(1929年)。当时仅设国文、家政两学系。次年暑期,增设英文学系、史地学系。民国二十年(1931年)增设教育学系、音乐体育学系。据民国二十年(1931年)统计,该学院共有六系,学生225人。

私立金陵女子文理学院,原为金陵女子大学,民国十九年(1930年)始改今名。该学院分设文、理两科,文科设中国文学系、英文文学系、历史学系、政治学系、社会学系、哲学系、经济学系、教育学系、音乐系;理科设生物学系、化学系、数理系、地学系、体育系,外并设体育专修科。据民国二十年(1931年)统计,有学生192人。

夏噶医学院创办于光绪二十五年(1899年),为美国医士富马利所办,初名广东女子医学堂。光绪三十一年(1905年),夏噶氏捐助校舍数座,因改名为广州夏噶医科大学。民国十四年(1925年)更名为夏噶医学院,定七年制:预科两年,本科四年,实习一年。民国二十一年(1932年)废止预科,改本科为六年,实习一年。

该学院分内科、外科、妇科、产科、儿科、眼耳喉鼻科、药剂科等。据民国二十年(1931年)统计,有学生49人。

此外尚有未经立案之首都女子法政学院、成都女子法政学院及华南女子学院,都是单设的女子高等教育机关。

五、统计

民国八年(1919年),北京女子高等师范学校成立,是为女子高等教育之始。虽在前有教会设立的大学招收女生,但性质不同,自不能认为是中国的女子高等教育机关。故在统计方面,只好以民国八年(1919年)以后为限。

据民国九年(1920年)调查,全国仅有女子高等师范学校一所,学生236人。民国十一年(1922年),据中华教育改进社调查,全国大学女生数统计如下表:

表37　全国大学校男女校数及学生数统计

学校种类	男校/所	女校/所	百分比(女:男)	男女总数/人	女生数/人	女生约占总人数百分比
大学	34	1	2.94	13123	431	3.28%
高等师范	7	1	14.29	3093	284	9.18%
农业大学	7			1271		
工业大学	13			2026	8	0.39%
商科大学	8			1890	3	0.16%
医科大学	7			832	17	2.04%
法科大学	33			10864	13	0.12%
其他	14			1781	131	7.36%
总计	123	2	1.63	34880	887	2.54%

民国十七年(1928年),据教育部统计,全国大学女生数如下:

表38　民国十七年(1928年)全国大学女生数

大学女生数/人	大学生总数/人	女生占总人数的百分比
1485	17285	8.59%

由上表可知,100个大学生中,女生所占尚不及9人。至专门学校女生亦仅占男女生总数的6.86%。

民国十八年(1929年)、民国十九年(1930年)全国大学生女生数如下表:

表39　全国大学各学院及专修科女生数概览

时间	院别									合计（人）
	文学院（人）	理学院（人）	法学院（人）	教育学院（人）	农学院（人）	工学院（人）	商学院（人）	医学院（人）	专修科（人）	
民国十八年（1929年）	996	273	319	374	29	32	94	116	287	2520
民国十九年（1930年）	1267	341	494	488	32	45	174	152	317	3310

　　观上表,可知各学院女生数,以文学院为最多,两年均各占总人数三分之一以上;以农学院为最少。

　　民国二十年(1931年),据教育部统计,全国女子高等教育概况如下列两表:

表40　专科以上学校有女生之校数

类型	国立/所		省立/所		私立/所	
	校数	有女生之校数	校数	有女生之校数	校数	有女生之校数
大学	13	13	9	7	19	17
独立学院	5	3	11	6	18	17
专科学校	2	2	13	4	10	9
总计	20	18	33	17	47	43

专科学校尚有公立5所未计入,内有女生者1所。

表41　全国专科以上学校女生数与总人数比较

		男女生总数/人	女生数/人	女生约占总人数百分比
大学	国立	13173	1834	
	省立	4458	205	
	私立	9465	1276	
	合计	27096	3315	12.23%
独立学院	国立	691	11	
	省立	1664	310	
	私立	9951	1015	
	合计	12306	1336	10.86%
专科学校	国立	72	14	
	省立	1938	40	

	男女生总数/人	女生数/人	女生约占总人数百分比
私立	2755	505	
合计	4765	559	11.73%
总数	44167	5210	11.80%

据民国二十年(1931年)统计,全国专科以上学校,大部分都是男女生兼收,其无女生者仅下列各校:

大学方面:

国立的(无)

省立的——广西大学(梧州)、东北交通大学(锦州)

私立的——辅仁大学(北平)、震旦大学(上海)

独立学院方面:

国立的——北洋工学院(天津)、中法国立工学院(上海)

省立的——河北工业学院(天津)、甘肃学院(兰州)、河北农学院(保定)、湖北教育学院(武昌)、新疆俄文法政学院(迪化)

私立的——焦作工学院(焦作)

专科学校方面:

国立的(无)

省立的——广东工业专科学校(广州,后改为勷勤大学工学院)、山西工业专科学校(太原)、山西农业专科学校(太原)、江西工业专科学校(南昌)、山西商业专科学校(阳曲、新满城)、江西农艺专科学校(南昌)、江西法政专门学校(南昌)、察哈尔农业专门学校(张家口、土耳沟)、广西法政专门学校(桂林,后停办)

公立的——税务学校(北平、上海)、吴淞商船学校(上海)、北平警官高等学校(北平)、上海洑医专科学校(上海)

私立的——中山体育专科学校(苏州)

在数量上,民国二十年(1931年)较民国十八年(1929年)、民国十九年(1930年)两年几乎增加一倍,可见女子高等教育日在进步中了。

第四节 本期之女子师范教育

一、宗旨

女子师范教育之在中国,始于光绪三十三年(1907年)颁布的《女子师范学堂章程》。当时设立女子师范学堂的宗旨是,"养成女子小学堂教习,并讲习保育幼儿方法,期于裨助家计,有益家庭教育"[①]。

民国成立,改定女子师范学校宗旨为"以造就小学校教员及蒙养园保姆为目的"[②],女子高等师范学校"以造就女子中学校、女子师范学校教员为目的"[③]。从这里,我们可以看出民国元年(1912年)所定的师范学校宗旨,不像光绪三十三年(1907年)所定的,仅限于"女子"小学堂教员了。不过,女子高等师范学校,则尚以造就"女子"中学和"女子"师范学校教员为限。

民国元年(1912年)颁布的《师范教育令》,对于师范生的教养,有下列数项之规定:

一、健全之精神,宿于健全之身体,故宜使学生谨于摄生,勤于体育。

二、陶冶情性,锻炼意志,为充任教员者之要务,故宜使学生富于美感,勇于德行。

三、爱国家、尊法宪,为充任教员者之要务,故宜使学生明建国之本原,践国民之职分。

四、独立、博爱为充任教员之要务,故宜使学生尊品格而重自治,爱人道而尚大公。

五、世界观与人生观为精神教育之本,故宜使学生究心哲理而具高尚之志趣。

六、教授时常宜注意于教授法,务使学生于受业之际,悟施教之方。

七、教授上一切资料,务切于学生将来之实用,以克副小学校令其施行规则之旨趣。

① 陈东原.中国妇女生活史[M].北京:商务印书馆,2015:262.

② 陈东原.中国妇女生活史[M].北京:商务印书馆,2015:275.

③ 璩鑫圭,唐良炎.中国近代教育史资料史汇编:学制演变[M].上海:上海教育出版社,2007:111.

八、为学之道,不宜专恃教授,务使学生锐意研究,养成自动之能力[①]。

上述八项,为男女师范生所宜共守的训练要旨,对于师范专业训练的精神,大体都能顾到。

民国十一年(1922年),新学制颁定,对于师范教育的宗旨,无甚变更。不过,学校制度,不分男女,故于女子师范教育,亦无特殊规定。

民国二十一年(1932年)十二月,国民政府公布《师范学校法》,规定"师范学校,应遵照中华民国教育宗旨及其实施方针,以严格之身心训练,养成小学之健全师资"[②]。次年三月,教育部公布《师范学校规程》,对于师范生,规定应实施下列各项训练:锻炼强健身体;陶冶道德品格;培育民族文化;充实科学知能;养成勤劳习惯;启发研究儿童教育之兴趣;培养终身服务教育之精神。

二、组织及行政

清末的《女子师范学堂章程》定修业年限为四年,较男子师范学堂减少一年。民国成立,另定新制,改修业年限为五年,与男子师范学校相等:前一年为预科,后四年为本科。入学资格,为女子高等小学校毕业或年龄在十四岁以上有同等学力者,得入预科;预科毕业或年龄在十五岁以上有同等学力者,得入本科。本科设第二部,招收中学毕业或年龄在十七岁以上具有同等学力的学生,修业一年。此外,应地方需要,得附设小学教员讲习科及保姆讲习科。为学生实习便利计,应附设高等小学校、国民学校及蒙养园。师范学校之设,以省立为原则,经费由省库支给;他如县立私立,须呈经教育部批准立案。女子高等师范为国立性质,经费由国库支给;修业年限四年:预科一年,本科三年。

民国十一年(1922年),《学校系统改革案》颁布,关于师范教育有下列改革:

高级中学分普通、农、工、商、师范、家事等科;但得酌量地方情形,单设一科或兼设数科。(十二条)

师范学校修业年限六年。(十七条)

师范学校得单设后二年或后三年收受初级中学毕业生。(十八条)

师范学校后三年得酌行分组选修制。(十九条)

① 璩鑫圭,唐良炎.中国近代教育史资料史汇编:学制演变[M].上海:上海教育出版社,2007:687-688..

② 顾明远.中国教育大系:20世纪中国教育(一)[M].武汉:湖北教育出版社,2015:226.

为补充初级小学教员之不足,得酌设相当年限之师范学校或师范讲习科。(二十条)

依旧制设立之高等师范学校,应于相当时期内提高程度,收受高级中学毕业生,修业年限四年,称为师范大学校。(二十二条附注)

上述改革案可注意者:高中设师范科,开师中合并之端;提高师范程度,改五年为六年;行分组选修制,对于基本知识与专业训练,兼筹并顾;以相当年期之师范学校或师范讲习科代昔日之小学教员讲习科,多留各地方伸缩余地;高等师范学校升格而为师范大学,予师范教育以更高地位。

民国十七年(1928年),全国教育会议整顿师范教育制度案,有下列各项改革办法:

师范学校得单独设立。(第一条)

废止六年制。修业年限:三年制初中毕业入学者,三年;四年制初中毕业入学者,二年。(第三条)

各省如不能特设女子师范学校时,必须在师范学校中特设女子师范科。(第十一条)

为适应乡村小学师资需要,设乡村师范学校(第五条)

前项会议又议决:每省区应就环境适宜之地开设幼稚师范学校;或就各地师范或高中师范科内,添设幼稚师范科,以培养专门人才,供给良好师资。(乡村幼稚园不易单独设立,故最初办法,应就可能范围以内,多招现任乡村教师之夫人、未婚妻或近亲训练之,方能造就一人得一人之用。)

民国二十一年(1932年)以后,《师范学校法》及《师范学校规程》相继颁布,师范教育乃恢复独立制度。公立中学及高级中学内仅得附设特别师范科,收受高级中学或高级职业学校毕业生;初级中学得附设简易师范科,收受初级中学毕业生,修业年限均为一年。依据规定,各省区应将全省分为若干师范区,每区得设男女师范各一所,男女以分校或分班为原则,修业年限三年。男女师范学校,得附设特别师范科及幼稚师范科,幼稚师范科收受初中毕业生,修业年限三年或二年;又应设附属小学并得设幼稚园,以为学生实习及实验初等教育便利。各地方为急需造就义务教育师资起见,得设简易师范学校,收受高小毕业生,修业年限四年。此外,为养成乡村小学师资,有乡村师范学校之设,其年限与师范学校同。师范学校之设立,以省立或直隶于行政院之市立为原则,但依地方需要,亦得由县市设立,或两县以上联合设立。

三、中师合并与师范独立

民国十一年(1922年)学制改革,高级中学设师范科,中师合并即自那时开始。新制颁行后,实行中师合并,将旧有女子师范学校并入或改设女子中学者,有浙江、湖北、福建、江西、江苏、安徽等省;仍沿旧制单独设立者,有四川、广东、贵州、山西、河北、山东、甘肃、辽宁、吉林、黑龙江等省;两制同时并行者,有湖南、云南、陕西、河南等省。

关于中师合并与师范独立的问题,论者各执一词,都有其立论的理由。主张中师合并者的理由是:

行政上的经济——学校设备,如试验室、图书馆、运动场等,合办则可互相利用,不致重复;教授人员亦可兼用。

共同生活的陶融——使以教育为专业的师范生,得与他科学生相切磋,共同生活,必能收互助互解的效果,认识其在群众中的地位,以免其志趣狭隘,局于一隅之弊。

主张师范独立的理由:

师范生有特殊的训练方针——夫今日中国之教育,乃在建设之初期,欲令中小学教育,得等齐普遍之发展,非以全力注重于师资的养成不可,此乃建设国民道德,改造国民身心之根本,而其目的固不仅为讲求学术而已也。是以师范教育之要点,一为最适宜之科学教育,一为最严格之身心训练,此之任务,非注重全力建设独立之师范学校,绝不能达其目的。[民国十七年(1928年)全教会议中山大学等提案]

师范生有特殊的需要——师范学校并入高中后,师范科生选修学程,至与普通科生同班。前者以养成教师为目标,后者以升学为宗旨。同室教课,若教材教法适合师范生,则不能适合普通生;若适合普通生,则不能适合师范生。(教育会议李相勖提案)

师范学校教育空气浓厚,易培养专业精神——溯自中师合并以来,经费既不独立而校内又无充分之教育空气,师范教育,遂失其尊严,此其应独立者……师范独立,目标确定,训练集中,易于养成专业的兴趣和态度。(孟宪承、程时煃提案)

师范生待遇不同——小学教员报酬既薄,生活又苦。欲使其安心以教师为职业,非特别优待不可,此其膳学费所以须全免也。但普通科及商科学生,则须缴费,与之相较,时存轻视师范生之心。故自改组后,各科感情颇难融洽,行政方面,发生种种问题。此师范教育之应独立者……(教育会议李相勖提案)

在第一次全国教育会议上,提出了许多关于师范教育独立的提案,颇引起会众的注意。因此,会议结果,遂于办法第一项规定:一为促成义务教育起见,应于高中师范科外,由各省多设独立之师范学校或师范讲习科,特别训练小学师资。是则,独立的师范学校与高中师范科两种制度可同时并存了。

师范独立与中师合并两种制度虽同时并存,但自前案通过后,师范独立的空气益加浓厚。民国十八年(1929年),湖北师范教育独立,设男女师范各一所,将第一中学及第一女中师范科学生全数分别转入。民国二十一年(1932年)七月,江苏师范教育独立,设省立师范八所,内单设女子师范学校两所(苏州女师及徐州女师),男女分部之师范学校一所(淮阴师范),男女合级之师范学校两所(镇江师范及无锡师范)。浙江、江西等省,亦有独立师范的设置。民国二十一年(1932年)十二月,《师范学校法》公布,更确立了师范独立的制度。最近,安徽师范教育恢复旧制,重新独立。除安庆女子师范为女子专校,池州师范不收女生(池州与安庆同一师范区)外,其余各师范学校均男女同校分部制。

四、课程

民国元年(1912年)《师范学校规程》规定女子师范学校分预科、本科第一部及本科第二部。预科所学科目为修身、读经、国文、习字、外国语、数学、图画手工、缝纫、乐歌、体操。本科第　部学科为修身、读经、教育、国文、习字、历史、地理、数学、博物、物理、化学、法制经济、图画手工、家事园艺、缝纫、乐歌、体操、外国语(随意科)。第二部学科为修身、读经、教育、国文、数学、博物、物理化学、图画手工、缝纫、乐歌、体操。其教学时间之分配如下表:

表42　女子师范预科及本科第一部课程

学科	学年及时数				
	预科	本科			
		第一学年	第二学年	第三学年	第四学年
修身	2	1	1	1	1
读经	2	2	1		
教育			3	4	12
国文	10	6	4	2	2

续表

学科	预科	本科			
		第一学年	第二学年	第三学年	第四学年
习字	2	2	1		
历史		2	3	2	
地理		2	2	3	
数学	5	3	3	3	2
博物		3	2	2	
物理化学		3	3	3	3
法制经济					2
图画手工	2	3	3	3	3
家事园艺				4	4
缝纫	4	4	2	2	2
乐歌	2	2	2	1	1
体操	3	3	3	3	2
外国语	3	3	3	3	2
总计	32	36	33	33	34

注:外国语为随意科,不列入总计之内。

女子师范课程与男子师范不同之点:第一,女子师范外国语为随意科,男子师范则为必修科;第二,女子师范添设农业或商业科。

表43　女子师范第二部课程

科目	每周时数
修身	1
读经	2
教育	15
国文	3
数学	2
博物理化	3
图画手工	3
缝纫	2
乐歌	2
体操	3
总计	36

民国八年(1919年)以后,师范学校课程有数项改革:废止读经;国文改为国语;修身改为公民;注重教育学科;注重体育。

民国十四年(1925年)八月,全国教育联合会拟订《新学制师范学校课程标准纲要》,采分组选修制,其详见原标准纲要。

民国十九年(1930年)十一月,教育部颁订《高级中学师范科暂行课程标准》,规定必修选修科目如下列两表:

表44　高中师范科必修科目时间及学分

学科	国文国语	历史	地理	生物学	化学	物理	算学	社会学及社会问题	体育	音乐	伦理学	教育概论	教育心理	教育测验与统计	教育教材研究	小学教学法	小学行政	健康教育	小学教师应用工艺	小学教师应用家事	小学教师应用美术	小学教师应用音乐	实习	总计
第一学期 每周时数	4	2		4			4		2	2	2	2							2		3			27
第一学期 学分	4	2		3			4		1	1	2	2							1		1.5			21.5
第二学期 每周时数	4	2		4			4		2	2		2				3			2		3			28
第二学期 学分	4	2		3			4		1	1		2				3			1		1.5			22.5
第三学期 每周时数	4	2		4			3		2	2		2				3			2		3		2	29
第三学期 学分	4	2		3			3		1	1		2				3			1		1.5		2	23.5
第四学期 每周时数	4	2		4					2	2		2				3		2	2		3		2	28
第四学期 学分	4	2		3					1	1		2				3		2	1		1.5		2	22.5

续表

学科	国文国语	历史	地理	生物学	化学	物理	算学	社会学及社会问题	体育	音乐	伦理学	教育概论	教育心理	教育测验与统计	小学教材研究	小学教学法	小学行政	健康教育	小学教师应用工艺	小学教师应用家事	小学教师应用美术	小学教师应用音乐	实习	总计
第五学期 每周时数			3			4	1	2					3	4								2	5	24
第五学期 学分			3			3	1	1					3	4								1	5	21
第六学期 每周时数			3			4		2					3									2	5	19
第六学期 学分			3			3		1					3									1	5	16
学分总计	16	8	6	6	6	6	9	3	6	6	2	4	4	3	7	6	3	2	4		6	2	14	127

表45　高中师范科选修科目学分

科目	人生哲学	乡村教育	民众教育	幼稚教育	低年级教学法	图画管理学	地方教育行政	教育史	比较教育
学分	4	3	3	3	3	3	3	4	4

分组选习选修科目依性质而分为：

(甲)艺术组——设关于音乐、绘画、塑造等的科目；

(乙)体育组——设关于体育、健康教育等的科目；

(丙)实用技能组——设关于农、工、商、家事等的科目；

(丁)语文组——设关于国文、国语、英语、论理等的科目；

(戊)数理组——设关于算学、自然科学等的科目；

(己)社会科学组——设关于法制、经济、史地等的科目。

民国二十二年(1933年)《师范学校规程》所定教学科目为：公民、国文、历史、地理、算学、物理、化学、生物、体育、卫生、军事训练(女子习军事看护、劳作、美术、音乐、论理学、教育概论、教育心理、教育测验及统计、小学教材及教学法、小学行政、实习)等。民国二十二年(1933年)教育部师范教育科目讨论委员会议定女生劳作以家事代,另外设选修科目:教育史、乡村教育、民众教育、幼稚教育等。幼稚师范科教学科目,据教育部师范科目委员会所定,二年制为:公民、国文、历史、地理、算学、理化、生物、体育及游戏、卫生、劳作、美术、家事、音乐、教育概论、儿童心理、幼稚园教材及教学法、保育法、幼稚园行政、实习等;三年制分理化为物理、化学两科,另加军事看护、伦理学、教育测验及统计等。

五、待遇及服务

师范生的待遇,男女均同。据民国元年(1912年)《师范学校规程》所定:公费生免纳学费,并由本学校给膳宿费。又:各地方得酌量情形,减给前项费额之半数,是即所谓半费生。此外,并得收自费生,除学费免纳外,膳宿均归自理。

民国八年(1919年),《女子高等师范学校规程》对于学生待遇的规定,分公费生与自费生两种。公费生免纳学费,并由学校支给膳费及杂费;自费生则仅免学费。

民国二十二年(1933年),《师范学校规程》规定:师范学校学生一律免收学费,各省市应斟酌情形免收学生膳费之全部或一部分。实际上,除掉少数私立的师范学校外,学生膳费多是全部免收或一部分免收的。

关于女子师范学校毕业生的服务方面,据民国元年(1912年)所定,其服务年限:公费生五年,半费生四年,自费生三年,一部生二年。

与男子师范学校毕业生相较,男公费生七年,半费生五年,余同。待遇相等,而服务的年限,女子却稍占便宜了。

女子高等师范毕业生的服务年限:本科公费生四年,专修科公费生三年,本科自费生,专修科自费生三年。

最近,教育部规定:男女师范学校毕业生服务年限,须照其修业年限加倍计算(《师范学校规程》第九十条)。这是因为师范学校种类不一,修业年限不等,才有这样的规定。

六、统计

据教育部第五次调查,自民国五年(1916年)九月至民国六年(1917年)七月,全国女子师范生为5792人,占师范生总数的23.20%,男生人数大于女生人数3.3倍多。

民国十一年(1922年),据中华教育改进社调查,全国女子师范生数如下表:

表46　师范学校女生数与学生总数比较

省区	男女生总数/人	女生数/人	女生约占总人数百分比
京师及京兆	812	271	33.37%
直隶	2847	635	22.30%
奉天	2464	413	16.76%
吉林	1157	151	13.05%
黑龙江	316	116	36.71%
山东	2286	365	15.97%
河南	1607	187	11.64%
山西	3442	813	23.62%
江苏	4521	770	17.03%
安徽	1737	402	23.14%
江西	1804	108	5.99%
福建	1180	177	15.00%
浙江	3039	541	17.80%
湖北	943	136	14.42%
湖南	1627	771	47.39%
陕西	706	50	7.08%
甘肃	713	49	6.87%
新疆	85	/	/
四川	2015	498	24.71%
广东	1401	193	13.78%
广西	641	/	/
云南	1385	40	2.89%
贵州	265	38	14.34%
热河	121	/	/
绥远	87	/	/
察哈尔	76	/	/
总数	37277	6724	18.04%

据统计,尚有师范讲习所女生数:

女生数:399人;学生总数:5569人;女生占总人数的百分比约为7.16%。

讲习所女生数分配:直隶257人,奉天43人,黑龙江40人,福建28人,浙江18人,四川13人。

民国十八年(1929年),据中华民国教育部统计,女子师范学校校数及学生数如下:

表47　民国十八年(1929年)女子师范学校校数及学生数

独立的女子师范	附设于中学的女子师范	总数
132所	16所	148所
女师范生人数	师范生总人数	女师范生约占师范生总人数的百分比
15495人	65695人	23.59%

又据教育部民国十九年(1930年)统计,女子师范教育概况如下列各表:

表48　各省市师范学校男女生数比较

省市	高中师范		乡村师范		短期师范	
	男/人	女/人	男/人	女/人	男/人	女/人
江苏	1583	1118	2121	433	1897	230
浙江	480	134	434	37	1190	434
安徽	602	381	257	/	583	13
江西	674	183	419	23	71	/
湖北	375	291	250	34	/	/
湖南	769	383	4061	809	108	150
四川	2486	837	1693	332	1268	782
福建	531	137	756	35	/	63
云南	1077	91	1189	67	259	121
贵州	702	603	/	/	/	/
广东	4710	2603	2602	443	264	165
广西	580	124	50	70	822	78
陕西	556	344	/	/	/	/
山西	1682	397	88	4	1684	224
河南	1679	703	1144	24	4675	756
河北	2206	1861	5211	918		
山东	1410	725	1409	80	3236	213
甘肃	54	37	/	/	/	82

续表

省市	高中师范		乡村师范		短期师范	
	男/人	女/人	男/人	女/人	男/人	女/人
宁夏	71	1	/	/	/	13
青海	210	28	71	/	/	/
新疆	81	/	/	/	/	/
辽宁	3046	461	/	/	3395	1561
吉林	249	94	/	/	47	139
黑龙江	272	282	34	/	89	204
绥远	195	210	/	/	/	/
热河	141	/	253	65	23	38
察哈尔	394	121	453	/	106	/
西康	/	/	/	/	44	15
东省特别区	115	92	/	/	/	/
南京	125	15	/	/	/	/
上海	714	1192	/	/	/	/
北平	416	494	/	/	/	/
青岛	28	/	/	/	/	/
威海卫	/	/	/	/	36	15
总数	28213	13942	22495	3374	19797	5296

表49　各省市师范学校兼收女生校数

省市	高中师范/所	乡村师范/所	短期师范/所
江苏	1(5)	9	17
浙江	1	1	10
安徽	/	/	1
江西	2	/	/
湖北	`1	3	/
湖南		2	/
四川	1	4	2
福建	1	2	/
广东	8	10	2
广西			4
山西			2
河南	1	1	18

省市	高中师范/所	乡村师范/所	短期师范/所
河北	3		/
山东	3	4	23
宁夏	1		/
热河		1	/
察哈尔			1
上海	2		/
北平	1		/
威海卫			1
总数	26(5)	37	81

观前表,民国十九年(1930年)全国女子师范生数比例如下:

表50　民国十九年(1930年)全国女子师范生数明细

	女生数/人	学生总数/人	女生约占总人数百分比
高中师范	13942	42155	33.07%
乡村师范	3374	25869	13.04%
短期师范	5296	25516	20.76%
总数	22612	93540	24.17%

由上表可知,高中师范女生占高中学生总数的33%强,乡村师范及短期师范所占比例均较低,然高中师范、乡村师范和短期师范女生的总数比例亦在24%以上。换言之,100个师范生中有女生24人。与民国十一年(1922年)比较,女生数量增加了两倍多。与民国十八年(1929年)比较,女生数亦增加约50%。

师范学校女教职员数,据同年统计如下表:

表51　民国十九年(1930年)全国师范学校女教职员明细

	女/人	男女总数/人	女生约占总人数百分比
教员	544	7357	7.39%
职员	257	2964	8.67%
总数	801	10321	7.76%

第五节　本期之女子职业教育

一、女子职业教育的萌芽

职业教育,在中国尚极幼稚,虽然清末有实业学堂的设置,亦仅有其名而无补于实效。至于女子职业教育,那更是不为人所注意的了。

在民国元年(1912年)以前,女子职业教育方面,有少数蚕桑讲习所的设立,如清末史家修创办的上海私立女子蚕桑学堂、宣统二年(1910年)江西的女子蚕业讲习所、宣统三年(1911年)云南的女子蚕桑讲习班等,可算是中国女子职业教育的肇端。

民国成立,民国二年(1913年)八月,教育部公布《实业学校令》,以教授农、工、商等必需之知识技能为实业教育的宗旨。当时规定:实业学校分甲乙两种,前者施完全之普通实业教育;后者施简易之普通实业教育。按其性质,又可分为农业学校(蚕业、森林、兽医、水产包括在内),工业学校,商业学校,商船学校,商业补习学校,等。此外并规定:女子职业学校,得就地方情形与其性质所宜,参照各项实业学校规程办理。这是国家承认女子职业教育的开始。

《实业学校令》对于女子职业教育虽有规定,而实际上,女子职业学校之设立,仍属寥寥。民国六年(1917年),第三届全国教育联合会拟定职业教育进行计划,关于"促设女子职业学校"有这样的话:

"查部定实业学校令有女子职业学校,得就地方情形与其性质所宜,参照各项实业学校规程办理之规定。但现在各省女子职业学校多未设立,应由各省区从速筹设。"[1]

由此可见,《实业学校令》颁布后五六年间,仍少有女子职业学校的设立。那么,我们《实业学校令》之公布为女子职业教育的萌芽,似无不当了。

二、女子职业教育的提倡

西洋文明撞开了中国门户以后,中国教育乃废除科举制度而采用中学为体、西学为用的学校教育,想借助于西学以图本国的富强。新教育实行了若干年,国

---

① 朱有瓛.中国近代学制史料:第三辑(下)[M].上海:华东师范大学出版社,1992:303.

家贫弱如故,民生凋敝如故,一般人的学而优则仕的思想如故。同时,列强携其过剩的生产品越海而来,经济侵略一天天地愈逼愈紧。因此,在这种生产落后与经济恐慌的严重情态下,职业教育便渐渐地引起了国人的注意。

民国六年(1917年),中华职业教育社成立,其宣言有谓:"今吾中国至重要、至困难问题,尚有过于生计者乎? 兴学二十余年,全国学校亦既有十万八千余所,何以教育较盛之区,饿莩载涂如故,匪盗充斥如故? ……学生之毕业于学校而失业于社会者比比? ……吾侪所深知确信而敢断言者,曰今吾中国至重要、至困难问题,厥惟生计;曰求根本上解决生计问题,厥惟教育;曰吾中国现时之教育,决无能解决生计问题之希望;曰吾中国现时之教育,不惟不能解决生计问题,且将重予关于解决生计问题之莫大障碍。"[①]这现象,只须从统计中便可看出:"全国中学四百有三所,而甲种实业学校仅九十有四。高等小学七千三百一十五所,而乙种实业学校仅二百三十。夫中学毕业力能升学者,或不及十分之一;高等小学毕业力能升学者,或不及二十分之一。数若是其少,谋生者数若是其多,乃为学生升学地之中学、高等小学数若是其多,为学生谋生地之实业学校数若是其少,供求不相剂若此,职业教育之推广,其可缓耶?"[②]

这是第一个提倡职业教育的社会团体,对于中国的职业教育的促进颇大。

民国十一年(1922年),学校系统改革案公布,规定小学课程得于较高年级斟酌地方情形增置职业准备之教育;初级中学得视地方需要兼设各种职业科;高级中学分农、工、商、家事等科,但得酌量情形单设一科或兼设数科;大学及专门学校设职业专修科等。职业教育在学制上的地位至此已稳定。

民国十七年(1928年),第一次全国教育会议议决关于推广职业教育和设立职业学校的议案很多,而系统上仍无大变更。

民国十九年(1930年)第二次全国教育会议召开,咸以教育应注重科学实验,培养生产能力,养成职业技能。因此,对于职业科高中的设置,特别注意。据当时计划,关于职业教育的改革如下:

乙、职业科高中,除师范科、商科和家事科等所需特殊的设备不多,得酌量情形与普通科合办外,应就农工两科设立。

① 朱有瓛,戚名琇,钱曼倩,等.中国近代教育史料汇编:教育行政机构及教育团体[M].上海:上海教育出版社,2007:444-445.
② 朱有瓛,戚名琇,钱曼倩,等.中国近代教育史料汇编:教育行政机构及教育团体[M].上海:上海教育出版社,2007:446.

丙、普通高中和普通科与师范科、商科、或家事科合设的高中、与农、工高中校数的比率：

1.凡普通科高中，以及普通科与师范科商科或家事科合设的高中，应以与农工科高中各占半数为原则。

2.如已设普通高中与农工高中校数超过三与一之比的，至少应将超过比率的普通高中，在训政期改进中等教育计划[①]。

民国二十年(1931年)教育部通令限制设立普通中学，增设职业学校，其原文有谓：

查我国兴学三十年，而社会生产落后，人民生计枯窘日益加甚；其故盖由普通学校向不注重职业教育。即如昔之甲乙种实业学校，今之职业学校，亦往往限于经济人才，仅凭书本教授，绝少工作实习。故学生毕业后，仍无实际工作之技能，以从事于各种生产事业。至普通中小学……，教学效率自无可言，……兹为力矫时弊，并切实奉行教育宗旨及其实施方针起见，特明定各省市对于中学教育设施之纲领如下：

一、自二十年度起，各省及行政院直辖各市所设之普通中学过多，职业学校过少者，应暂不添办高中普通科及初中。……

二、自二十年度起，各省市(直辖市)应酌量情形，添办高初级农工科职业学校。

三、自二十年度起，各县立中学应逐渐改组为职业学校……

四、自二十年度起，各普通中学应一律添设职业科目，或附设职业科。

五、各职业学校或中学附设职业科应宽筹经费，充实设备，切实养成学生之劳动习惯及生产技能。……

六、自二十年度起，各县市及私人呈请设立普通中学者，应分别督促或劝令改办农工等科职业学校。……[②]

近年来，政府对于职业教育的设施，更加重视。然实际上，究竟收得几许效果，则尚未能明白指出。

在整个职业教育没有发达以前，女子职业教育绝不会单独发展的。尤其在今日生产落后的中国，社会的生产组织不健全，女子更少有参加职业活动的机会。

---

① 改进全国教育方案[M].1930:3.

② 教育:一、二[M].411-412.

故女子职业教育较男子职业教育落后。但社会在不断改变和发展,女子不断由家庭移到社会,她们需要劳动,需要独立自主地生活。唯其如此,职业活动的参与,乃为其必然的要求,而女子职业教育,便因此引起人们的注意和提倡。

民国八年(1919年)五月,教育部训令各省女子中学谓:"查上年全国中学校校长会议议决女子中学校应附设简易职业科并须扩充女子职业案,……查原案所呈各节,不为无见,各女子中学校自可酌量地方情形,附设女子简易职业科,以资实用。"①

同月,教育部并训令各省女子中学校注重家事实习,其理由:

"《大学》言治国本平天下,必以齐家为先。盖家为国家社会之根本,其良窳如何,影响至巨,然欲求良善之家庭,必自研究家事始。……窃谓家事为女子中学校最重要之科目,应增加时数注重实习。"②

同年,第五次全国教育联合会议决《普通教育注重职业科目及实施方法案》,施于女生者有家事、园艺、手工、缝纫等科,关于设备、教授、练习各方面都有规定。

民国十七年(1928年),第一次全国教育会议召开,议决《推行平民女子职业教育案》,其理由如下:

"(一)女子有相当之职业,即可以自谋生活。一方面可以减轻男子负担,一方面可以增加国家富力。

(二)女子有相当之知识:既可以教养子女,改良家庭;又可以服务社会,提高国民程度。

(三)此过渡时代,中年妇女,失业失学者甚多,其地位人格,颇受影响;非借平民女子职业教育以救济之,不能使其地位提高,人格保全。

(四)中国人民,虽有四万万,而无知识无职业之妇女,以及知识职业逊于男子之妇女,几居其半。使平民女子职业教育推行普遍,则二万万之妇女,与二万万之男子,知识相当,技能相等,可使国力增进,复何患于贫弱?

(五)全国对于无力求学,及年长失业之妇女,尚无相当教育机关。虽有职业学校可以容纳女生,但其性质非平民的,且不能普遍。

(六)多数女子之知识能力,及天性,与男子不时,操业自不能无异,而尤以年

---

① 璩鑫圭,童富勇,张守智.中国近代教育史资料汇编:实业教育、师范教育[M].上海:上海教育出版社,1994:199.

② 朱有瓛.中国近代学制史料:第三辑(上)[M].上海:华东师范大学出版社,1990:371.

长失业者为最甚。故须特设平民女子职业学校以教育之。"[1]

因为上述六大理由,便议定下列办法:

"由中央政府通令各省县,广设平民女子职业学校,但须注意下列数项:

(一)各地经济情形;

(二)各地社会需要;

(三)各地妇女状况;

(四)主科限定一门,以求技能娴熟。"[2]

民国十八年(1929年),南京市妇女代表大会议决请普设《妇女职业学校及夜校案》,教育部乃据情通令各省谓:查职业教育与补习教育,应提倡,早为国人所公认。其在女子,需要尤切,更不待言。本部现正延聘专家,拟订《高级中学职业科课程标准》,凡农、工、商、师范、家事等科,对于女子均应兼筹并顾。至该南京市妇女协会所请普设妇女职业学校及妇女夜校之处,应饬所属体察地方财政状况酌量推行。

民国十九年(1930年)五月,教育部通令各省市:将辖境内之各大学或中学择其设备齐全及经费充实者,酌设妇女职业班,……逐渐扩充,以期普及。

以上所述,都是关于提倡女子职业教育的史实。由此,可见中国女子职业教育之幼稚的程度了。

三、女子职业教育的近况

自民国十一年(1922年)学校系统改革案公布起,女子职业教育,已不分性别而与男子同一系统了。当时关于职业教育的改革诸要点,以及嗣后政府对于职业教育的诸种设施,自应认为都是同指男女职业教育而言。

民国二十一年(1932年)以后,公布《职业学校法》及《职业学校规程》,以培养青年生活之知识与生产之技能为职业教育的宗旨。并且对于职业学校学生,规定实施下列各项训练:锻炼强健体格;陶融公民道德;养成劳动习惯;充实职业知能;增进职业道德;启发创业精神。

依据前项规程所定,职业学校分初级职业学校与高级职业学校。前者收受小学毕业或具有相当程度年龄在12周岁至18岁者,修业年限为一年至三年;后者收受:初级中学毕业或具有相当程度年龄在15周岁至22岁者,修业年限为三年;小

---

[1] 中华民国大学院.全国教育会议报告[M].上海:商务印书馆,1928:533-534.

[2] 中华民国大学院.全国教育会议报告[M].上海:商务印书馆,1928:534.

学毕业或具有相当程度年龄在12周岁至20岁者,修业年限为五年或六年。

职业学校之分科,依规程所定,表示于下:

第一,关于农业者:

初级:普通农作物(稻、棉、麦作等);蚕桑、森林、畜牧;养殖、园艺;等等。

高级:农业、森林、蚕桑;畜牧、水产、园艺。

第二,关于工业者:

初级:藤竹工、木工、钣金工、电镀;简易机械工、电机、电料装置及修理;汽车修理、摄影、印刷、制图;染织、丝织、棉织、毛织、陶瓷;简易化学;等等。

高级:机械、电机、应用化学;染织、丝织、棉织、毛织;土木、建筑、测量;等等。

第三,关于商业者:

初级:普通商业、簿记、会计;速记、打字、广告;等等。

高级:银行簿记、会计、速记;保险、汇兑;等等。

第四,关于家事者:

初级:烹饪、洗濯、造花、缝纫;刺绣、理发、育婴、佣工;等等。

高级:缝纫、刺绣、看护、助产等。

女子职业教育,与男子并列于同一系统,这是进步的现象。除此,我们便难说有什么其他进步的地方。据民国十九年(1930年)统计,全国女子职业学校共计六十九所,这个数目,一见就令人感觉女子职业教育的幼稚。而且,在设科方面,大抵不外蚕桑、缝纫、刺绣、家事、器画、绘画、纺织、染织、应用化学、艺术、助产、工艺等科,也太偏重于家事方面了。至于学生毕业后的出路,由于社会生产事业的落后,所学更非所用。这固然是中国整个教育的现象,而在女子则为尤甚。所以,教育的结果,便是把女子改造为摩登的奴隶后仍把她送回闺阁里去,度其千年一脉相承的附庸生活。所谓地位的提高,人格的保全,都不过是些标语或口号而已!

四、统计

据教育部第五次统计,民国五年(1916年)八月至民国六年(1917年)七月,全国女子职业学校学生数为1866人(甲乙两种合计),分配情形:江苏207人,福建97人,黑龙江70人,山东91人,浙江136人,湖南1005人,云南260人,其他各省区,概付阙如而当时实业学校男生数为28223,是女生数的十五倍强。

据中华教育社调查,民国十一年(1922年)各省区实业学校女学生数如下列两表:

表52　甲种实业学校女生数与学生总数比较

省区	男女生总数/人	女生数/人	女生约占总人数百分比
京师及京兆	1100	617	56.09%
直隶	782	/	/
奉天	765	/	/
吉林	166	/	/
黑龙江	228	/	/
山东	1436	80	5.57%
河南	1792	/	/
山西	1177	/	/
江苏	2809	337	12.00%
安徽	1411	/	/
江西	1058	123	11.63%
福建	951	/	/
浙江	1774	135	7.61%
湖北	970	160	16.49%
湖南	1853	/	/
陕西	426	/	/
甘肃	87	/	/
新疆	/	/	/
四川	401	/	/
广东	301	/	/
广西	192	/	/
云南	297	/	/
贵州	306	/	/
热河	/	/	/
绥远	78	/	/
察哈尔	/	/	/
总数	20360	1452	7.13%

表53　乙种实业学校女生数与学生总数比较

省区	男女生总数/人	女生数/人	女生约占总人数百分比
京师及京兆	232		
直隶	624		

省区	男女生总数/人	女生数/人	女生约占总人数百分比
奉天	541	26	4.81%
吉林			
黑龙江	476		
山东	4207	58	1.38%
河南	2902		
山西	2239		
江苏	3106	691	22.25%
安徽	389		
江西	293	104	35.49%
福建	639	290	45.38%
浙江	1114	92	8.26%
湖北	659	120	18.21%
湖南	1017	350	34.41%
陕西	646	26	4.02%
甘肃	83		
新疆			
四川	110		
广东	308		
广西			
云南	776		
贵州	106		
热河			
绥远			
察哈尔			
总数	20467	1757	8.58%

民国十八年(1929年),据教育部统计,全国职业学校女生数如下:

表54 民国十八年(1929年)全国职业学校女生数

女生数	学生总数	女生约占总人数百分比
7003人	26659人	26.27%

全国无女子职业学生之省区,有贵州、广西、陕西、山西、吉林、新疆,西康、青海、宁夏、东省特别区、南京、北平、青岛、天津、汉口等,几占全国区域二分之一。

又据教育部民国十九年(1930年)统计,全国女子职业教育概况如下列各表:

表55　各省市职业学校男女数比较

省市	男女生总数/人	女生数/人
江苏	3181	1360
浙江	2331	711
安徽	1603	584
江西	1833	275
湖北	1010	257
湖南	5946	3753
四川	2904	443
福建	1984	446
云南	1019	219
贵州	92	/
广东	3414	851
广西	168	21
陕西	475	/
山西	412	/
河南	2151	68
河北	1060	/
山东	1118	248
甘肃	163	9
宁夏	15	15
青海	71	/
新疆	/	/
辽宁	205	/
吉林	3885	386
黑龙江	302	/
绥远	78	/
热河	30	/
察哈尔	268	/
西康	/	/
东省特别区	296	93
南京	279	164
上海	2997	1020

续表

省市	男女生总数/人	女生数/人
北平	357	/
青岛	/	/
威海卫	/	/
总数	39647	10923

表56　职业学校兼收女生之校数概况

省市	农业/所	工业/所	商业/所	职业/所
江苏	2	/	/	/
浙江	2	1	2	/
安徽	/	/	/	2
江西	1	1	/	1
四川	/	/	/	6
福建	/	/	/	6
云南	/	/	/	1
广东	1	/	2	2
广西	/	/	/	2
山东	/	/	/	2
南京	/	/	/	1
上海	/	/	1	1
总计	6	2	5	24

观前表,民国十九年(1930年)职业学校女生数约占总人数的27.54%,较民国十八年(1929年)略有增加。唯无女子职业学生者,仍有15省区之多,占全国34省区的44.12%。

同年,职业学校女教职员数如下:

表57　民国十九年(1930年)全国职业学校女教职员概况

	女/人	男女总数/人	女教员约占男女教员总数百分比
教员	455	3968	
职员	171	1876	
总数	626	5844	10.71%

第六章　中国女子教育现状之检讨

第一节　中国女子教育落后的原因

说到中国教育,本来整个就是落后的。新教育虽随西洋文明的狂潮撞进了中国,为时近百年之久。而实际上,它仍是舶来品的移植,今天仿效这个,明天仿效那个,迄未见有其真正从本国社会生活出发的教育制度之树立。仿效固不能说是坏事,不过,仿效便要彻底,不仅仿效人家的形式,更要仿效人家的精神或实质,若徒以新奇的名词相号召,结果,中不中,西不西,只有百弊而无一利。中国教育,百年来都是在这个迷魂阵里乱钻,始终没钻出个结果来。

中国的整个教育,是落后的,是病态的,而女子教育则为落后中的落后,病态中之病态的。女子教育正式列入学制,虽已近三十年,三十年中也已有惊人的进步,然而与男子教育相较,则又瞠乎其后,数目悬殊之大,固不必说;即以女子教育之重要性及其义而论,亦尚不为人所认识。严格言之,女子教育自萌芽以迄于现在,经过六七十年间的努力,而终未脱离附庸的地位。所谓教育不过是一种豪贵的装饰,与穿高跟鞋、画眉等同样用为装饰而已。这原因,我觉得可以从两方面去看:一是社会的原因;二是女子本身的原因。现在先述前者。

一、社会的原因

(一)宗法社会的束缚

现代中国仍未脱离宗法社会的势力,宗法社会乃是封建制度下的产物,它是有利于统治者的。在宗法社会之下,家庭的地位至关重要。家庭中继承宗支的是男子,男子是家庭的主人,社会的主人。他们占领着社会上的一切权利,而女子便在这种社会制度下做了双重奴隶。因为继承宗支的只有男子,女子是别人家的人,自然不为人所重视。因此,教育的享受,也只好让男子有优先权。而且,在宗法社会,女子没有继承权,她们又失去了经济的自由。虽女子有求学的愿望,然而限于经济,终不能使她满足。胡适的《李超传》上说:"李超说:'此乃先人遗产,兄弟辈既可随意支用,妹读书求学乃理正言顺之事,反谓多余,揆之情理,岂得谓平耶?'"①这几句话便是她杀身的祸根。谁叫她做个女子!既做了女子,自然不配支用"先人遗产"来做"理正言顺"之事!又说:"李超'有钱而不得用',以至于受种种困苦艰难,以至于病,以至于死,……这是谁的罪过?……这是什么制度的罪过?"②凡是男子无子,无论有无女儿都还要继承别人的儿子为后。即如李超的父母,有了李超这样一个好女儿,依旧不能算是有后,必须承继一个"全无心肝"的侄子为后……这便是一个有为的女子牺牲在宗法社会的例证。

(二)旧礼教的桎梏

中国是讲礼教的国家,这礼教支配了数千年的女子生活,而视女子为奴隶。所谓"妇者服于人也",就是教女子服服帖帖做男子的奴隶。"人"只是男子的代名词,女子是"人"以外的东西,并不是"人"。女子既被视为奴隶,奴隶自然不需要什么教育,而且,主人也不愿给予教育,因为奴隶若受了与主人——男子——同样的教育,则将自觉其地位的卑贱而起反抗,那岂非有害于"男尊女卑"的万世之基?所以,女子只须读几本《女儿经》之类的书,认识几个字,能记家用账项和写封家信便得了。

女子是男子的奴隶,奴隶就是财产、所有物。因此,贞操观念成为女子身上的一副镣铐。女子既要保守贞操,我们的古圣古贤便在他们的圣贤经传里立下了许多"隔离"的信条,所谓"内言不出于阃,外言不入于阃","男正乎外,女正乎内",女出门必掩蔽其面,这都是教女子不要露脸到社会上来。这种数千年一系相承的礼教观念,不知牺牲了几许女子的幸福,埋没了几许女子的才性!这种旧礼教的势力,到现代仍潜伏在社会的各处。女子连脸都不准露,那么能教她到社会上去和男子受同等的教育吗?像李超到离家"一日可达"的广州读书,而她的哥哥却说:"侬等祖先为乡下人,侬等又系生长乡间,所有远近乡邻女子,并未曾有人开远游

---

① 胡适.胡适传记菁华:下[M].北京:东方出版社,2014:501.

② 胡适.胡适传记菁华:下[M].北京:东方出版社,2014:502.

羊城(即广州)求学之先河。……乡党之人少见多怪,必多指摘非议。……我为尔事处措无方。今尔以女子身为求学事远游异域,我实不敢在尊长前为尔启齿,……"①其实,在中国社会里,正不知有多少个李超在旧礼教下埋没了她们的才性!

(三)玩物性的心理

女子做了男子的奴隶还不算事,还要做男子的玩物。古往今来,夸赞女子的美貌,什么"一顾倾人城,再顾倾人国",什么"沉鱼落雁,闭月羞花",什么"回眸一笑百媚生",都是用在女子身上的滥调。至若现代,则用什么"苹果似的脸""袅娜的细腰"一类的话来形容女子,这又何异于从前?从这一点看来,男子已是把女子装饰得像一枝花,像一个玩具似的安琪儿,供他们玩弄!

我们试问:不论什么机关举行娱乐会一类的聚会,为什么一定要女子跳舞?船舰下水或飞机命名,为什么定要"夫人"或"女士"掷瓶?路局开车,为什么要女子剪线?接待要人或致祭死者,为什么要女子献花?竞赛结果,为什么要女子给奖?……难道这类的事只配女子做吗?女子只配像瓶、像线、像花、像奖品似的玩意儿叫人开心吗?

以女子为玩物的心理,普遍地存在于整个中国社会里。譬如最近某市长宴请外宾,邀聘某大学女生充任招待。据该大学某生语新闻记者,……吾人但闻日本人招待外宾时,尝有许多女性出席招待。然,其所谓女性,均为歌妓,绝非大学学生。国家社会掷许多金钱,果望吾等为媚外之招待乎?……市长向外人讨好之心过切,以致忽略国家教育之庄严,侮辱青年,吾人实欲哭无泪!其实,在中国,像这样以女子为玩物的,又岂止这事而已。我们只须稍微注意点,随时随地都会发现这类例证。这种视女子为玩物的心理,确为妨害中国女子解放的暗礁!

(四)职业机关的半封锁政策

教育是含有着生活准备的性质,受了教育,自然要参加社会上的职业活动,使其才性、技能有施展的机会。"为学问而学问"的态度在现代壮会是不需要的了;现在需要的是能手脑并用,学行合一的人。知识指导生产技术的改良,促进生产事业的发展;生产技术和生产事业却充实知识的内容,使知识更为切实,更为有效,二者间有着相互的关系,不可偏废。假使一方面发生了障碍,另一方面亦必受其

---

① 胡适.胡适传记菁华:下[M].北京:东方出版社,2014:496.

影响,而得不到良好的结果。女子教育的落后,这半身不遂的现象,未始非其原因之一。女子既有了教育,自必须使之在社会上有其出路,不然,教育了仍给她送回家庭里去,那么,教育的效果安在?

现在中国职业机关对于女子,说是封锁吧,它又容许女子进去;说是开放吧,而它又拒绝女子。无以名之,名之曰"半封锁政策",在这种"半封锁政策"之下,行政机关也容许少数女子进去,却要被议为"花瓶",视为案头供玩而已;学校机关也容许女子充任教职员,而在当局看来,不过是适应潮流,凑凑热闹罢了,至于其他机关,如商店之用女子,则利用之以为广告,工厂之用女子则图其工价之贱,便于驱役。试问有几个人真正了解职业神圣而引用女子? 有几个人毫无差别地同等对待女子? 至若不为职业机关所沿用,就连"花瓶""牛马"而不可得的,更不可胜数! 于是,受了教育的女子,仍不得不回到家庭里去度其坐食的无聊生活。这样又怎叫女子教育不失败、落后呢?

(五)托儿机关的缺乏

女子应该有职业的出路,而许多女子往往因结婚生儿便弃其职业或不愿就业,终其一生为家庭生活所累。不但在职业方面如此,即在教育方面,女子亦往往因结婚生儿而辍学。

在儿童公育制度未实现以前,这种现象是终不可避免的。女子生育是她生理上的禀赋,生了又不能不养育,养育没有公家设立的机关负责,势必要女子自己来担负,那么,女子哪里有时间享受教育? 受了教育又哪里有时间去发挥她的所学?

现在,虽到处都有幼稚园的设置,而一般的幼稚园:一则只收三岁以上的儿童,对于婴儿的哺乳照顾问题,仍未解决;一则现在社会的幼稚园,只可说是富有者的儿童游乐园,只是替城市里太太、少奶奶照管儿童,让她们多些自由自在的享乐机会。试问这种幼稚园,对于大多数学龄前的儿童,有何裨益? 对于劳动妇女的时间,又有何调剂?

(六)学校制度的不良

本来整个的中国学校制度,就已有了毛病,正如陶知行说:"一提起教育两个字就觉得酸溜溜的,……的确,教育是成了少爷、小姐、政客、书呆子的专有品。……如果把这种教育普及出去,……简直要成为一个中华少爷国,中华小姐国,中华政客国,中华书呆国。……真要不打而自倒了。"①细味这几句话的语意,何等伤心! 固然,现在的学校是制造少爷、小姐的场所,然而在学校里的学生又何尝不是从富贵家庭里来的少爷、小姐呢? 有人说,现代所谓"女子教育"简直可说是"小姐教育""少奶奶教育""姨太太教育"的综合名称。这话虽属过火,却也并非无故。我们掉转头来看看农村妇女每日困于"贫""愚""弱"的境地中,度着奴隶的生活,永远梦想不到城市妇女竟有享受教育的幸福的苦状;那么,前面的话倒也不是毫无根据!

教育为富有者所独占,他们很便宜地送他们的女儿到学校里去。贫人连儿子尚难顾到,哪里还能顾到女儿? 他们根本买不起门票——缴大量的费,只好永远望着那高大的门墙叹气,只好仍旧教她们做奴隶,"服于人"的奴隶!

女子教育,只以城市的小姐、少奶奶为对象,摈弃大多数的农村妇女。这样,想使女子教育发达,那怎么可能? 舍弃多数而仅顾少数,又怎叫它不落后、失败?

二、女子本身的原因

至于女子本身方面,的确有许多地方是使女子教育落后的原因,说到这里,我联想到高君珊女士在《论女子教育上几种很严重的错误》一文中有这样的话:英国女界的先进,经过多少的奋斗,剑桥、牛津两大学,才设女子部。美国的著名大学,限制女生选修的科目,如法律、工程之类,至今还是很常见的事。日本的几个帝国大学,有的直到今日还不收女生。我们中国的女子,不流一滴的眼泪、半滴的血,居然坐享天成,与男子受同等教育。……中国的女子总算是很便宜地从男子手里得到教育权,照理应如何奋发,促其发展;而实际上女子本身还常常在那里做出一些影响女子教育的行为,这叫人有些痛心! 这女子本身的原因是些什么呢?

(一)一受教育便遗弃社会

在未受教育以前,女子是社会的人,她和别的人一样地生活着;等到一入学校,她变了样了,她觉得她的身份是特殊的,高于一般人的。于是,她们高抬眼光,再也瞧不起她们原来的社会了。由于鄙视社会,便遗弃社会,跳到社会的外面,去尽量地企求适合于高贵身份的享受。于是,她所来的社会里的最多数妇女仍旧处于奴隶地位的困状早被忘却了。

---

① 陶行知全集:第3卷[M].方明,主编.2版.成都:四川教育出版社,2009:102.

特殊的身份自然需要特殊的享受,因此,受过教育的所谓新女子,便做了"洋货的消费机""时装的创造者",整日只在消费上讲究工夫,呼奴唤仆,好逸恶劳,已成为一般受教育的女子共同生活趋向了。受教育的程度越高,其有害于整个的社会也越厉害!但谈到民族的盛衰,国家的兴亡,试问在女子心目中有几个关怀殷切而立志以天下为己任的?

本来,农村一般无知的妇女固处于奴隶地位,但就社会方面去看,她们多少还能从事于直接的生产。她们的生产力虽然微小,可是,消费力却更微小。现代受教育的女子不但不能从事生产,而且要大量消费,难怪贻良妻贤母主义者攻击的口实!

(二)以出嫁为职业

由于好逸恶劳的习染,许多女子便都以出嫁为职业了,做别的职业,在未得职业之前,要和男子竞争;得到职业之后,要拿出自己的血汗去换人家的报酬,这都是要自己拿出力气来的。但最不用劳力,不用血汗而能得供养的,便是出嫁。出嫁和得到职业一样有饭吃,有钱使;所不同的就是出嫁不用劳动。有许多女子为了避免从事劳动,而情愿以出嫁为其职业。教育含有职业准备的性质,那么,女子既以出嫁为职业,则女子求学便是"求夫"的准备或手段了。为求得好的丈夫,当然自己得受些教育,加上这层教育的外衣,会容易引起男性的注意而被雇用——既为职业的关系,就可称之为雇用。我们试看,有多少女子不是为"求夫"而受教育的?小学女生要嫁中学生,中学女生要嫁大学生,大学女生便要嫁留学生,这几乎成为现代男女婚姻俗成的公式(当然也有例外)。她们之所以受教育,乃是为了自己的婚姻而受的,易言之,是为了男子而受的,这种忽视自己人格的教育观,怎不叫女子教育落后?

(三)缺乏独立人格的信心

这一项也可以说是前一项的结果,女子好逸恶劳,以出嫁为职业,这种职业固不必使用劳力,而为巩固职业计,则不得不献媚于其主人。因此,奇装异服、画眉、烫发等便成为女子日常的工作。为了要取媚于男子,她不得不在这上面用工夫,不得不粉碎自己独立的人格而为男子玩弄。这种忽视自己的人格,徒以取媚于男子的人生观,固不仅中国的妇女为然,即在欧美先进国家,也多这样的女子。最近美国克里扶伦地方的妇女正在提倡一种媚态运动,她们觉得女子应该在媚态上痛下工夫,然后才能取悦于男子,才能到处受着男子的追求。这种运动的实行,便是"到处贴标语,开演讲会,甚而设立媚态专门学校,课以各种媚术之学。如向爱人之媚,对丈夫之媚,见男子之媚"①,使其成为能取悦男人的能手而已,那只是男子的附属品,却把自己的独立的人格丧失了。这确是阻碍妇女解放运动的一大孽障。其实在我国,所谓现代妇女,在名义上虽没有这种运动,实际上,哪个女子不是在"媚态上痛下功夫"? 女子的"人"的人格尚且未能确定——连这点自觉心也没有,难怪女子教育落后了。

中国女子教育落后的原因,既如上述,社会和女子本身应各负一部分责任。不过,我觉得社会所负的责任尤甚于女子本身,因为女子本身的不自觉未尝不是现实社会环境所造成的。所以,对于怎样使落后的教育变为前进的,使男女不平等的教育变为平等的,一方面固须促醒女子的自觉,另一方面,尤其重要的则在整个社会的改进。

第二节　中国现代女子教育的矛盾性

在未说到中国现代女子教育矛盾性之前,先得将现代中国整个教育的矛盾现象加以检讨,进而讨论女子教育的矛盾性。

一、整个教育的矛盾

(一)经济与教育

组成社会的基础是经济,教育乃是建立于经济基础上的上层建筑。经济的机构若有变动,教育也必随着变动,经济的变动是教育演进的因,教育演进便是经济变动的果。中国旧教育之所以能够绵延二千余年之久,就是因为自给经济奠定了二千余年的社会基础。到了近代,先进的资本主义国家,因为机械工业发达,生产力量增强,于是向外开拓市场乃为其必然的需求。中国产业落后生逢斯世,列强的来华通商和由通商而引起的纠纷战乱,遂使中国三千年来的自给经济社会完全崩溃,而"买办经济机构"便继而抬头。买办们一方面承受外国的商品推销内地,

---

① 杨天南.十日谈:第31—36期[M].上海:十日谈旬刊社,1934:279.

一方面采集内地的原料转售外国,在这原料和商品的买卖过程中,赚取了一部分的商业利润。但这种建筑于商业利润之上的经济机构,是要受国民购买力影响的。购买力降低,则此种经济机构势必随之而摇动。目前中国农村破产,国民经济衰竭已极,因之,以商业利润为基础的买办经济遂随国民购买力的降低而逐渐摇动、崩溃。所以,在经济本身,已有了内在的矛盾。

今日中国的经济机构,不但如前面所述,有其内在的矛盾,而且和现代中国的教育也发生着矛盾。中国教育系受列强商品和炮弹的侵略而脱胎于资本主义国家的,这种教育的最大目的,一在养成参与政治的公民,一在训练从事机械生产的劳动者。这里先讨论训练劳动者的所谓生产教育。

"生产教育"这名词用到中国来,虽为时甚短,但在中国,近似于生产教育之职业教育。自清末开办实业学堂,以迄于今日之限制文法科,偏重于实科的发展等,已有三四十年的历史了。三四十年来毫无效果,这就是由于经济机构和教育有了矛盾的缘故。我们知道生产教育的主旨,乃在训练有生产技术的劳动者从事现代机械工业的大量生产,图国家生产力量的增加,以抵制资本主义国家的经济侵略和提高国民生活的享受标准。但是这种增加国家生产力量的生产教育或职业教育,对于买办经济,发生了正面的冲突。因为买办不是直接参加生产,而是依赖于外国商品的推销,赚取利润以图自存的。他们不需要劳动的技术人才,不引用劳动的技术人才,使国家生产力量增加以促其自身的灭亡。教育和经济既有了这样的正面冲突,试问教育又怎能有效果?

中国的教育乃脱胎于资本主义国家,尤其是金元国的美利坚,现行的六三三制便是原封不动从美国搬到中国来的。六三三制之在美国,行得极有效果,这是因为这个制度合于美国的国情,和一般平民的经济能力相调匀的缘故。中国生产事业落后,国民经济能力异常薄弱,中国少数的富民只能比得上美国一般的平民,中国的一般平民的经济能力,那不知要远下于美国平民的水平线若干倍了。

拿中国和美国比较来说,中国确是个地道的破落户,中国的国民,诚如中山先生所说的,只有大贫与小贫之别。所以,适合于美国一般平民的教育,移植到中国来,则只能适合于少数的富民。这种教育制度,显然地,它不能满足一般国民的需要,它和整个国家经济发生着不相调融的矛盾。

(二)政治与教育

前面说过,现代教育的目标,除了训练从事生产的劳动者外,还有个同等重要甚至更为重要的目标,就是在于培养健全的公民以参与政治活动。尤其在民主国家,这种政治的训练是教育上一项重大的任务。所谓民主,杜威用民有(of the people)、民治(by the people)、民享(for the people)这几个词来解释它的意义,从这三个简单的含义里,便可以看出一个公民在国家中所处的地位。斯宾塞(Spencer)主张教育为完全生活的准备,他对于完全生活列举了五种活动:直接支配自己保存的活动,间接支配自己保存的活动,子孙教养的活动,政治的社会的关系之活动,休闲活动。第四种活动便是参与政治生活的准备训练。庞锡尔(Bonser)定教育之社会的目标有四种活动:健康活动,公民社会的活动,职业的活动,休闲的活动。印格里斯(Ingres)定教育的目的有三:社会公民的目的;职业的目的;消闲的目的。印格里斯、庞锡尔二人对于公民的政治活动,都为注重,同视作教育所应达到的目标。杜威在他的《明日之学校》一书上也曾说过这样的话:"社会和政府的管理,要由社会的各个成员去负责。所以各个成员一定要受到一种训练,使他能够承担这种责任,使他对于人民全体的情况和需要具有正确的观念,并且发展那些能够保证他适当参与政府工作的品性。假如我们训练我们的儿童使他们去奉行命令,使他们做事不过是因为受命去做,不能给他们以独立行动和独立思考的信心,那么,我们就是在革除现行制度的弊端和建立民主理想的真理的道路上安放一个几乎不能越过的障碍。"①从杜氏这一段话看来,更可以使我们明白政治与教育的相关性,和教育对于政治所负的任务。

在中国,据民国十七年(1928年)国民政府所定教育宗旨为:中华民国之教育,根据三民主义,以充实人民生活,扶植社会生存,发展国民生计,延续民族生命为目的,务期民族独立、民权普遍、民生发展,以促进世界大同。所谓"民权普遍",就是在于养成运用民权参与民主政治的公民。政权、治权如何运用,权利如何享受,义务如何去尽以及社会与个人的相互关系如何辨别,这都是一个公民所应有的认识。如何使社会的各个个体具有这种政治活动的意识和能力,那就是教育所担负的责任了。现代中国的教育,对于这重要的功能,似乎未克尽其任务。固然,中国政治目前尚在训政时期,民权运用未能普遍;而教育方面之缺乏政治职能的

---

① 张人杰.国外教育社会学基本文选[M].上海:华东师范大学出版社,1989:171.

训练,确也是教育上无可讳言的一件有亏厥职的事。

(三)道德与教育

道德是社会的产物,是用以维持和适应社会生活的范畴。它既是社会情境的反映,而宇宙间没有万世不变的情境,所以,宇宙间也就没有万世不变的道德。情境改变了,道德也必随着情境的改变而改变。在某种社会生活里,便会有某种道德观念的产生,换句话说,先有社会生活,尔后始产生适合于那种生活的道德。涂尔干说,我们限于诠解我们先祖遗下的旧道德,是不成的。我们必须援助儿童,了解他们无意中向之而进行的新理想,更须指导他们向此新理想而进行。徒保全过去是不足的,我们必须备将来。由此可见,道德须紧随着社会生活的改进而前进这个原则的重要性。教育为饱含社会性的一种社会设施,对于社会生活反映的道德,极有攸关,甚至是完全合一的。如杜威说的:"教育上所愿有的一切目的与价值的自身,就是道德的性质……"①便是这个意思。教育上所愿有的目的与价值自身乃随时代的变迁而异其趣,如中国过去帝制时代的教育,在于培养士大夫为帝王垂治天下的辅佐者,故其实施也就在"明伦"的目标之下和旧道德相辅而行。及至现代,政治组织一反旧日之帝制,而为今日之民主教育制度,也一反旧日之科举教育,而为今日之学校教育。所以在今日之社会中,教育上所愿有的一切目的与自身价值也就不同昔日了。

今日教育的最大需要,乃在于社会生活之有效率的参与。故杜威认为:"一切教育,如能发展'对于社会生活能作有效率的参与'的能力,都是道德的教育。"②照这样解释,道德的意义益加丰富,而且益切于实际生活了。

前面说过公民之政治活动,那是限于政治一部分而言的。其实,所谓公民,其范围非常之广,即如道德教育就是公民的主要部分。德国人凯兴斯泰纳解释公民教育的观念:公民教育,并非政党或政派的问题;公民教育,不可与单纯的公民教授混为一谈;公民教育,并非指经济的技术的教育;公民教育与法政的陶冶绝异其趣;公民教育与社会教育亦有区别。凯氏的意思,公民教育乃是在于养成智、情、意兼备的完全的人格者,能够有效率地参与社会之精神的及物质的生活。

道德与教育问题的一般概念,我们已约略地明白了。我们再回转头来看看中

---

① 杜威.民本主义与教育[M].邹恩润,译.北京:东方出版社,2013:397.

② 杜威.民本主义与教育[M].邹恩润,译.北京:东方出版社,2013:398-399.

国的实际教育对于道德的训练收了多少效果。很明显地,一般受过教育的儿童或成人根本上毫无"对于社会生活能作有效率地参与"地能力。社会上的纷乱、倾轧、虚伪诸现象,十足地表现出旧的道德失其凭依,新的道德尚未建立的没落状态。

二、女子教育的矛盾

(一)生产教育与良妻贤母主义

生产教育,在产业落后的中国,目下已经应时而兴了。看近年来一般人的鼓吹提倡,直闹得震天响;而政府当局也提倡和奖励得不遗余力,这未尝不是中国教育上一个开明的征兆。究竟什么是生产教育? 我们看苏联教育学者勃郎斯基(Blonsky)对于生产学校所下的定义:生产学校是把学校的作业建筑在有经济意义的生产劳作上面:因为只有如此,才能使儿童认识实际的经济历程;亦因如此,才能使儿童自己在其不把劳动当成游戏的时代而能乐于实际有用的活动。这种生产教育,是以生产劳作为中心的富有经济意义的"人"的教育。这种教育的对象是一般民众,它教人类利用科学发明的成果和生产工具,使人类在共同劳动的义务下,养成共同的道德和创造的人格。

在苏联,整个的教育就是有着生产意味的。它把教育和生产打成一片,教育离不了生产,生产也离不了教育,生产和教育糅合成社会生产化的生活教育。他们以为"生产"的首要条件是劳动和自然,所谓自然,乃是人类自身的身体及其一切器官与围绕人类的自然环境;劳动乃是与自然的条件结合着所发生之生理的、物理的、化学的乃至所谓有意义的行动。劳动和自然相结合后的关系,便是社会现象。所以,苏联的教育哲学是以劳动、自然、社会三者为其基本范畴的。由此我们可以知道,苏联的生产教育注重劳动,是以劳动为中心,使之适应于社会的组织。

生产教育的目的是什么? 它在于增加社会的生产力,使各个人都在共同组织的社会下致力于生产品创造。"在现代社会下的人类全体,无论男女都是工人",由这句话来看,生产事业是属于人类全体的,人类全体——男的、女的都负有为社会生产的义务,或增加社会生产力的责任。所以,生产教育不分男女的界限,它不仅教男子成为社会的生产者;它更要教女子同男子一样参加社会生产,教女子由家庭中移到商店、工厂、农场、行政机关、学校等的社会场所里去。

然而,在中国,对于女子教育却提出了一个"良妻贤母"的目标。所谓"良妻贤母",就是说女子要做丈夫的好妻子,儿子的好母亲。换句话说,就是要女子仍旧回到"家庭"里去,躲在闺阁里、灶炉边,度其"算命烧香笑,女婿外孙鸡"的附庸生活。所谓女子教育,不过是教以"为女为妻为母之道",使其成为时髦的奴隶罢了。这种"良妻贤母主义"的女子教育之教女子为家庭的主妇,与生产教育之在养成社会的生产者是极相矛盾的。前者教女子躲在家庭里,后者乃是教女子走到社会上来;前者是"奴隶"的教育,后者是"人"的教育,这一点我们首先要认识清楚!

不过,有人说,女子整理家政,教养子女即使不是直接生产者,也是间接生产者,更或有人进而主张,女子的整理家政、教育子女,就是生产。那么,生产教育不是和"良妻贤母主义"相调和了吗? 其实,这种主张是完全错误的。因为前面说过,生产教育的最大目的是在于增加社会生产力,故生产教育对于生产技能的训练,应该要适合于现代的机械生产,否则,何以能满足现今社会的需要和抵制外来的经济侵略? 现在,不但不给女子以适合机械生产技能的训练,更以其毕生精力消耗于琐细家务中,其于社会生产力的增加有何裨益? 况且,女子之服务家庭没有物质的报酬,我们不能认为服务家庭就是一种职业——职业是有物质的报酬的。女子没有职业,换言之就是没有生产力,她们在经济方面是不能独立的,经济方面既无独立能力,自然终究逃不出附庸的奴隶地位。女子之为良妻贤母,服务家庭,虽然也在劳动,甚或比男子还劳动得厉害些,但只是为男子而劳动——奴隶性的劳动,与生产教育之使人类在共同组织的社会下为普遍的、平等的社会化的劳动迥然不同。

退一步言,即使女子经管家庭和教育子女,也算是一种生产。然而这种生产,从全社会的观点去看,不过是一种浪费的生产,缺乏经济意味的生产。它徒然牺牲女子固有的才性,使其生产的可能性不能发展,不能贡献于人类社会,这是很可惜的事! 我们提倡生产教育,就该顾到女子也是人类全体的一员,绝对不能叫女子从社会里走到家庭里去;我们要使所有的男子和女子,都在普遍劳动的义务下进行他们的生产活动。

(二)女子学校教育设施上的矛盾

教育有了目标,则其一切设施将随目标如何而定其行止。实施教育的机关当不止于学校,凡是有传递作用和交通作用的社会关系都是含有教育性的。杜威说:"所谓交通作用,乃是一种历程,使人彼此参与经验,直至个人经验变成公共所有而后已。这种交通作用,能使双方参与的人的倾向,都互相改变。"①这就是说,社会即是教育的机关,在共同生活下参与活动而获得学习的成效。平克微支(Pinke Vitch)曾说:"当我们说及动作时,我们的意思不只是指说教师的直接影响,而是更特别地指说为教师所创造的环境的影响。还有,我们所说的'教师',不单指各个人,也兼指制度。各种不同的组织,甚至是国家本身,只要在它们运用教育的机能之范围内,就必须当作教师去看待。"②这就是说,一切社会制度都是教育机关,一切社会的自然环境都是教材。不过,学校乃是各种制度中更为具体的教育机关,学校课程乃是经过选择的有组织的社会经验。杜威说学校是一个特别环境,特为造成来改进学生的智慧与倾向的。他以为这个特别环境有三个极为重要的功用:把它所欲发展的倾向要素,弄得简易有秩序;使已经存在社会里面的风俗滤清成理想化;创造一种更广的、更好的、平衡的环境,使青年不受狭险的社会环境所限制。这样看来,学校教育仍然有其存在的价值。

学校教育在教育上仍然有它的地位,而学校教育的设施,自然要依照教育的目标进行,定了目标,要养成什么样的人,就实施什么样的教育。现在对于课程的编造,采用已知的科学方法,如业务分析法、活动分析法,都为根据人类实际活动的需要而舍取教材编造课程的方法。需要养成某一种人,就要分析某一种人必须具有的活动与兴趣,从这种分析的结果编造课程,尔后才能适应实际的生活环境,才能达到预定的教育目标。譬如我们的教育要养成公民,那么,我们就要分析一个公民应该具备些什么活动和兴趣,分析了公民所应有的活动、兴趣,然后就根据这些活动、兴趣选择教材和编造课程。这样方可以使教育能够实用,使教育的结果不致落空。

复次,前面说过,学校教育不过是教育机构中的一个具体的特别环境,整个社会仍然是饱藏着教育的意味。而且,社会的教育比学校的教育尤为切实,尤为有效。所以,教育者切不要忘记学校是社会中的一部分,务使学校自身成为一种社会生活,使学校里的学科与校外的生活连贯一气。庶几校内所学的就是社会上所用的,把一学一用连在一起,教育的设备和时间才不致浪费,由学校所造就的人,

---

① 杜威.民本主义与教育[M].邹恩润,译.北京:东方出版社,2013:9-10.
② 杨贤江.杨贤江全集:第六卷[M].开封:河南教育出版社,1995:699.

到社会上也不致无用。

从上面几段话看来,我们知道教育是有目的的,它要根据它的目的而定其设施,其设施也须适合于社会的需要。我们现在根据这些原则来观察今日中国女子教育的设施究竟是否合理。

现代中国女子教育的目标,究竟要养成什么样的人,并未明白确定。它的目标,只在暧昧不明、模棱两可之中,各种性质都有一点。这种无目的的实施,实为中国女子教育的最大缺点。女子教育的目标,大体说来可分为下列三点:良妻贤母,公民,劳动的人。这里,我们姑且就这三点看它与学校教育设施是否符合或矛盾。

第一,良妻贤母。良妻贤母,就是要使女子成为一个善于处理家务、教养子女的人。本来处理家务、教育子女,在中国一向是由女子担任的,而中国的女子一向没受过教育不也是担任得很好吗?不过,受了教育可以使女子担任得更为合理,使女子成为"更贤之母,更良之妻"。但我们从现代女子学的课程上看,有哪几种是养成良妻贤母的?即或有许多女校添设一两门家事、缝纫、烹饪等课程,而学习这点技能,是否就可以成为良妻贤母?假使真要以良妻贤母为目的的话,为什么不把所有的教科书都改为"家庭适用"教科书?而且,在学制方面,为什么不另外明白规定"良妻贤母学校系统"的两性双轨制?老实讲,在目前这种女子学校教育的设施下,是不会训练出良妻贤母来的;倒是没有受过一点学校教育的女子反能做一个良妻贤母。假如我们要寻求一个良妻贤母的女子,那就请到未受新教育的妇女队中去找,若是误走入宫墙万仞的学校,那只有使你失望,所以,现行的女子学校教育,对于这一个目标——良妻贤母,并没有达到。

第二,养成公民。这里所谓公民,就是在于培养富有政治意识和运用民权能力的人,以参与国家的政治生活。前面曾经说过,中国整个的学校教育对于这一点都忽略了,女子学校教育自然不能例外。而且中国女子在社会上的地位,虽自"五四"运动以后日渐提高,但在习惯方面,大家仍觉得女子只是槛帐中的人物,尤其是政治生活,女子在社会势力的暗示下,竟然裹足不前。学校课程方面,虽然也排有关公民教育的课程,实际上,却只是教学生记忆几个名词而已。至于国家、民族观念的认识、权利、义务的享尽,社会关系的辨别等,在学校里并没有告诉女子。譬如男女平等这一观念,每个受教育的女子似乎都明白,当她同男子出门时,她要走在前面;照相时她要站在左边;……这些地方占了不少便宜,她们以为自己已是平等了。这样模糊概念的运用，便是中了"名词"教育的毒。所以，现代的女子学校教育，对于培养公民这一个目标，也没有达到。

第三，养成社会的生产者。生产教育的目的，在于养成劳动的生产者。现代所谓劳动，当然是指社会的生产劳动而言，若仅以家庭事务之处理，如缝纫、烹饪等也谓之为劳动，那乃是百年前的现象，非今日生产教育之所欲言。言一方教女子受生产教育的训练，一方又教女子做良妻贤母，其间矛盾已在前面叙述过了。

现在之女子学校教育，与男子学校同一弊病，诚如陶知行所谓"教育是成了少爷、小姐、政客、书呆子的专有品"。的确，现代女子教育仅仅是富有者的女子教育的别名，而不是真正的一般民众的女子教育。女子学校既未着重于生产劳作的训练，而社会上的生产事业也没有发达，结果，就是有些女子想从事于生产劳动的，而社会上也少有生产的机关容纳女子。

综上所述，中国女子教育的动向是矛盾的，女子学校的设施也是矛盾的，在这矛盾交互的网里，中国的女子教育，便由变态而几乎至于流产的境地。究竟，现代中国女子教育，应该走哪一条路？从整个的世界趋势看，女子教育新动向到底是什么？这些问题我们在下节讨论。

第三节　中国女子教育动向之确立

一、女子教育的三个主张

关于女子教育的主张，在现代中国可大致分为三派：良妻贤母主义，反良妻贤母主义，调和派。第一派渊源最早，其在社会上的势力也最大，女子教育萌芽时期的"相夫教子"的女子教育观，就是良妻贤母主义的先声。这一派以为在历史方面，女子所负的责任，多半是经营家庭，因为女子性情细密，对于琐碎的家事处理，是她们的特长。又因为生理上的禀赋，要生育婴儿，育儿则须依赖产前的胎教和产后的母教，所以对于女子教育主张养成良妻贤母。第二派是对于第一派思想的反动，这一派从人的基本观念上主张男女应该受同等的教育，因为男女一样是"人"，女子之所以被逼到家庭里去经营家务，乃是封建社会制度产生以后的结果。既然男女一样是"人"，自然应该同等受"人"的教育。关于第一派和第二派的主张，第四章第一节里已详为论述，兹从略。第三派是对于第一派和第二派的主张的调和。这一派企图很大,想融合前两派的思想而自成一理论的系统。他们觉得最完全的女子教育就是于女子的特殊教育而外,再加以"人"的普通教育,即所谓在家庭中要养成良妻贤母,在社会上要养成健全公民。这一派主张,骤见之颇具见地,但仔细推敲一下,便会发觉他的谬误。我们知道健全公民是出厨房的,良妻贤母是入厨房的。一面教女子入厨房做良妻贤母,一面又教女子出厨房参加社会活动,无论在理论上或事实上,都是极其矛盾的主张。其实这种主张,仍旧是偏于良妻贤母主义的,根本就不能另成独立的一派。

二、什么是女子的天赋

良妻贤母主义者所持的最大理由,乃是女子天赋的性格和能力都适于处理家务和教养子女。而且,他们更引证历史的事实"女子向来是担负家庭的责任的"。

的确,中国女子(外国女子也是如此)数千年来都是担负着经营家庭的责任,她们消耗毕生的精力在处理家务和教养子女这些琐碎的事务上面,社会活动是禁止女子参加的。但是,我们追溯到史前时期的母系中心氏族社会时代,女子却是做了某一部落(氏族)的领袖,她驱使男子,不要男子参加政治活动,同以后男子不使女子参加政治活动一样。女子的这种优越地位,到了母系中心社会演化到父系中心社会以后才渐渐降低。

我们要认清楚这一点,那时所谓"氏族"并不就是现在的"家庭"。女子掌握氏族的全权,却不能附会说就是服务家庭。虽然氏族里有些和现在家庭里相同的事务是为女子所掌理的,但在那时,一面因为女子视处理家务是一种权力,自不能把权力委于男子之手;一面也是因为当时的生活简单,无须怎样劳动即可获得生存资料,有充裕的时间供他们处理氏族的事务。所以,从历史方面看,有个时期是女子支配社会的,女子被逼到家庭里来乃是社会制度变革到某一阶段以后的事。

这里,我要对于"天赋"的问题讨论一下,所谓"天赋"就是指先天的禀赋,和心理遗传同一意义。究竟女子和男子天赋的差别在哪里?在生理方面,除掉妊娠和经期,男女间显著的差别,就是女子平均身长较男子为低,男子的手较女子的阔而且大,头脑也是男子较为重些、大些。但是这些差别,并不是先天的禀赋,而是由于后天的环境上不同的生活状态——营养、身心的教育和操业等所决定的。我们常看到一般一向劳动惯了的女子,其身长、躯干、头脑各部分都和男子无异,便是证明。而且这些后天的生理上的差别,对于女子的智能也并无影响。常人每谓头脑的大小可以决定智慧的高低,但据研究的结果,证实"智能和脑重之间,没有证据可以证明有密切的关系"。再说人类的个性差异,只是指人与人之间的个性差异,而不是指男女之间的性别差异。据现代心理学家桑代克的意见,个性差异大于男女间的差异。而且根据测验的结果,男子所能操作的职业,女子也都能担任,女子和男子同样具有多方面的职业兴趣和才性。所以,认为女子天赋的性格和能力只适宜于处理家务和教养子女,那只是一种迷信。诚如培培尔(Bebel)说的"主张养育子女和家事是妇人天职的思想,是和'有史以来就有了国王,所以国王非永久存在不可'的思想相同"。

三、人的观念的确立

在中国,女子一向没有被认为是"人","人"只是男子的专有名词。女子是什么呢?第一章已经说过,女子是男子的奴隶,女子"服于人者也",她要做丈夫的妻子,儿子的母亲,自己没有独立的人格。女子的一生,就是要把自己所有的精力贡献给丈夫和儿子,除此,她们什么也没有。我们除开人类的别的阶级不说,单就这一点,我们可以说人类有两个对立的壁垒,一是"人"的男子,一是"奴隶"的女子。女子要使之做驯良的奴隶,做丈夫的妻子和儿子的母亲,所以,在教育方面,也就以"为女、为妻、为母之道"为女子教育的目标。

在未确定正确的女子教育动向之前,我们须把女子之"人"的观念先行确定。"人"的观念没有确立,真正的女子教育是不会有的。女子究竟是不是"人"? 奴隶是否永远是奴隶而不能翻身? 解答前一个问题我们要问:什么是"人"? 关于人的最好的定义,要算富兰克林(Franklin)所说的"人"是制造工具的动物,人有双手可以制造万物,这是人异于他种动物的特点。双手为劳动的原因,劳动也就是人类的特点。又有人说"人"是理性的动物,有理性才有求知欲,才能适应这复杂的社会生活。女子不是也具有和男子一样的双手和理性吗? 前面一段说过,女子没有什么异于男子的特性,那么,女子是人,已毫无疑义的了。关于后一个问题,所谓"奴隶",乃是由于人类鄙视某一部分的同类之卑贱的心理再加上经济的、政治的社会关系所形成的产物。在现代,人类已渐趋向于最高道德的完满,打破阶级的对立,未来的社会,没有强有力者的掠夺,也没有统治者的压制,整个社会是在平等、互助、合作等最高原则下进行着平衡的发展。划出一部分同类的人做自己的奴隶,这是进化的人类所引以为耻辱的事。

女子是"人",同男子一样的是"人"这个观念已经确立,不容吾人丝毫怀疑了。女子既也是"人",当然要施以"人"的教育而不该施以"为人"的教育——奴隶教育的变相,这点,下面有较详细的讨论。

四、产业革命与家庭

家庭制度之成立,是农业发达,由游牧生活而进入定居生活时期的事。它的基础,乃建立在农业经济或自给经济上面,所以,只有在农业经济或自给经济社会中才可以维持它的地位。自从工业革命以后,由于机械生产的发达,自给经济便因而崩溃,家庭制度也渐次动摇了。资本家为图生产的高速度发展,而利用大量的工人,复因节省生产费用而利用女工,女工不但廉价地拍卖她们的劳力,而且比男工更忠心于她们的工作。因此,女子便渐渐由家庭而走到社会的场所来了。

德国,1907年调查已有女工950万人,占女子全人口20%强;法国,1901年调查有女工680万人,占女子全人口25%;意大利,1901年调查有女工530万人,占女子全人口33%;奥地利,1900年调查有女工600万人,占女子全人口44%。

而且,据1900年美国国势调查,当时所有职业的种类为303种,其中没有妇女加入的仅海陆军人、水手、消防夫的领班等八种。尤为吾人所可注意者,女子在许多职业中,有机械工匠508人,铁匠185人,机关运转手及伙夫45人,掘井匠11人,汽管职工8人,领江5人。常人所认为女子不能做的工作,现在女子都能够做了,据爱伦凯(Ellen Key)的《战争和平及将来》上记载的英国女子职业的种类,如铁道事务员、牛乳分送夫、铁路站役、肉店助手、铁路查票员、火车清洁夫、铁路站长、邮差、长途马车车掌、派报人、电车驾驶、弹药及军装品制造工、杂货店助手、运送夫、洗涤者、当差、银行员、电话接线人、书店店员、官署办事员、火车司机、信号手、煤矿工人、俱乐部夫役、农人、商店招待、升降机司机人、发动机管理人,此外尚有服务战场的妇女汽车队、市政厅的守备队等,差不多所有的职业已有女子加入了。以上都是很早的记载,最近当更有增加。至于在社会主义国家的苏联,妇女们更是没有哪一个不参加劳动的。据1930年统计,全苏联参加社会主义建设的妇女中,足有160万人在国家经济部门工作,莫斯科区全部工人556649人中妇女占238029人,列宁格勒(编者注:列宁格勒即现在的圣彼得堡)区全部工人334627人中妇女占131044人,北高加索全部工人110209人中妇女占23002人。在农场方面,足有500万农村妇女在新型农场工作,就是农场的管理人才和技术人才中,女子也非常之多。像集体农场管理机关人员中已有妇女20%,监察委员会中妇女也占19%,驾驶汽车的妇女竟达18000人以上。

在中国,据民国十八年(1929年)上海社会局调查,上海市工人:男工占34.27%,女工占56.50%,童工占9.23%。又据民国十九年(1930年)工商部调查苏、浙、皖、赣、鄂、粤、鲁、闽、桂九省的28个城市的工人,男工372626人,女工374117人。

以上所列数据,显示着女子从家庭的操持而进于社会的劳动的情况。女子由家庭走入社会,家庭组织的崩溃,乃为其必然的趋势。何况家庭制度会养成人类的自私心,社会上的战争、掠夺种种罪恶,追源寻本,无一不是因缘于这种制度而产生的,有些学者,像培培尔、卡本特(Carpente)等都觉得家庭制度使人类道德及知识的各方面陷于偏狭而贪婪的苦渊;女子因家庭制度之存在,更不能得到真正的自由和平等。因此,他们都主张打破现存的家庭制度。

总之,无论在理论或事实方面,女子已不限于家庭的圈套而埋没她们的才性,她们有和男子同样的社会生活的兴趣和能力。所以,在现代社会下的人类,无论男女都有工作的担负,假使妇女不担负社会上的劳动,则将仍被锁入闺阁里、灶炉边,度其奴隶的生活,这不是我们所主张的;我们应绝对承认妇女同男子一样是社会的人,要使女子参加社会的各种活动,发展人类的生活兴趣和能力。换句话说,要使女子从家庭跳到社会上来,脱离家庭的束缚。以前属于家庭的衣、食、住、养育等事务,统统交给社会成为社会的公共事业。所以在这种社会里,家族制度,完全失却了效用,妇女是社会的人,同男子一样以劳动为至尊至高的事业,贡献其劳力于整个社会。

五、儿童公育与教育

妇女解放的最大障碍,却为家庭制度,欧美妇女之所以未能得到真正的解放,也就是受了家庭制度的累。她们虽已称平等,其实仍不是真平等,只不过是时髦的奴隶代替了古典的奴隶罢了。她们所受的教育,虽同男子一样,可是她们教育的要旨,仍是在于养成主妇的"主妇教育"。即如现代最有权威的教育大师杜威也不免说出这样的话:"……我因此连带想到女子教育的重要。女子与消费的接触最多,因为女子总不能与家庭脱离关系的。要是女子有了教育,便可以随时限制随时鉴别消耗品的好坏,做一个良好的消费者。西洋女子就是大家在那里注意消费品的监督或限制。"①由此可以知道,西洋的女子教育只是主妇的教育,养成服务家庭的有消费能力的主妇教育而已。

家庭制度最重要的元素,乃是儿女。儿女教养问题不彻底解决,家庭制度便不能彻底打破,男女平等教育也不能彻底实现。因为妇女问题最难解决之点,不在未生育前而在既生育后,生育后的子女教养,遂使女子永陷于家庭圈套之内,而不能自拔。所以,最彻底的办法,便是实行"儿童公育"。实行"儿童公育",女子可以不受家庭的牵制,可以和男子同等参加社会的各种活动。这种"儿童公育",不和旧式之含有补助性的、慈善性的、阶级性的"育婴堂""贫儿院"相同,也不和今日之不彻底的富有者所专有的"幼稚园"相同。我们要认定它是社会对于一切儿童的义务,所有儿童都无条件地享受这种权利。

儿童公育的益处,最重要的约有下列诸点:

(1)女子的能力得和男子同样发展;不致因养育而废学失业,依夫赖子。

(2)人人不必具有教养知识,不必个别花费,在共同教育之下人力、财力都较经济。

(3)男子可终身免受家累,不受家庭影响而沮丧志气。

(4)儿童不受父母溺爱或压制,能在社会环境下同等地发展其自立、互助等观念。

(5)儿童得受合理的教养,使诸种能力获得合理发展。

(6)融家庭教育、学校教育、社会教育于一炉,可免向来学校与家庭隔阂矛盾之弊,且可化学校的死的教育为适应社会需要之活的教育。

(7)社会因男女在平等的协力合作条件之下尽力于各种事业而日益进化。

儿童公育,既有上述各种利益,我们应该深信它是解决妇女问题甚至社会问题的关键。不然,曰倡男女平等,只不过是徒费唇舌,无补于实效!男女平等教育,尤须建设于这种关键之上,此关若不先行打破,男女平等教育绝不会彻底实现。

六、男女教育绝无轩轾

女子的"人"的人格既经确立,她和男子一样,并无所谓天生的优劣。从过去和现在的事实中,我们知道女子所从事的工作,断不限定于某一种或某数种,凡是

---

① 杜威.杜威五大演讲[M].张恒,编.北京:金城出版社,2010:81-82.

男子所能从事的工作,女子也都能胜任愉快。虽然女子在生理方面,有不可避免的妊娠和经期,但只要社会的组织健全,这种生理上的缺陷是可以设法弥补的,我们断不能因为这一点缘故就剥夺女子参与社会活动的机会。

男女既是平等的,则在教育上,自也绝对不能有所轩轾。我们没有理由强迫女子学习缝纫、刺绣、烹饪等专为女子而设的课程,更没有理由禁止女子学习某几种课程(如美国大学禁止女生选习工程法律)。我们要根据学习原则,就个人的兴趣去"因材施教"。譬如有许多女子对于缝纫、烹饪丝毫没有兴趣,那么,为什么定要勉强她们学习她们所不愿学的东西呢? 假使有些男子对于缝纫、烹饪感兴趣,那么,我们也该让他学习缝纫、烹饪,这才合乎真正的教育原则。总之,男女教育应绝对平等,课程的选择,只根据个性而不限于性别。

男女教育既应绝对平等,我进而主张各阶段的教育,男女应彻底同学。最好我们应忘掉男女界限,使大家同等立在"人"的地位参加社会的各种活动,同心协力谋人类的幸福和世界的进步;不要强分畛域,使男女各自成一世界,彼此隔阂。因为这社会是属于人类全体的,自然需要人类全体——男和女——来共同担负这推动时代巨轮的责任。

七、女子教育的新动向

现在有些人觉得中国女子自"五四"运动以后,已渐渐和男子享受同等的教育了,而男女平等教育的结果,徒使女子学习了许多坏的习惯,增加消费的量,不事生产,危害社会。因此,他们主张女子教育仍旧应回到良妻贤母的路上去。现代中国女子教育的结果,确如他们所说的。但这也不仅是女子教育的失败,就是较女子教育发达为早的男子教育,又何尝不是一样? 那么,为什么不叫男子教育重回到以往的科举制度呢? 所以,我们只能说现在的整个教育是走错路,要挽救它,也只有从整个的方面去通盘筹划,徒责于女而不责于男,这未免太偏狭了吧!

女子应该和男子受同等的教育,是否就叫女子去受现在的男子教育? 我个人的意思,觉得女子和男子受同等教育,已无可置喙;不过,现在的男子教育也是有了毛病的,叫女子从有毛病的不平等教育走到仍然有毛病的男子教育,以暴易暴,这当然没有好的结果。我们要全盘推翻有了毛病的现代教育制度,重新建立起适合于世界的潮流和本国的实际生活的健全体系的新制度,这种教育制度,是从人类全体出发的,它属于整个的社会,整个的人类,它不分男女的界限,而同是"社会的人"的教育。

真正的女子教育就是站在"人"的立场,以"社会的人"为目标,以普通大众为对象。根本上,它就是整个的"社会的人"的教育,并没有什么专为女子而设的女子教育——"女子教育"只是为暂时说明便利计的一个名词,到某一时期,男女间已没有界限,这个不妥适的名词就会消失。而且,未来的教育是建立在生产上的(是生产教育之普遍的、彻底的实行,使整个的教育富有生产的意义,甚至使二者糅合为一体)。因为人类的生活要依赖生产劳动,生产或劳动是人类生活中最重要、最尊贵的事业,男女毫无分别地在共同组织下从事各种生产的活动,享受"人"的平等的教育。这是女子教育的真鹄的。中国的女子教育是应该向这一方向走的。

中国高等教育简史

第一章　先秦时期的高等教育

先秦时期是指秦以前的时期,也就是历史上所说的五帝、夏、商、周。

第一节　我国学校的起源

从广义的教育说,教育起源于生产劳动。为了传授生产劳动和社会生活的经验,老一代就要对新一代进行教育。这种教育,自人类出现就有的。而学校教育,则是在较晚时期才有的。因为学校教育的产生,必须具备下列条件:第一,经济条件。生产要发展到有可能使一部分人脱离生产而专门办教育和受教育。第二,政治条件。国家机器的产生需要专门的教育机构培养统治人才。第三,文化条件。文字的产生、文化知识的积累,需要学校这种机构来有组织、有计划地传授这些文字和文化知识。

我国学校起源于何时,因无信史可考,尚难明确断定。不过,古籍中关于学校的最早记载是在《尚书》中,《尚书·舜典》记载:"帝曰:契,百姓不亲,五品不逊,汝作司徒,敬敷五教。……夔。命汝典乐,教胄子"①,五品就是父、母、兄、弟、子,五教是"父子有亲、君臣有义、夫妇有别、长幼有序、朋友有信"②。司徒是民政官,其任务在以礼教导民,化民成俗。这种教育显然是社会教育。"夔"是乐官,兼负教育"胄子"(贵族子弟)的责任。从这个记载看,"夔"就是我国历史上最早的教师。

《尚书》中的《舜典》等篇可能是周代史官掇拾传闻追录的,不能当作信史,只能视为传说。不过,虞舜时期已经到了原始社会的末期,生产力有了一定的发展,私有制已经产生,阶级的萌芽已经出现。在这样的时期,出现个别兼做教育上层子弟的人员,是有可能的。

---

① 瞿蜕园.古史选译[M].上海:上海古籍出版社,1982:8.
② 程树德.论语集释[M].程俊英,蒋见元,点校.北京:中华书局,1990:1278.

《礼记·王制》记载,"有虞氏养国老于上庠,养庶老于下庠"。郑玄注,上庠为大学,下庠为小学。庠是虞舜时期的养老机构,当时的人们为了养老要储存一些粮食,所以"庠"又被称为米廪。《礼记·明堂位》记载:"米廪,有虞氏之庠也。"这些被供养的老人,边养老边做些教育青少年的工作,向青少年传授一些有关劳动和社会生活的经验、知识,这也是有可能的。所以,我们可以说,在我国原始社会的末期,即虞舜时期,教育开始从生产劳动实践和社会生活实践中分化出来,虞庠是后来学校的萌芽。

《礼记·王制》记载,"夏后氏养国老于东序,养庶老于西序"。郑玄注,东序为大学,西序为小学。《孟子》上说"夏曰校",夏朝已进入奴隶社会,有学校是有可能的。但历史上对此没有翔实的记载,也只能视之为传说。

我国已经发现的最早的文字是商代的甲骨文(还没有发现夏代的成熟的文字)。从商代的甲骨文和金文(青铜器上的铭文)来看,汉字到商代后期已基本成熟。商代人使用的单字,已发现的有3500字左右。在文字的构造方面,会意、形声、假借等比较先进的方法已经出现。文字的发明为文化教育的发展创造了有利的条件,而文字出现以后,为了认识和使用它,必须由学校这种机构来进行传授。在商代的甲骨文中,已经有了"笔"字、"册"字,还多次出现"教""学""师"等字。从这些甲骨文中,可以断定商代已有学校。

《礼记·王制》上说,"殷人养国老于右学,养庶老于左学"。郑玄注,右学为大学,左学为小学。《礼记·明堂位》上说,"瞽宗,殷学也"。"右学""瞽宗"可能就是商代的大学,殷人尚右、尚西,把大学设在西郊,故大学又名"西学"。虽然没有可靠的史料,我们还不了解其细节,但是商代已有学校是可以断定的。

第二节　西周的高等教育

西周的学校制度,见于《礼记》《周礼》等古籍的记载,内容比较丰富,远非虞、夏、商三代可比。当然,这些史料并不是十分可靠,但从出土的西周青铜器铭文中,可以看到有关学校名称和制度的记载,与古籍所载的有颇多相同之处,足证这些史料不是完全没有依据的。

西周的学校分国学和乡学两种,国学为奴隶主贵族子弟而设,设在国都;乡学则为奴隶主阶级下层的子弟而设,设在地方。国学有大学、小学两级,乡学则只有小学。

西周的大学叫"辟雍",又称"太学"。之所以称为"辟雍",是因"辟"者璧也,形圆而四面环水。诸侯国可设立大学,名"泮宫",水形如半壁,以别于天子辟雍的建筑。

西周大学的教育内容就是六艺——礼、乐、射、御、书、数。当时认为,礼乐的教育作用很大,"乐所以修内也,礼所以修外也"。礼、乐是修养和应世的工具。礼是政治课,教授内容包括奴隶制的名分等级制度、道德标准和仪节,传授贵族的统治经验。乐是艺术课,教授内容包括音乐和舞蹈。射、御是军事教育课:射是射箭,是当时贵族子弟必须掌握的军事技术;御就是驾驶战车。当时作战以车兵为主,因而需要训练会使用战车作战的甲士,而这种甲士只许贵族子弟充当,所以在大学中对贵族子弟的教育,除了训练他们射的能力以外,还要训练他们驾驭战车的能力。射、御是西周大学教育的主要内容。书、数是文化知识课。在当时来说,是比较次要的。但是,把传授文化知识作为学校教育的内容,这就已经是很了不起的事了。文化知识的积累,到西周时已经达到相当的水平,因而有可能把它作为教育的内容之一。总之,西周大学的六艺教育是以军事教育为主的文武合一的教育。

西周的教育制度政教不分、官师合一。拿辟雍来说,既是大学生学习的地方,又是习射(辟雍又叫射庐)、祭祀、养老、议论政事乃至献俘、庆功的场所。在进行这些活动时,大学师生也参加,其本身就是一种教育活动。就教师来说,西周大学官师合一,教师由官吏担任,官即是师,师即是官。当时的学术文献都在官府,即后世所说的"学在官府"。学术既为官府所专有,教育就非官莫属,非官吏就不能为教师。当时国学的教师有:大司乐、乐师、师民、保氏等。他们既是官,又是师。大司乐、乐师都是乐官而兼教师的。"师氏掌以媺(美)诏王。以三德教国子,……居虎门之左,司王朝。掌国中、失之事,以教国子弟。凡国之贵游子弟学焉"[1],"保氏掌谏王恶,而教国子以道。及教之六艺,……使其属守王闱"[2]。师氏、保氏是帝王的顾问、谏官、侍卫,又是西周太学的教师。

西周时期,既然是"学在官府""官师合一",当然就不可能有民间私学。这种局面到了春秋时期才被打破——私学应运而生。

---

[1] 刘蔚华,等.中国儒家教育思想[M].青岛:青岛出版社,1999:35.
[2] 顾明远.教育大辞典:第8卷(上)[M].上海:上海教育出版社,1991:93.

第三节 春秋战国时期的私学

公元前770年,周平王因避战乱,迁都洛邑,周朝从此以后就叫东周。从此,王室日衰,先后出现了诸侯争霸和战国七雄混战的局面,一直到秦兼并六国,战乱持续了五百多年。这五百多年又分为两个阶段,前一阶段叫春秋时期,后一阶段叫战国时期。所以,中国历史上把东周称为春秋战国时期。

春秋时期,奴隶制社会在逐步解体,阶级关系发生急剧变化,一些贵族沦为平民,一些平民上升为新兴的地主和商人。阶级关系的变化,为私学的创立创造了条件。由于王室衰微,官学废弛,一些原来职掌文化的王官、乐师离开王室,散于四方,有些甚至带着王室的典籍到诸侯国去,有的做官,有的做师。这样,就形成了"天子失官,学在四夷"的局面。

由于官学废弛,文化学术的扩散、下移,私学便在各地产生和发展起来。据古籍所载,春秋战国时期,私学以儒、墨两家规模较大。儒家私学的首创者是孔子,墨家私学的首创者是墨子。后来,儒家继起的有子思、孟子、荀子等,墨家有禽滑厘、孟胜等。而私学之盛和影响后世之大,当首推孔子。下面我们主要讲关于孔子的情况。

孔子(公元前551—公元前479年),春秋鲁国人,从30岁左右开始收授门徒,兴办私学。四十余年间讲学不辍,即使周游列国,也是带着学生游学。孔子的一生,除短时为官(做过鲁国的中都宰、大司寇)外,主要从事办私学和整理六经的工作。他的功绩,无论在教育上,还是对古代文化的贡献,都是不容抹杀的。

孔子在政治上主张"祖述尧舜,宪章文武",是一个复古主义者、保守主义者。但是,他主张大一统,反对分裂、割据,他认为:"天下有道,则礼乐征伐自天子出;天下无道,则礼乐征伐自诸侯出。"[①]维护统一,反对分裂,这是有其进步意义的。诚如郭沫若所说:"他有时一方面维新,一方面也在复古、开倒车。处在变化的时代,他一只脚跨在时代的前头,一只脚又拖在时代的后面。"[②]

根据史书记载,孔子有学生3000人,其中身通六艺(指六经)的有七十二人。

---

① 李修生,朱安群.四书五经辞典[M].北京:中国文联出版社,1998:37.

② 中国社会科学院文献信息中心.坚持科学发展观构建和谐社会[M].北京:红旗出版社,2007:184.

孔子收受学生是"有教无类"的,他自己说:"自行束脩以上,吾未尝无诲焉。"他的学生中,有贵族子弟,如孟懿子、南宫敬叔(二人皆鲁大夫孟僖子之子);也有出身微贱,如箪食瓢饮、身居陋巷的颜回,着芦衣、贫苦的闵子骞;也有经商的子贡,乃至"子张,鲁之鄙家也;颜涿聚,梁父之大盗也;学于孔子"[①]。他收的学生,没有身份的限制,教育对象比较广泛。

孔子的私学,应该属于高等教育,可以说是"私立大学"。他的教育目的是培养统治阶级所需要的统治人才——士或君子,即培养从政为官的人才。孔门弟子所学习的,无非是"修己治人"之道,"修己"的目的是为了"治人",这就是所谓的"学而优则仕"。过去把"学而优则仕"当作"读书做官论"批判,认为孔子的这一教育目标是落后的、反动的,其实孔子的这一教育目标在当时是有进步意义的。西周的贵族教育,不存在"学而优则仕"的问题。那时受教育的贵族子弟,就是未来的统治者,学和仕是不分的。而今私学所收的学生不分贵贱,原有的世卿世禄制度不但妨碍了学生的出路——从政为官,而且以奴隶主阶级血统论为基础的"任人唯亲",使贤能者不得其位,也有害于政治的清明和社会的进步。"学而优则仕"是作为世卿世禄制度的对立物而产生的,这种主张对冲击世卿世禄制度具有重大的进步意义。

孔子私学的教育内容就是六经,也称六艺,即诗、书、礼、乐、易、春秋,诗就是《诗经》。孔子对学诗很重视,他说,"不学诗,无以言"[②],学诗可以抒发感情,可以了解各地民情风俗,可以增长自然知识("多识于鸟兽草木之名"),更重要的是能培养忠孝的品德——"迩之事父,远之事君"。书就是《尚书》,是古代历史文献的汇编。孔子有时把它跟《诗经》并提,称为"诗书",是儒家私学讲述古代历史的主要教材。礼是古代各种典章制度的总称。孔子非常重视礼的教育。他说,"不学礼,无以立"[③],"为国以礼"。把礼看作立身治国的规范和原则。乐指《乐经》,《乐经》已失传。孔子重视乐教,他自己爱好音乐,会弹琴鼓瑟,也欢喜歌唱。《论语》记载:"子与人歌而善,必使反之,而后和之"[④],"子在齐闻韶,三月不知肉味"[⑤]。《史

①　李宝洤.诸子文粹[M].长沙:岳麓书社,1991:740.
②　李修生,朱安群.四书五经辞典[M].北京:中国文联出版公司,1998:38.
③　李修生,朱安群.四书五经辞典[M].北京:中国文联出版公司,1998:38.
④　郭超.四库全书精华[M].北京:中国文史出版社,1998:704.
⑤　温裕民.论语研究[M].北京:商务印书馆,1930:103.

记·孔子世家》说:"《诗经》三百五篇,孔子皆弦歌之"①,孔子常把礼乐并称,把礼乐看成治国的重要手段之一。他说:"移风易俗,莫善于乐。安上治民,莫善于礼。"②可见礼乐教育的政治意义。易指《易经》,传授儒家的哲学思想。《春秋》是孔子根据鲁史以正名分、寓褒贬为目的而编修的一部编年体历史教材。儒家的政治思想,以《春秋》为最高标准,名分、等级制度的精神,充分表现在《春秋》笔法里。

孔子是一个好学的人,对自己是"学而不厌",对学生则是"诲人不倦"。孔子对学生的教育,注重启发,注重因材施教。在学习上,主张学思结合,强调虚心、老实。他对学生提出"四毋"的要求:毋意、毋必、毋固、毋我。孔子要求学生要言行一致、学用一致。他说:"君子耻其言而过其行"③,"诵诗三百,授之以改,不达;便于四方,不能专对,虽多,亦奚以为?"④孔子的这些思想,即使在今天,也值得我们学习。

孔子虽然不能说是春秋时期第一个创办私学的人,但是,孔子确是一个对后世大有影响的创办私学的代表人物。

私学的兴起,在教育史上是一个巨大的转变。私学使教师、教育工作专业化。使学校、教师从政教不分、官师合一的形式中分离出来。教育内容从以军事教育为主和文武合一的教育转变为以文化知识为主要内容的教育。自孔子以后,私学历两千多年而不废。春秋时期兴起的私学对后世的影响是巨大的,对中国文化的传播和发展也起着极其重要的作用。

---

① 谭承耕.《论语》《孟子》研究[M].长沙:湖南教育出版社,1990:88.
② 杜占明.中国古训辞典[M].北京:北京燕山出版社,1992:101.
③ 杜占明.中国古训辞典[M].北京:北京燕山出版社,1992:63.
④ 章学诚.文史通义[M].北京:中华书局,1985:17.

第二章　秦汉时期的高等教育

第一节　秦代的吏师制度

公元前221年,秦始皇灭六国,结束了长期以来诸侯割据、混战的局面,建立了中央集权的统一的封建国家。

秦朝首尾仅16年(公元前221—公元前206年)。秦始皇在位12年,时间虽短,但做了许多有利于统一的事业。诸如废分封、建郡县、书同文、行同伦、车同轨以及统一度量衡、币、制、田亩制等等,这些措施都有利于国家统一。

秦代鉴于百家争鸣,不利统一;儒生是古非今,足以乱政。公元前213年,秦始皇根据李斯的建议下令:除史官所藏秦史记外,其他各国史记一概焚毁,除博士官所管理的诗、书、诸子百家书外,一律送官府烧毁,医药、卜筮、种树书不在焚毁之列。令下三十日不送书焚毁的“为城旦”;聚政诗书的,处死刑;是古非今的,灭族。禁私学,以吏为师。次年,方士求神仙不得,卢生、侯生畏罪潜逃,秦始皇大怒,在咸阳坑杀儒生460余人。这就是历史上所说的“焚书坑儒”。这种文化专制主义,用残酷的烧杀手段来对待诗书和士人,最终促成其自身的灭亡。

秦代禁私学,有无官办学校? 这一问题史书上没有记载。“以吏为师”的具体情况也无史料可考。本来,以吏为师,自虞舜以典乐的夔“教胄子”,以至西周太学,都是如此。秦代究竟以什么吏为师呢?我以为,很可能是博士官。秦设有博士70人,或掌书籍,或议朝政,或备咨询。也许这“以吏为师”的“吏师”就是博士。其理由是:第一,叔孙通是秦博士,秦败,他率弟子百余人降汉。显然这些弟子不会是他办的私学的学生(他绝不会冒死违抗秦始皇的严酷的禁令),而是以他为吏师的弟子。第二,博士之官,战国时鲁、魏、宋等国已有设置。《汉书·贾山传》记载贾山的祖父贾祛曾是魏国的博士弟子,可见博士之有弟子,战国时已有之。第三,汉景帝时,蜀郡守文翁为了提高蜀地文化,曾"选郡县小吏开敏有材者张叔等十余人,……遣诣京师,受业博士"①,其时离汉武帝设太学、立博士弟子制尚有二十余年。可见博士官是可以收弟子的。根据上述理由,我们可以推想,秦焚诗书以后,掌诗书的只有博士,正如春秋以前"学在官府"一样。在这种情况下,以博士为吏师,欲学者随博士为弟子,不是很自然的事吗?所以,我们认为,秦代"以吏为师"的"吏师",就是博士。

第二节 汉代的太学

公元前206年秦亡,刘邦称汉王,公元前202年刘邦即帝位,国号汉,定都长安,史称西汉或前汉。8年,王莽篡汉,西汉亡。经过农民大起义,王莽为农民起义军所杀。25年,光武帝刘秀即位,定都洛阳,史称东汉或后汉。220年,曹魏代汉,东汉亡。

汉代之有太学,始于西汉武帝元朔五年(公元前124年,这时离汉高祖开国快80年了)。汉武帝接受董仲舒、公孙弘的建议,置博士弟子员50人,这就是汉代正式成立太学之始。西周虽已有太学(辟雍),但毕竟是一种初步的形式,而且史料并非完全可靠。从严格的意义上说,以传授知识、研究学问为主要内容的最高学府,是从汉武帝创立的太学开始的,这在我国教育史上是具有重大意义的事件。

太学的教师就是博士。博士本为秦官,汉兴仍设博士官。董仲舒、公孙弘都是博士。元朔五年(公元前124年)时,公孙弘为丞相。博士主管经史百家,并备皇帝顾问。汉武帝根据董仲舒的建议,"罢黜百家,独尊儒术",于建元五年(公元前136年)设置掌管儒家经典的五经博士,把原来的诸子传记的几十个博士全都罢免。元朔五年(公元前124年),设五经博士7人:书、礼、易、春秋,诗有齐、鲁、韩三家,博士每人各专一经,属于太常。后来博士增为14人,称五经十四博士。博士的任用,或由征召(如文帝征贾谊为博士),或由荐峰(如西汉梁邱贺荐施雠,东汉杨震荐杨伦、陈留为博士),或由选试(如西汉张禹"试为博士",《后汉书·伏恭传》记载,"太常试经第一,拜博士"②),或由他官迁调(如匡衡以郎中迁博士,东汉范升初拜议郎,后迁博士)。选用博士的标准,西汉以名流充当,取其"明于古今,

---

① 金启华.全宋词典故考释辞典[M].吉林:吉林文史出版社,1991:170.
② 章惠康,孟易醇.后汉书今注今译[M].长沙:岳麓书社,1998:214.

温故知新,通达国体"。东汉对于博士标准的规定更为具体:德行好,通《易》《尚书》《孝经》《论语》,学问深广,隐居乐道,不求闻达,无严重疾病,不与坏人交往,不受王侯赏赐,专习的经业足以胜任博士的职责,年在50岁以上。

太常在博士中选一人为领袖,叫仆射,东汉改称祭酒,是太学的领导人,相当于后来的大学校长。

太学的教师既以博士充当,所以受教的学生就称"博士弟子",或简称"弟子"。东汉称为"太学生",或称"诸生"。

汉武帝元朔五年(公元前124年)初立太学时,学生名额规定50人,"太常择民年十八以上仪状端正者补博士弟子",这是正式生,由太常在京师就地选择。郡国县地方也可选送,但规定条件是:好文学,敬长上,肃政教,顺乡里,出入不悖。由县选报郡守审查,保送到太学受业,待遇和博士弟子一样,名额不定。以后博士弟子名额屡有增加。昭帝末年增至百人,宣帝时增至200人,元帝初元五年(公元前44年)增为千人。成帝末年(约在公元前10年左右),有人言孔子布衣有门徒三千,今天子太学弟子少,于是增至3000人。平帝即位,王莽辅政,元始四年(4年),大建太学校舍,史书称之"为学者筑舍万区",太学内"有市有狱"。王莽对于博士弟子的选补,除太常所择及郡国选送以外,又规定"元士之子得受业如弟子",学额猛增。

东汉光武帝建都洛阳,建武五年(29年)在洛阳兴建太学,并亲到太学奖励诸生。自后明帝、章帝都很重视教育。到顺帝时(126—144年),太学生的来源,除以前三项外,又增加公卿子弟和明经下第两种,并增加太学生的俸禄,于是人数大增。质帝本初元年(146年)又规定:大将军以下至六百石官员都送子弟入学。自此以后,直至东汉灭亡,太学生经常有30000多人。在1800多年前,一所大学拥有30000多名学生,这在世界上也是仅有的。

太学的教学科目就是五经。开始,太学生人数少,就跟随博士选习专经,而《孝经》《论语》则是所有学生学习的必修科目。后来,太学生人数增多,就不得不采用大班讲课的办法。太学里的讲堂(光武帝在洛阳建太学,兴建讲堂,长10丈,宽3丈),就是为博士讲经用的。此外,由于学生人数多,而教师极少,还可能采用高业弟子以次相传授的方法。这种方法,在私学中是较多采用的。太学方面,虽史无明文可考。但在学生发展到千、万数时,很可能会采用此种方法。

《学记》说:"大学之教也,时教必有正业,退息必有居学。"①《学记》是《礼记》中的一篇,《礼记》的整理者戴圣是西汉宣帝时的太学博士,这里说的可能就是当时太学的实际情况。"正业"就是在规定时间内的正课,退息则进行课外的自学作业("居学")。这是因为太学的教学、讲课主要在于引导,而真正的钻研则在于学生的课外自学。特别是在教师少、学生多的情况下,更加要强调学生的"居学"。

也可能是由于学生多、教师少,汉代的太学,特别是东汉时期,太学生还可以在外从师学习。例如,郑玄在太学读书,同时师事京兆第五元先,而第五元先并不是太学博士。又如,符融"游太学,师事少府李膺"②,张奂"少游三辅,师事太尉朱宠"③。李膺、朱宠都不是当时的太学博士。学生上万人,甚至多达30000人,断非十四博士所能教授得了。有些太学生在外从师学习,这也是实际的需要。且当时官吏喜欢收教学生,"门生"的关系与"亲属""故吏"同等。因而为太学生在外从师学习提供了可能。从这里可以看到,30000太学生中必有一部分是挂名的,他们不过是为了取得参加考试的资格以求出路罢了。

汉代太学教师少,教学制度不严,学生学习更多地依靠自学,因此,就特别注重考试。通过考试,既可以督促学生平日主动地学习,又可以检查学生学习的成绩,特别是为汉代政府从太学生中选拔官吏。

汉代太学没有规定肄业年限,只要经过考试合格就可以毕业,并按成绩授以一定的官职。武帝初设太学时,规定每年考试一次,叫作"岁试"。考试的方法是"设科射策"。设科就是设甲、乙两科,规定两科录取的名额。射策类似今天的抽签考试。根据考试成绩,按科录取,分别授官。未录取的,留在太学继续学习。东汉桓帝永寿二年(156年)改为两年考试一次,不设甲、乙科,不限名额,凡通过考试证明已通二经的,授以官职,不及格的仍留校,两年后再考。已授官职的,满两年再考,通三经的授以更高的官职,不及格的下次再考,一直到通五经为止。如果不能通二经,虽久居太学,也不能授官。所以,太学里有60岁以上的白发太学生。献帝初平四年(193年)下诏,那些60岁以上的太学生"结童入学,白首空归"④,很是可怜,特推恩让他们一律补官。

汉代官办的高等学校,除太学外,东汉灵帝于光和元年(178年)还创办了一

---

① 李修生,朱安群.四书五经辞典[M].北京:中国文联出版社,1998:371.
② 范晔.后汉书[M].张道勤,校点.杭州:浙江古籍出版社,2000:631.
③ 蒋善国.尚书综述[M].上海:上海古籍出版社,1988:98.
④ 徐天麟.东汉会要[M].上海:上海古籍出版社,1978:396.

所研究文学艺术的专门学院,因设在鸿都门,故名鸿都门学。这所学校研究辞赋、绘画、书法,与研究经学的大学相抗衡。设立鸿都门学的原因,一是灵帝本人爱好文学、艺术,二是灵帝和宦官集团为了培养拥护自己的知识分子,以对抗由士大夫构成的官僚集团。当时一些大臣,如蔡邕、阳球等,认为鸿都门学不讲经学,非教育正途,而"书画辞赋,才之小者,匡理国政,未有其能"①,奏请取消。灵帝不但对反对者置之不理,而且用高官厚禄来优待这些学生,有的出为刺史、郡守,有的入为尚书、侍中。但这所文学艺术学院创办未久,黄巾起义,天下大乱。189年灵帝去世,鸿都门学就无形解体了。但这是我国乃至世界上最早的一所专科大学,而且是一所文学艺术的专科大学。

第三节　汉代的私学

　　私学自春秋战国时期就开始盛行,秦代禁私学,私学停废了一二十年。汉兴近80年后,始设太学,而在太学设立以前,学术传授和人才培养只能依靠私学。即在太学设立以后,太学生名额有限,东汉太学生名额虽增多,但多系权贵子弟,不能满足民间求学的需要,所以两汉私学颇为昌盛。西汉大儒伏生、申公、梁邱贺、施雠、孟喜、董仲舒、公孙弘等都曾设立私学,教授生徒。东汉私学更盛,一人设教,学生常百人、千人,著录学生更多。东汉蔡玄设私学,门徒千人,著录者16000人。当时学生分为及门受教和著录弟子两种。所谓著录弟子,就是在名师门下著录其名,并不亲来受教,但也成为某大师的弟子了。但及门受教的学生,必须到老师处听讲、学习。

　　一个大师及门受教的弟子,往往有几百,乃至千人,如何进行教学?那就是采用高业弟子以次相传授的办法。这个办法,西汉董仲舒在设私学时就已采用过。东汉儒学大师马融有学生400余人,升堂进者50余生。郑玄在他门下,三年不得见,"乃使高业弟子传授于玄。玄日夜寻诵,未尝怠倦。会融集诸生考论图纬,闻玄善算,乃召见于楼上,玄因从质诸疑义,问毕辞归"②。郑玄自己也是一个经学大师,"玄自游学,十余年乃归乡里。家贫,客耕东莱,学徒相随已数百千人"③。可见

---

①　熊明安.中国高等教育简史[M].重庆:重庆出版社,1983:74.

②　门岿.二十六史精粹今译[M].北京:人民日报出版社,1991:373.

③　门岿.二十六史精粹今译[M].北京:人民日报出版社,1991:373.

汉代私学的发达。

第四节　汉代的察举制度

汉代的太学生,可以通过太学里的考试得到官职,已如前述。不是大学生的读书人,高官可以"任子",汉代规定:吏二千石以上,视事满三年,得任一子为郎。如苏武就是以父(苏建,代郡太守)任为郎的。有财者可以纳财为官,如卜式以输财为中郎,黄霸以纳钱补侍郎谒者。但这毕竟是少数。除此以外,汉代采用察举的办法,选拔那些为封建政权所需要的人,用以为官。

汉代的察举制度主要包括这几个科目:贤良方正、秀才、孝廉、明经。

一、贤良方正

西汉文帝十五年(公元前165年)开始举行此科,召致有学问、有才能的特殊之士,由丞相、御史、列侯、中二千石、二千石、诸侯相等察举,皇帝书面策问(出题),被举者"对策",皇帝认为满意的就授以重要的官职。文帝时的晁错、武帝时的董仲舒、公孙弘,都是通过贤良对策而任官的。贤良方正并不是每年皆举,而是不定期举行。

二、秀才

汉武帝元封五年(公元前106年)以"名臣文武欲尽"下诏求才,"令州郡察吏民有茂才异等可为将相及使绝国者"向朝廷荐举。此为汉举秀才之始。秀才实际上是贤良方正的另一名目,它所要召致的也是有学问、有才能的特殊之士,对策之制同于贤良。此科不定期举行。在西汉200多年的历史中,一共只进行了4次。

三、孝廉

自武帝元光元年(公元前134年)开始,令郡国察举孝廉,人口20万以上每年可举1人,40万以上2人,60万以上3人,80万以上4人。不满20万,两年1人,不满10万,三年1人。西汉举孝廉不需对策,举到即可委以官职。东汉顺帝阳嘉三年(134年),准尚书令左雄建议:"请自今孝廉年不满四十,不得察举。皆先诣公府,诸生试家法,文吏试笺奏,副之端门,练其虚实。"①此后孝廉都得经过考试,合格者始得授官。

四、明经

明经一科,西汉已有,但不盛。东汉章帝元和二年(85年)令郡国举明经,人口10万以上的举5人,不满10万的举3人。明经须考试,合格者授官。顺帝阳嘉元年(132年)诏"试明经下第者补博士弟子"②。考不取明经的,可以到太学做学生。

这种察举制度,流弊很大。第一,郡国官吏把持察举。东汉明帝永平元年(58年)校尉樊儵书上书说:"郡国举孝廉,率取年少能报恩者,耆宿大贤多见废弃"③。郡国把持,于此可见。第二,权贵干预。例如,河南尹田歆,有一次要举荐孝廉6名,其中有5名是贵戚指定的,而自己能按照国家要求举荐的只有1名。第三,弄虚作假。例如,许武被举为孝廉以后,和两个兄弟分家,三份财产自己取得最好的一份。两个兄弟算是"能让",也被举为孝廉。许武于是大会宾客,宣布使两弟成名的本意,把自己的一份财产分给两个兄弟,许武因此获得更大的声名。

① 徐天麟.东汉会要[M].上海:上海古籍出版社,1978:388.
② 王炳照,等.简明中国教育史[M].北京:北京师范大学出版社,1994:84.
③ 徐寒.中华私家藏书:第12卷[M].北京:中国工人出版社,2001:6522.

第三章　隋唐时期的高等教育

东汉灭亡以后,进入魏晋南北朝时期。这段时期,先是魏、蜀、吴三国的割据和争斗,西晋结束了这种分裂割据的局面。然而没过多久就先后爆发了"八王之乱"和"五胡乱华"的战争,西晋灭亡后,晋皇室在江南建立了东晋政权,此后便形成了南北分裂的局面。从三国鼎立,经两晋、南北朝,直到隋统一中国的300多年中,朝代更替,变革无常,可以说是中国历史上混乱最长久、人民痛苦的时期。在这个时期,学校时兴时废,教育事业趋于衰落。

581年,杨坚灭北周,建立隋朝。589年灭陈,统一中国,结束了300多年分裂、混乱的局面。但隋朝国祚不盛,从隋文帝开皇九年(589年)统一南北到恭帝义宁二年(618年)灭亡止,首尾不到30年。在这段时间内,对于学校制度的兴革和设施,并无多少事迹可以叙述。不过在此政局由长期分裂而得到统一的过程中,也有一些制度足以影响后一代而为新制度设立的张本。

第一节　隋唐时期的高等学校

一、隋代的高等学校

隋文帝初年很重视兴办学校,曾特设国子监专管教育,掌管事物之人为祭酒。国子监初名国子寺,后改称国子监。设立国子监自隋始,在国子监之下设有国子学、太学、四门学、书学、算学。前三者属于大学性质,后二者属于专科性质。另外还有律学,隶属于大理寺,也是专科性质。

在太学之外,另设国子学,这是西晋武帝咸宁二年(276年)首先创立的。国子学专为高级贵族子弟而设,地位高于太学。四门学源于南北朝时期的北魏,北魏孝文帝迁都洛阳后,于北魏太和十九年(495年)设立国子学、太学、四门小学。

隋代设立的四门学属于大学性质,但地位低于国子学和太学。

书学、算学、律学这些专科学校的设置,是隋代的创举。

隋文帝晚年,经过"派遣十六使巡省风俗",发现学校空设,未足以造就人才,而学校以外,反不乏聪明才智之士。因而,设学不过10年左右,仁寿元年(601年)文帝便下令尽废学校(包括郡县学),只留一所国子学(不久改称太学),置博士5人,学生72人。当时的诏书上说,"国学胄子,并将千数;州县诸生,咸亦不少。徒有名录,空度岁时。未有德为代范,才任国用。今宜简省,明加奖励"①。炀帝继位后,一方面恢复国子学、郡县学,另一方面设置进士科,以科举取士。学校虽经兴复,但不久就"戎马不息,师徒怠散"②,学校也只"空有建学之名"而已。

二、唐代的高等学校

唐自高祖李渊即位至哀帝灭亡先后计290年。

唐代高等教育制度吸收前代经验,已相当完备。在国子监管理之下,设有国子学、太学、四门学、书学、算学、律学六所高等学校。此外,还有属于门下省的弘文馆,属于东宫的崇文馆,属于祠部的崇玄学,掌管经籍图书的崇文馆归东宫直辖,校正典籍的弘文馆归门下省直辖。此外,还有为皇族及功臣子弟开办的小学,属于太医署的医学。除崇玄学、医学外,一般通称六学二馆。

唐代的六学是承隋之旧,不过隋代设置未久就废止了。可是在制度上为唐代高等教育制度提供了一个张本。

唐代的国子监、太学、四门学,在程度上本无高低之分,只是学生入学的资格不同,因而地位有高低。

国子学名额300人,收三品以上官员的子孙;太学名额500人,收五品以上官员的子孙;四门学名额1300人,其中500人收七品以上官员之子,800人收民家的"聪悟有文词史学者",由各州长史就州县学生员中选报送,谓之"俊士"。

书学、算学、律学对学生入学的资格限制较宽:凡八品以下官员之子和民家子弟对本家科有研究的,可以入学。名额是书学、算学各30人,律学50人。

弘文馆和崇文馆是特殊的贵族学校,弘文馆名额30人,崇文馆名额20人,专收皇帝、皇太后、皇后的亲属和宰相、大臣的儿子。所学内容和国子学、太学基本

① 高奇.中国高等教育思想史[M].北京:人民教育出版社,1992:80.

② 王凤喈.中国教育史大纲[M].北京:商务印书馆,1930:120.

相同(弘文馆兼重书法),而实际程度则较低。

医学属太医署,分四个专业:医疗、针灸、按摩、咒禁。学生名额为医疗40人,针灸20人,按摩15人,咒禁10人。崇玄学属祠部,是研究道家学术的学校,教学科目是《道德经》《庄子》《列子》等,学生名额100人。崇玄学系唐玄宗所立,对道家学术特别重视和提倡。

上述高等学校学生的入学年龄,除律学为18至25岁以外,其余都是14至16岁。

六学教师有博士、助教、直讲等名称。博士分经讲授,助教佐博士分经讲授,直讲助博士、助教讲授经术。国子学设博士、助教各5人,直讲4人。太学设博士、助教各6人。四门学设博士、助教各6人,直讲4人。书学、算学各设博士2人,不设助教。律学设博士、助教各1人。二馆教师称学士,无定额。

国子学、太学、四门学的教学内容,都是儒家经典。当时把经典分为正经和旁经。正经共九种,分三类:一是《礼记》《春秋左氏传》两种,为大经;二是《诗经》《周礼》《仪礼》三种,为中经;三是《尚书》《易》《春秋公羊传》《春秋谷梁传》四种,为小经。凡习二经者,选一大经、一小经,或选二中经。习三经者,在大、中、小经中各选一经。《孝经》《论语》为旁经,都须兼修。

在教学方面,教师的讲授和学生的自学并重,特别是教师少、学生多,讲授不可能多,这就更加需要注重学生自学。国子学、太学、四门学每月"释菜"礼(以芹藻之属礼祀孔子),礼成,开讲座,这时学生可以质疑问难。惟后来学生有"初虽论难,终杂诙谐,出言不经,积习成弊"[1]。玄宗天宝元年(742年)曾下诏禁止,说"自今以后,除问难经典之外,不得辄请"[2]。

考试有旬考、岁考、毕业考。旬考考查十日内所习课程,旬假前一日举行,分背诵与讲解两类:背诵的,每千字试一帖,帖三字(帖经);讲解的,每两千字内,问大义一条,共问三条,通二为及格,不及格者有罚。岁考检验一年内所习课程,口问大义十条,通八为上等,通六为中等,通五为下等,下等不及格,须重习。毕业考则于应修学程期满时举行,由博士命题,祭酒监考。参加考试的,至少要通二经(俊士须通三经),考试合格,予以毕业,可参加礼部的省试。如自愿留继续学习的,四门生补入太学,太学生补入国子学。这种升格并非提高其学业程度,而是表

---

① 孙培青.隋唐五代教育论著选[M].北京:人民教育出版社,1993:253.

② 孙培青.隋唐五代教育论著选[M].北京:人民教育出版社,1993:253.

示其地位提高而已。

六学皆有假期,每十日有"旬假"一天,五月有"田假",九月有"授衣假",准学生回籍省亲,路程超过200里的,加给路程假。

六学还有关于退学的规定:岁考3次不及格的,律学学习6年、其余学习9年不能卒业的,操行过劣不堪造就的,假期回籍逾假满三十日、事故满百日、亲病满二百日的,皆令退学。

二馆是特殊的贵族学校,其教学、考试和国子监相同,但二馆学生毕业取得明经、进士的资格,而其考试要求,只"试取粗通文义"。开元二十六年(738年),唐玄宗认为两馆学生"多有不专经业,便与及第,深谓不然"。命令"自今以后,一依令式考试"①。

除上述六学二馆以及医学、崇玄学以外,有些中央机关还设有专人负责培养本机关所需要的人才,如司天台设有天文博士2人,教授天文生50人,天文观生90人;历博士1人,教授历生55人。太仆寺诊有兽医博士4人,教授兽医生百人。太卜署设有卜筮博士、助教各2人,教授卜筮生45人。这些场所,虽无学校之名,实际上具有专业技术教育的性质。

唐代教育制度的完备、学校发展的程度超越前代。当时邻近各国仰慕中国文化,曾多次派遣学生来我国留学。史载唐时高丽、百济、新罗、高昌、吐蕃相继派学生来我国入学。日本学生留学中国,较他国更早,始于隋代,而以唐代为最盛。据史书所载,日本向中国派遣唐使的次数不下13次,每次都有不少留学生随使船同来中国。单以日本元正天皇时代而言(时当唐开元三年至天宝七年,即715—748年),30多年间,日本来唐留学生就有550余人。

第二节　隋唐时期的科举制度

一、隋代创立科举制度

汉代察举制度,其弊甚多,已如前述。曹魏代汉,黄初元年(220年)实行"九品中正法"的选士方法。这个方法就是州设大中正、郡设小中正,"各取本处人在

---

① 田兆阳.中国古代行政史略[M].2版.北京:新世界出版社,1994:190.

诸府公卿及台省郎吏有德充才盛者,为之区别"①。他们的职责是区别地方人物,定为九等,按他们的言行道义予以进退。小中正评定的人才送大中正,大中正核实后送司徒,司徒核后付尚书选用。这种制度是把选拔人才的大权,从人地生疏的州郡守宰手里,转移到熟悉地方情形的作为中正官的本地人手里。本意是在革除汉代察举之弊,使选人得当,和平中正。但实际上,流弊更大,因为中正官都是由世家大族的大地主、大官僚充当,评定人物的大权操在他们手中,这就使大族世家得以控制上进的阶梯,而寒门士庶虽有高才,也难以上升。在这种制度下,选人的唯一标准是门第。所谓论人才优劣,或按言行道义进退,都是谎言。"据上品者,非公侯之子孙,则当涂之昆弟也。"②所谓"上品无寒门,下品无世族"③,就说的是当时的情况。这种选士方法,自魏晋经南北朝相沿达三四百年之久。

鉴于"九品中正法"之弊,又由于学校育人之难,隋炀帝大业二年(606年)设置进士科,令上郡岁选3人,中郡2人,下郡1人,有才能者不拘限额。先由郡考试,择优选送,然后由中央考试,录取与否,决定于考试成绩。这就是科举制度的开始。这既不同于汉代的察举制度,又不同于以门第取人的"九品中正法"。科举制度的特点,就是专用考试的方法来挑选人才,而不由地方察举。这是中国古代选士制度的一大改变,就当时来说,是进步。但科举制度束缚人的思想,且以学校为附庸,阻碍学术和教育事业的发展。自隋唐以后,历代沿袭采用科举制度,至清代光绪三十一年(1905年)明令自次年丙午科为始,所有乡会试一律停止,科举制度历时1000余年。

二、唐代的科举制度

科举制度是隋代留给唐代的又一个张本。唐代把科举取士制度化,并使之充实、完备起来。

唐代科举的科目很多,主要有六类:秀才、明经、进士、明法、明书、明算。秀才科注重博识高才,要求最高,取人最难。贞观年间有"举而不第者坐其州长"的规定,地方不敢贡举,后来此科就停止了。明法、明书、明算三科主要是为律学、书学、算学而设,考试所习专业的内容。读书人所趋向的是明经、进士两科。考试方

① 陈直.文史考古论丛[M].天津:天津古籍出版社,1998:221.
② 詹子庆.中国古代史参考资料[M].北京:高等教育出版社,1987:90.
③ 林成西,许蓉生.语典[M].成都:四川人民出版社,2001:403.

法有口试(口义)、墨义、帖经、诗赋、策问五种。明经注重经义,考试以帖经为主。进士注重诗赋,考试以诗赋为主。考明经只要熟读经书注疏,而诗赋则要有些文才。故进士一科特受重视,竞争的人多。考进士,每百人取一二人,而明经则每十人可取一二人。当时就有"三十老明经,五十少进士"的谚语。所以,"缙绅虽位极人臣,不由进士者终不为美"①,读书人一旦进士及第,就感到非常荣耀。白居易中进士,题诗云:"慈恩塔下题名处,十七人中最少年",可见其得意之情。科举制度对于封建统治者控制知识分子,是很有效的。唐太宗私幸端门,见新进士累贯而出,高兴地说:"天下英雄,尽入吾彀中矣!"②

　　唐初省试由吏部考功员外郎主持,后以郎官权轻,玄宗开元二十四年(736年)改由礼部侍郎主持。参加省试的有两种人:一是学校生徒,一是乡贡。中央各学生徒,通过毕业考试,由国子监祭酒选送礼部参加省试。地方学校的生徒,由长史考试选送礼部参加省试。至于乡贡,不限于学校的生徒,凡地方读书的士子都可应试。先由县令考选合格者送州,经州刺史复核贡送礼部参加省试。省试时,乡贡和生徒同时举行。录取后,分别等第给以及第、出身的资格。省试录取不能授官,必须再参加吏部的考试。吏部考试录取的标准有四:身——体貌丰伟,言——言词辨正,书——书法遒美,判——文理优长。吏部考试合格,擢用授官,不合格的下次再试。

　　① 杜文澜.古文谣[M].周绍良,校点.北京:人民教育出版社。1958:690.
　　② 高奇.中国高等教育思想史[M].北京:人民教育出版社,1992:87

第四章 宋代的高等教育

唐亡，进入五代十国时期。这个时期很短，前后只有50余年（907—960年），当政的先后有后梁、后唐、后晋、后汉、后周五代，同时并立割据的还有吴越、南汉、南唐等十国。50余年中，连年战争，民不聊生，根本谈不上教育事业，可以说是中国教育史上学校教育最衰败的时期。

960年，赵匡胤推翻后周，建立宋朝，结束了五代十国割据、分裂、混战的局面，重建了统一的封建国家。宋朝有北宋、南宋两段：北宋自太祖建隆元年（960年）始，至钦宗靖康元年（1126年）金军陷汴京，计167年；南宋自高宗建炎元年（1127年），至帝昺祥兴二年（1279年）元军攻陷临安，南宋亡，计153年。两宋合计320年。

第一节 宋代的高等学校

宋代高等学校大体沿袭唐代制度，但有革新。如宋代在国子监管理之下，设有国子学和太学，这和唐代是相同的（宋无四门学）。但唐代国子学入学资格限三品以上官员的子孙，太学限五品以上官员的子孙，而宋代国子学收七品以上官员的子弟，太学收八品以下官员的子弟和"庶人之俊秀者"。在学生身份品级方面的限制显然是放宽了。

在专科学校方面，宋代除设有书学、算学、律学、医学这些和唐代相同的专科学校以外，还设有画学和武学。东汉鸿都门学虽已开画学之端，但鸿都门学并不是专门的画学。至于武学，则更是宋代的创举。

一、国子学

宋开国初年，并不重视学校，虽在后周国子监旧址建立国子学，收七品以上官员的子弟,但最初学生很少,太祖建隆三年(962年)始会生徒讲说,到开宝八年(975年),国子生尚只有70人,而且"系籍者或久不至"①后定额为200人,但往往不易足额。国子学在国子监祭酒、司业之下,设宣讲8人,分经讲授。但国子学教学松弛,徒具虚名。仁宗庆历年间(1041—1048年),国子学"但为游寓之所,殊无肄习之法,居常听讲者,一二十人耳"②。

二、太学

宋代太学比较发达。它相比国子学设置较晚,创建于仁宗庆历四年(1044年),离太祖开国已80余年。太学收八品以下官员的子弟和"庶人之俊秀者"。初时学生仅百人,神宗熙宁四年(1071年)增至1000人,元丰二年(1079年)增至2400人,徽宗崇宁元年(1102年)更增至3800人。南渡以后,重建国子学和太学。高宗绍兴十三年(1143年)有太学生700人,绍兴十六年(1146年)增至1000人。

太学设博士10人,掌分经讲授,考校程文,以德行道艺训导学生,是教授而兼训育。学正5人,掌执行学规,对犯规者执行惩罚,是专管训育的学官。学录10人,协助学正执行学规。学谕20人,掌以博士所授经传谕学生,相当于后来的助教。直学4人,掌学生簿籍。学正、学录、学谕,选上舍生之优异者充之。

太学的课程,历朝屡有变更。初时以五经书教材,诸生各习一经,每一经由博士二人讲授。神宗熙宁以后,根据王安石的建议,以王安石所著《三经新义》为教材,以求统一思想。徽宗政和年间,蔡京为相,把黄老之学列为教材。及至南宋,取消《三经新义》,仍以五经为主要教材,并把四书(《大学》《中庸》《论语》《孟子》)列入课程之内,兼习诗词赋策。

神宗熙宁四年(1071年),宋神宗采纳王安石建议,太学实行三舍法,即把太学分为上舍、内舍、外舍三部分。太学生在学有月考、岁考,凭考试成绩以次升舍。初进太学的新生入外舍。外舍生每年升级一次,即年终岁考成绩列一、二等的,并参以平日行艺,升内舍。内舍生每两年升级一次,当修满两年时考试成绩列优平二等,参以平日行艺,升上舍。上舍生修业满两年举行毕业考试。这种考试由朝廷派员主考,太学学官不得参与,考试用糊名誊录的方式,严防舞弊。考试成绩参以平日行艺,分三等评定:行艺二者具优为上等,授以官职;一优一平为中等,免除

① 杨学为,朱仇美,张海鹏.中国考试制度史资料选编[M].合肥:黄山书社,1992:214.
② 顾树森.中国历代教育制度[M].南京:江苏教育出版社,1981:137.

省试;具平或一优一否为下等,免除秋试。三合法行,对学行优异者直接授官,其次者或免省试,或免秋试,这就把养士和取士的职能归于学校,在一定程度上打破了科举制度的约束,这在当时的确是一种革新。

三、六种专科学校

(一)武学

武学是前代所未有的军事专科学校,仁宗庆历三年(1043年)创立,旋罢废。神宗熙宁五年(1072年)重建,属国子监,选明悉军事的文武官员为教授。学生名额为100人,招收小臣、门荫子弟及庶民经试"人材弓马"合格者入学。学科内容为诸家兵法、历代用兵成败及前世忠义事实,并量给兵伍肄习阵队。元丰年间,曾以《武经七书》颁发武举。修业年限3年,考试合格,授以官职,不及格者留学1年再试。

(二)律学

律学于神宗熙宁六年(1073年)设立,属国子监,置教授4人,专任教课。学生分为两种:一是命官,一是举人。初入学听讲,经过一段时间,进行考试,合格者始为正式生。分断案和律命两科。凡朝廷有新颁法令,刑部即送学,令学生学习。学生出路不详。

(三)医学

宋代医学设立较早,惟中经变更甚多。初隶太常寺,神宗时改隶提举判局,徽宗时先隶国子监,后改归太医局。医学分三科,方脉科、针科、疡科,设博士、正录等学官,分掌教学、管理事宜。学生名额前后不一,一般为300人。毕业考试合格,高等的派为尚药局医师以下职务,其余为本学博士、正录,或外州医学教授。

(四)算学

徽宗崇宁三年(1104年)设立算学,隶属于太史局。学生定额为210人,命官和庶民均可入学。学生除学习《九章算术》《周髀算经》等数学著作外,兼习一小经,愿兼大经者听。也用三舍法,与太学同。上舍三等推恩授以官职。

（五）书学

书学与算学同年设立，属翰林院书艺局。习篆、隶、草三体，读《说文》《尔雅》《方言》《字说》等，兼习《论语》《孟子》，愿习大经者听。用三舍法与算学同，惟推恩授官降一等。

（六）画学

画学亦与算学同年设立，原属国子监，后改为隶属于翰林院图画局。绘画科目分佛道、人物、山水、鸟兽、花竹、屋木六种，读《说文》《尔雅》《方言》《释名》。学生分士流、杂流。士流兼习一大经，一小经，杂流诵小经或读律。考核画的标准，以不依仿前人而形色自然、笔韵高简为工。也用三舍法，上舍三等推恩授官，惟杂流授官低于士流。

第二节　宋代的科举

宋代的科举，大抵沿袭唐代制度。宋初科目有进士、明经、明法、九经、五经、三礼、三传、三史、开元礼等，以进士、明经举行较多。神宗熙宁年间，王安石变法，尽废他科，只留进士一科。

宋初，科举每年举行一次，仁宗时改为两年一次。英宗治平四年（1067年）诏礼部三岁一贡举。神宗继位（1068年）遵遗命执行，以后成为定制。

参加科举考试的，一是学选：太学上舍毕业生，中等的免除省试，直接参加殿试。下场的免除秋试，直接参加省试。地方学校也行三舍法，优异的由县学升州学，州学升太学，由太学参加学选。二是常贡（唐之乡贡）：应举之人先由县考试官考察行艺，保送于州，州复核再送于路考试官（如被保之人有缺行恶德，州县长官应受处分），参加路的考试，谓之"秋试"。秋试合格，由路贡送于礼部，称为"贡士"，或称"举人"。贡士冬季集中于礼部，第二年春季参加礼部考试，谓之"省试"。本来省试合格即成为进士，但在太祖开宝六年（973年）放榜后，下第举人打鼓论榜，讼说考试不公，太祖复试于讲武殿，考试诗赋亲自阅卷。从此，省试之后，都要举行"殿试"。殿试发榜，遂成进士。太宗太平兴国八年（983年），殿试进士以三甲发榜，以后成为定制：一甲赐进士及第，二甲赐进士出身，三甲赐同进士出身。

省试第一名称为"省元",殿试第一名称为"状元",状元之名始于宋。

宋初科举考试,诸科均以帖经、墨义为主,进士科于帖经、墨义外,还要考试诗赋、论策。神宗熙宁四年(1071年),王安石为相,注重以经义取士,进士科取消诗赋、帖经、墨义,只考经义、论策。哲宗元祐元年(1086年),旧党秉政,进士科于经义之外,恢复诗赋考试。元祐四年(1089年)分诗赋、经义为两科以试士。但不久,到哲宗绍圣元年(1094年),新党又起,再罢诗赋而专用经义,直至北宋之亡。南宋以后,改用经义、诗赋兼试。

宋代科举不同于唐代的地方:第一,宋代名额增多。唐代科举每年及第人数经常只有一二十人,从未超过五十人。宋初也是只取一二十人。太祖开宝六年(973年),主考官原取11人,太祖复试于讲武殿,竟取96人。太宗太平兴国二年(977年),取进士190人,诸科207人,十举以上至十五举184人,共取581人。真宗咸平三年(1000年),取进士409人,连同诸科,进士五举、诸科八举及年逾50者,共取1800余人。由此可见宋代科举取士之盛。第二,宋代考试从严。为防止舞弊,宋代科举考试采用糊名誊录法。唐初吏部试选士,皆用糊名,以防考官作弊。武则天以为对考官应信任,糊名非委任之方,遂废糊名之制。终唐之世,科举考试不糊名。至宋始改用糊名誊录法。为了使科举考试更加严格,宋代增加殿试,皇帝派考试官复试于殿廷,有时皇帝亲试举人,甚至亲自阅卷。第三,宋代优待及第者。宋代考取进士取授官,不须再经吏部试。朝廷重视科举,科举出身的人,多取得较高的政治地位。《容斋随笔》云:"本朝自太平兴国以来,以科举罗天下士,士之策名前列者或不十年而至公辅。　仁宗一朝,十有三榜,数其上之三人,凡三十有九,其不至于公卿者五人而已……"①

第三节　宋代的书院

书院之名,始于唐代。宋代的书院是在官办高等学校之外的一种特殊的高等教育组织形式,它是由我国传统的私人讲学形式发展而来的。玄宗开元年间曾设丽正书院、集贤书院,是皇家藏书、修书之所,类似今日的图书馆,并非教学场所。五代时期,战乱频仍,学校荒废,私人讲学盛行。但私人讲学之所多称学馆,南唐

---

① 李才栋,谭佛佑,张如珍,等.中国教育管理制度史[M].南昌:江西教育出版社,1996:251.

时期经朱弼在庐山白鹿洞讲学,有学生数百人,称庐山国学。五代时期,私人讲学之所,没有称书院的,书院之称起始于宋。

宋初有六大书院:石鼓书院、白鹿洞书院、嵩阳书院、岳麓书院、应天府书院、茅山书院。

石鼓书院因设在湖南衡阳石鼓山而得名。唐刺史齐映建合江亭于山之右,宪宗元和年间,州人李宽建屋读书其中。宋太宗至道年间,郡人李士真援李宽读书,请于郡守,于故址创建书院。

白鹿洞书院在庐山五老峰下,为唐贞元年间李渤隐居的故址。李渤尝养白鹿自随,并就其地建筑台舍,遂名白鹿洞。五代南唐李弼讲学于此,称庐山国学。宋太宗太平兴国二年(977年),知州周述奏陈白鹿洞学徒常数千人,请赐九经肄习,诏从其请。

嵩阳书院在河南登封太室山下,五代后周时始建。宋太宗至道三年(997年),赐名太室书院,颁书赐额。仁宗景佑二年(1035年)更名为嵩阳书院。

岳麓书院在湖南长沙岳麓山。太祖开宝九年(976年),由潭州守朱洞创建,有讲堂5间,斋舍52间,以待四方学者。真宗咸平二年(999年),李允则为潭州太守,重修宇舍,扩大规模,并请国子监颁赐经书。

应天府书院在河南商丘,原为宋名儒戚同文旧居,商丘宋名南京,为应天府治,故名。真宗大中祥符二年(1009年),应天府民曹诚就戚氏旧居建屋一百五十间,聚书数千卷,广招生徒,从事讲习。府奏真事,诏赐额曰"应天府书院"。

茅山书院在江苏江宁三茅山,宋处士侯遗所建。侯在此教授生徒十余年。仁宗天圣二年(1024年),知江宁府王随奏请赐田充书院经费,诏从其请。侯氏殁,遂废弛。

书院的主持者有洞主、洞正、堂长、山主、山长等名称,称山长者较多。这些人多系当时的名师大儒。山长亲自主讲,还有助教、讲书协助讲授。教材以九经为主,旁及史书诗文。书院的教学,除由山长主讲外,有时由研究有得的学生代讲,有时让高业弟子对新来的学生进行传授,有时还请校外大儒到书院讲学。教师的讲稿,名之曰"讲义"(讲说经义之文),学生记录教师的讲话,名之曰"语录"。讲义多是教师阐发自己的主张、见解,语录则是教师对学生进行个别指导或解答问题的言辞。

书院的教学,不仅传授儒家的经学知识,而且重视讲明义理。注重把所讲明的义理,在身心修养上躬行实践,不尚空谈。这和一般官学之作为科举的准备不同。书院重在研究学术,对科举持反对态度。如朱熹在白鹿洞书院修复完成后,曾一再以勿事科举劝勉学生,希望他们专心求学,莫问外事,莫羡荣华。

书院一般都订有学规、学约,作为师生双方在"进德修业"方面共同遵守的准绳。朱熹的《白鹿洞书院教条》是学规、学约中最著名的。其内容如下:

"父子有亲,君臣有义,夫妇有别,长幼有序,朋友有信。"①右五教之目,尧舜使契为司徒,敬敷五教,即此是也。学者学此而已。其所以学之序,亦有五焉,具列于左:博学之,审问之,慎思之,明辨之,笃行之。右为学之序。学问思辨四者,所以穷理也。若夫笃行之事,则自修身以至于处事接物,亦各有其要,具列于左:

"言忠信,行笃敬,惩忿窒欲,迁善改过"②,右修身之要。

"正其宜不谋其利,明其道不计其功"③,右处事之要。

"己所不欲,勿施于人,行有不得,反求诸己",右接物之要。

朱熹的学生程端蒙、董铢所订"学则",对衣、食、住、行都有规定:"居处必恭;步立必正;视听必端;言语必谨;容貌必庄;衣冠必整;饮食必节;出入必省。读书必专一;写字必楷敬。几案必整齐;堂室必洁净。"④

从上述"教条""学则"中,可以看到当时书院对学生要求之严,在治学方面和为人方面,都要树立严谨的作风。

书院一般都有学田(有私人捐助,也有政府拨给的),有的还有政府的资助。对进书院求学的学生一般都供给膳食。

书院至宋初始盛,因为宋初诸帝只重科举,而不振兴学校。诚如朱熹在《重修石鼓书院记》中说的:"前代庠序之教不修,士病无地于学,往往择胜地立精舍,以为群居讲习之所。"⑤五代时如此,宋初亦然。自仁宗庆历兴学,神宗熙宁、元丰兴学,徽宗崇宁兴学,官学既盛,书院遂衰。王帏说:"书院至崇宁末乃尽废"⑥,南宋官学衰败,书院复盛。

书院的兴起与佛教禅林制度有关。佛教徒往往依山林名胜之区,建立丛林、

---

① 杜占明.中国古训辞典[M].北京:北京燕山出版社,1992:82.
② 李春秋.教育伦理学概论[M].北京:北京师范大学出版社,1993:33.
③ 李春秋.教育伦理学概论[M].北京:北京师范大学出版社,1993:33-34.
④ 顾明远.世界教育大事典[M].南京:江苏教育出版社,2000:150.
⑤ 顾明远.教育大辞典:第8卷(上)[M].上海:上海教育出版社,1991:296.
⑥ 郭齐象,王炳照.中国教育史研究:宋元分卷[M].上海:华东师范大学出版社,2000:326.

精舍、讲道修行,并订立清规戒约,共同遵守。这种禅林讲学制度,给读书人以影响,他们也"择胜地,立精舍,以为群居讲习之所"①。

　　书院之名始于宋初,与印板书的印行有关。所以称为书院者,当然是由"书"而来的。藏书院中,便于肄习,故称书院。印板书的发明虽起于唐,而官本九经的刻印,实始于后唐长兴三年(932年),至后周广顺三年(953年),历四代八主,首尾22年始成。书成后7年,宋王朝建立。白鹿洞、嵩阳之称书院,皆在赐书之后。故印板书行,宋初始有书院之名。

---

① 顾明远.教育大辞典:第8卷(上)[M].上海:上海教育出版社,1991:296.

第五章 元明清(鸦片战争前)时期的高等教育

元世祖忽必烈至元八年(1271年)定国号为元,建立了元朝。世祖至元十六年(1279年)灭南宋。顺帝二十八年(1368年)元灭亡。自统一中国至灭亡,首末仅90年。朱元璋于1368年灭元,建立明朝。自太祖洪武元年(1368年)至思宗崇祯十七年(1644年)灭亡,共计277年。清建国于1616年,至道光二十年(1840年)发生鸦片战争,计225年。(自1840年至1911年仍属清朝,清共计296年。)鸦片战争以后,我国社会性质发生了根本的变化,成为半封建半殖民地社会。

第一节 元明清(鸦片战争前)时期的高等学校

一、元代的高等学校

元代高等学校有国子学、蒙古国子学和回回国子学。

(一)国子学

这是对汉学而言,以区别于蒙古国子学和回回国子学。国子学创立于元世祖至元六年(1269年),世祖至元二十四年(1287年)设国子监,置祭酒、司业、监丞等官管辖国子学。国子学名额初为80人,后增至400人,另设陪堂生20人。汉人、蒙古人、色目人均可入学,但限于宿卫大臣子孙,卫士世家子弟和七品以上朝官子孙。平民之俊秀者,经三品以上朝官保举,得充陪堂生。

学官有博士、助教、正录等,博士、助教担任讲授,正录申明规矩,督习课业。所习教材,先为《孝经》《小学》,其次为《论语》《孟子》《大学》《中庸》,最后为《诗》《书》《礼记》《周礼》《春秋》《易》。

博士、助教讲课的次日,用抽签法令生员"复说"。诸生作业,有属对、诗章、经解、史评等,由博士出题,生员具稿,先呈助教,俟博士审阅评定,始录附课簿,以凭考核。

国子学分上、中、下六斋,东西相向。下两斋左曰游艺,右曰依仁,程度最低,"凡诵书讲说小学,属对者隶焉"①。中两斋左曰据德,右曰志道,程度中等,凡"讲说《四书》、课肄诗律者隶焉"②上两斋左曰时习,右曰日新,程度最高。"讲说《易》、《书》、《诗》、《春秋》科,习明经义等样程文者隶焉"③每斋人数不等。

国子学有两种考试:一是升斋,一是私试。

升斋考试每季季终举行,凡成绩列优等、又未违犯学规者,下斋生升中斋,中斋生升上斋。

私试:汉人升至上斋,蒙古人、色目人升至中斋,实坐斋满两年且未犯规者,可以参加私试。私试每月举行一次,试卷辞理俱优者为上等,得一分;理优辞平者为中等,得半分。满一年积分至八分以上者,升充高等生员,实坐斋三年以上,可充贡举,谓之贡生,以40名为额(蒙古人、色目人各10名,汉人20名)。有分同阙少者,以坐斋月日先后多少为定。贡生与举人有同等资格,可以参加会试。贡生之名自元始。私试的要求,对汉人为严,对蒙古人、色目人为宽。汉人孟月试经义一道,仲月试经义一道,季月试策问、表章、诏诰科一道。蒙古人、色目人孟仲月各试明经一道,季月试策问一道。

国子学的学规:①凡应私试积分生员有不事课业或违犯学规的,初犯罚一分,再犯罚二分,三犯除名。②已补高等生员,违犯学规,初犯停试一年,再犯除名。③在学生员,旷课半年以上,除名。④汉人生员,三年不通一经或不肯勤学的,除名。

(二)蒙古国子学

这是学习蒙古文的高等学校。蒙古国子学创立于元世祖至元八年(1271年),比国子学的建立晚两年。世祖至元十四年(1277年)设立蒙古国子监,置祭酒、司业、监丞等官爵管辖蒙古国子学。学额初无规定,至仁宗延祐二年(1315年)规定为150名,计蒙古生员70人,色目生员20人,汉人生员60人。入学资格,

① 宋濂.元史(全十五册):第一册[M].北京:中华书局,1976:2030.
② 黄仁贤.中国教育管理史[M].福州:福建人民出版社,2003:187.
③ 柳诒徵.中国文化史:下[M].上海:中国大百科全书出版社,1988:569.

限随朝蒙、汉百官及护卫军官员的俊秀子弟。庶民子弟之俊秀者得充陪堂生。学官有博士、助教、教授、学正、学录等。教材以蒙古文译写献《通鉴节要》为主,并兼习算学。学成考试,精通者量授官职。

(三)回回国子学

回回国子学创立于世祖至元二十六年(1289年),隶属于回回国子监。学生名额为50人,入学资格限公卿大夫及富民的子弟。以学习"亦斯替非"文字(波斯文)为主,专为诸官衙门培养翻译人才,其他学官、考试等不详。

二、明代的高等学校

明代的高等学校就是中央设立的国子监。朱元璋建都南京,初设国子学,后改称国子监。明成祖迁都北京,在北京设立京师国子监,把原来的国子监改称南京国子监。从此,国子监有南北二监之分。

国子监的学生称为监生。监生因入学的资格不同分为四类:举监、贡监、荫监、例监。前二类为常例,人数较多,后两类存特例,人数较少。举监就是会试下第的举人,由翰林院择其优者送国子监读书。此种人在监读书,可领取县教谕的俸给,下次会试仍可出监应试。贡监是府、州、县学选送入监学习的生员,有岁贡、选贡、恩贡、纳贡之分,岁贡是每年按定额选送的。洪武初年,规定府、州、县学每年各贡1名,明嘉靖以后,规定府学年举2人,州学每两年举荐3人,县学年举荐1人。选贡是在岁贡名额之外,另选年富力强、屡试优等的生员,3年或5年选贡1名入监。恩贡是国家有庆典,以当年岁贡者充之。纳贡是地方学校生员纳赀捐得的贡生。荫监是京官三品以上官员的子孙或勋戚子弟入监读书的生员,又名"官生"。例监是因国家有事(如边警、灾荒等),国用不足,富人捐赀,而特许其子弟入监的,故又称"民生"。

监生的名额,时多时少,因年代而异。明初最盛,太祖洪武二十六年(1393年)有监生8100余人,成祖永乐二十年(1422年)监生人数达9900余人。后来逐渐减少。孝宗弘治年间,"在监科贡止六百余人"[①],"及至嘉靖十年(1531年),监生在监者不及四百人"[②],"隆万以后,学校积驰,一切循故事而已"[①]。

---

① 熊贤君.中国教育管理史[M].武汉:华东师范大学出版社,1989:332.

② 张廷玉.明史(全六册):第二册[M].长沙:岳麓书社,1996:982.

国子监设祭酒、司业、博士、助教、学正、学录等官,教学科目以四书、五经为主,兼习刘向《说苑》及律、令、书、数、御制大诰。永乐年间,制定《四书五经大全》,作为主课的必读教材。此外,每日要习字,朔望要习射(朔、望为假日)。

全监学生分六堂三级,以正义、崇志、广业三堂为初级,以修道、诚心二堂为中级,以率性堂为高级。凡监生仅通四书、未通经的,编入初级;在初级肄业一年半以上,如文理条畅的升入中级;在中级肄业一年半以上,经史兼通、文理俱优的升入高级。升入高级以后的监生,采用积分制进行考核。每月考试,文理俱优,给一分;理优文劣,给半分;文理俱劣,不给分。年积分至八分以上为及格,与以出身,并授官职。不及格的,留监肄业。

明代国子监有一种"历事"制度,始于洪武五年(1372年)。其制为:"轮差于内外诸司,俾其习于政事,半年回学。昼则趋事于各司,夕则归宿于斋舍。……廪食学校,则俾其习经史;历事各司,则俾其习政法。"①所谓"历事"就是实习的意思,监生有半年时间到衙门去实习政法事务。又据《明会典》所载,国子监分拨监生到京城各衙门,历练事务三个月,进行考核,勤谨的送吏部附选,仍会历事,遇有官缺,依次取用;平常的,继续历练;才力不及的,送还国子监读书;奸懒的,发充下吏。本来历事制度在使监生练习吏事,用意正善;后来监生人数日多,正至北京崇文、宣武、朝阳、德胜各武门都派监生去历事,历事遂有名无实。英宗正统三年(1438年)废历事制,监生入监从原籍科举出身,于是益重科举,学校流于形式。

三、清代(鸦片战争前)的高等学校

清代也和明代一样,在京城设国子监,命名太学。学生称国子监生,亦称太学生。学生分为两类:贡生、监生。贡生是由地方学校贡举上来的,监生则是由国子监直接收录的。贡生分岁贡、恩贡、拨贡、优贡、例贡、副贡六种,岁贡、恩贡同明制,拨贡、优贡同明代的选贡,例贡同明代的纳贡,副贡是乡试取得副榜而被送入监的生员。监生主要是两种:一是荫监生,满汉文官京四品、外三品以上,武官二品以上,送一子入监,为荫监生;二是例监生,也称捐监,系捐赀取得监生资格的,为例监生。

国子监设祭酒、司业、总理监务。设监丞,负责纠举,如果学官怠于师训,监生有违反规矩或课业不精的行为,悉从纠举惩治。此外还设博士、助教、学正、学录

---

① 顾树森.中国历代教育制度[M].南京:江苏人民出版社,1981:180.

等负责教学。

国子监编制采明代六堂制(堂名亦同),但无明代的分级升堂制度。每一学堂设助教1人,学正1人,负责本堂的教学工作。

国子监生所习课程为四书、五经、《性理大全》、《通鉴》等。每月朔望,诸生到监随祭酒、司业行释奠礼,然后听六堂官讲四书、《性理大全》、《通鉴》,博士讲五经。听讲后,诸生读讲章、复讲、上书、复背。有未通晓者,即赴讲官处再行讲解,或赴两厢质问。每次须写楷书600字以上。此外,有月考、季考,月考由司业主持,季考由祭酒主持。月考虽亦采用积分制,但不过具文而已。

清代国子监生,不像元明时代学生须住监肄业,他们可以居外修学,朔、望和月考、季考到监。但在3年内,必须有一定的住监时间,少则6个月,多则16个月,按学生原来的资格高低决定时间的长短。以实际住监日数和居外修学日数,连闰月在内扣足3年为毕业期限。贡生满14个月,监生满20个月,如自愿就儒学教职及州县佐二者,由监移送吏部,分班考选。在监修满36个月以后,经毕业考试,取中前列的即时保荐录用;次等的册送吏部候补。如未修满36个月,而又不愿就教职或州县佐二者,遇到乡试之年可在顺天府应乡试。

除国子监这所大学以外,清代还设有算学馆、俄罗斯学馆,均隶属国子监。前者称国子监算学,学习天文算学,学生满洲12名,蒙古、汉军各6名,汉人12名,又钦天监肄天文生24名,共计60名。满洲、蒙古、汉军算学生,由八旗官学生中考选。汉人算学生,无论举人、贡生、生员、童生,由国子监会同算学馆考选。

俄国自17世纪末以来,每隔十年派遣学生数人来中国留学,学成回国。雍正六年(1728年)国子监下设立俄罗斯学馆。选派汉、满助教各1人,教授俄留学生学习汉、满语文及经史典籍。乾隆六年(1741年)又在理藩院(兼管外交事务)之下设立俄罗斯学堂,聘驻京俄人教授满汉贵族子弟学习俄文,国子监又于满汉助教中拣选2人专掌教事。

第二节　元明清(鸦片战争前)时期的科举制度

一、元代的科举制度

元代自仁宗皇庆二年(1313年)才确立科举制度,这时离忽必烈灭宋,统一中国,已30多年了。皇庆二年(1313年)制定办法,延祐二年(1315年)开始实行,当年开科取士。元代科举,只进士一科,其制度大抵沿袭宋代。每3年一次,分乡试(宋称秋试)、会试(宋称省试)、殿试。乡试之前,各州、县推举年在25岁以上,"乡党称其孝悌,朋友服其信义,经明行修之士"[①]咨送府路,当年八月,由中央政府派大员在行省举行考试,谓之乡行。全国录取300名(蒙古人、色目人、汉人、南人各75名),共送礼部。次年二月与国子监贡生一起参加礼部的考试,是为会试。会试录取100名(上述四种人各25名),再经殿试,以三甲定其等第,成为进士。发榜时,蒙古人、色目人为一榜,称右榜;汉人、南人为一榜,称左榜。元代进士皆授官。

元代科举考试内容,以四书、五经(各任选一经)为主,四书以朱熹《四书章句集注》为准。蒙古人、色目人不考五经,所以四书是元代科举考试的主要内容。

二、明代的科举制度

明代对科举非常重视。洪武三年(1370年),太祖在设科举的诏书中说:"使中外文臣皆由科举而进,非科举不得与官。"[②]而明代科举必由学校,学校便成为科举的附庸。

明代科举每三年开科一次。应科举必须具有府州、县学生员的资格。府州、县学生员有廪膳生员、增广生员和附学生员3种。当初,洪武年间初设学时,规定生员名额:府学40名,州学30名,县学20名,俱给廪食。宣德年间于原额外定增广名额,各如原数。初设名额是有廪食的,称为廪膳生员(简称廪生)。后来增广的,称为增广生员(简称增生)。之后读书人愈来愈多,又于额外增收,附于诸生之末,无定额,称为附学生员(简称附生)。未入学的士子称为童生,童生一般是不能参加科举考试的。童生要取得应科举的资格,必须向所在州、县请试,州、县考试合格,再经督学院(省设提督学校官,亦称督学)考试,院考合格,始谓"入泮",成为府、州、县学的附学生员。府、州、县学生员,除月考由本学官主持外,其他考试由督学官负责。督学官任期3年,3年内轮流到各府、州、县对诸生进行两次考试。一为岁考,成绩分六等,一等前列者,视廪膳生有缺,依次充补,其次补增广生。一、二等给赏,三等如常,四等挞责,五等则廪、增递降一等,附生降为青衣,六等黜革。二为科考,取岁考到一、二等的进行考试,考试成绩亦分六等(一般只分前三

① 李治安.行省制度研究[M].天津:南开大学出版社,2000:111.

② 门岿.二十六史精粹今译续编[M].北京:人民日报出版社,1992:1252.

等),考列一、二等的都可应乡试。

明代进士科的考试,也和元代一样,有三个步骤。一是乡试,在省域举行,各府、州、县学生员经科考列一、二等,取得应乡试的资格参加考试,间或准许一二"异敏"童生随诸生一起入场,谓之"充场儒士"。乡试考取的,称为举人。各省举人名额有规定,少者二十人,多者八九十人。二是会试,在礼部举行,本届和历届中试的举人,国子监的举监生,均可参加考试。三是殿试、会试录取的,由皇帝派大员复试于殿庭,取中的,名曰进士。殿试发榜分一、二、三甲以为名第之次,一甲3人,称状元、榜眼、探花,赐进士及第;二甲若干人,赐进士出身;三甲若干人,赐同进士出身。一甲3人的称呼是国家规定的,人们也把乡试第一称为解元,会试第一称为会元,殿试二甲第一称为传胪。考取进士,均授官职。

明代会试所取名额,初无一定,最少时有32人,最多时有400余人。宪宗成化十一年(1475年)以后,以取300人为常例。

考试内容主要是四书五经。永乐年间颁布《四书五经大全》,成为科举考试的唯一教本。特别要提到的是,"八股"文体在明代产生。明代科举考试,用的就是这种文体。所谓八股(简称八比),就是一篇文章大概分为六段:第一段为破题、承题,开首两句或三四句破说题意,大抵以对句为多;接着用四五句承上接下,叫承题。第二段为起讲,此是正文初入讲处,用数句领起提比之意。第二段为提比,简曰起比,用首二比,将正文扩展出去,第四段为中比,与首二比大同小异而不重复,但应将正文着实发挥。第五段为后比,凡中比未尽之意,此处可以畅发。如中比分说的,此处可以合谈。中比长则后比短,中比短则后比长。第六段为束比。前六比意存未尽,再以两比收束,以总会全文,作为结束。以上说的提比、中比、后比、束比,每比两股合为八股。八股文严于格式,束缚人的思想。明末顾炎武就说过:"文章无定格。立一格而后为文,其文不足言矣。"[1]科举以八股取士,学校就以八股教人。学生置经史不读,所读的只是房稿闱墨。顾炎武哀叹:"八股盛而六经微,十八房兴而廿一史废"[2],"八股之害,等于焚书。而败坏人才,有甚于咸阳之郊"[3]。然而八股之害,不但在明,而且统治了清朝的科场和学校。

---

① 胡维革.中国传统文化萃要:第二册[M].长春:吉林人民出版社,2005:401.

② 阮葵生.茶余客话(全二册):上册[M].上海:中华书局,1959:469.

③ 顾明远.教育大辞典:第8卷(上)[M].上海:上海教育出版社,1991:186.

三、清代的科举制度

清代科举,基本上沿袭明代的制度而很少变革。其显著不同之处是:①清代称童生考取入泮为秀才,明代无此称。②明代乡试,准许一二"异敏"的童生作为"充场儒士"参加,清代非儒学生员不能应试。③清代在乡试举行前一月,省城有"录遗"考试,凡科考未录取或未参加科考的府、州、县学生员,均可参加考试,录取的可参加乡试。④明代殿试取中进士,即可授官。清代在取中进士后,还要参加朝考,朝考合格,然后授官。实际上是恢复了唐代进士须试吏部然后授官的制度。

第三节　元明清(鸦片战争前)时期的书院

一、元代的书院

元代的书院相当发达。一方面是因为元初统一江南后,南宋儒者很多入元不仕,退而建立书院,自行讲学。知歙县的友陶书院,就是汪维岳入元不仕以陶渊明自比而建立的。婺源的湖山书院,是胡一桂入元不仕退而讲学的。所以,元初私家讲学的书院相当发达。

元代书院发达的另一原因,是元朝政府的提倡。元世祖忽必烈入据中原,世祖中统二年(1261年)下令:所有官员对于境内书院"毋得侵扰亵渎,违者加罪"。统一江南后,世祖至元二十八年(1291年)下令:"有凡先儒过化之地,名贤经行之所,与好事之家,出钱粟赡学者,并立为书院。"①于是各地公私设立的书院,日益增多。

元代提倡书院就是为了利用书院、控制书院,使之为元政府服务。元政府把书院和官办的府、州、县学同等看待,把书院的山长纳入学官的行列,山长由政府任命。"凡师儒之命于朝廷者,曰教授,路、府、上中州置之。命于礼部及行省及宣慰司者曰学正、山长、学录、学谕、路、州、县及书院置之。"②山长一般以会试下第举人充之,政府给以俸禄。对于书院生徒,也和府、州、县学生员一样,由地方守令举荐,台宪考核,可以用为学官,或取为吏属。至于应乡试,只要符合条件,地方推举

① 顾树森.中国历代教育制度[M].南京:江苏教育出版社,1981:165.
② 顾明远.教育大辞典:第8卷(上)[M].上海:上海教育出版社,1991:90.

后,均可参加。

元代书院的教学内容,以程朱理学为主,和官学相同。

二、明代的书院

明自洪武立国以至成化初年,将近100年间,书院都是很沉寂的。其原因是明初诸帝锐意提倡科举和学校,无暇注意书院。成化以后,书院才渐渐兴起,至嘉靖而极盛。嘉靖年间,由于王守仁、湛若水两位儒学大师提倡讲学,到处设立书院,广收门徒,因而书院兴盛起来。单以安徽而论,在世宗嘉靖45年间所建立的书院,可考的就有39所之多。但在熹宗天启年间,4次毁废书院,因为书院讲学,往往议论朝政,为当权者所忌。特别是第4次毁废书院,使书院所受到的打击、摧残,达于极点。天启年间,宦官魏忠贤当权,国事日益腐败,士大夫于书院讲学之余,往往讽议朝政。顾宪成、高攀龙均为万历进士,先后以直言得罪权贵被贬削,回到无锡故里建东林书院,相约讲学于此,声望很高。他们在讲学之余,兼及时政,被忌恨他们的人说成是东林党。天启五年(1625年),魏忠贤惩治东林党,颁东林党人榜,凡天下之异己者,都指为东林党,逮捕数千人,并下令尽毁天下书院。从此,伴随着明王朝的灭亡,书院随之衰落。

三、清代的书院

清代初年,朝廷对书院不但不加提倡,反而采取怀疑态度加以抑制。这是因为清初统治者害怕书院讲学宣扬民族意识。直到雍正十一年(1733年)始令各省于省会设立书院一所,各拨银千两为营建费。这是清政府提倡书院的开始。此时离顺治入关(1644年)已有90年之久。后经乾隆帝的提倡、奖励,书院日益发达,各省、道、府(州)县纷纷设立书院,清代书院实较宋、元、明各代更盛。以安徽而言,宋代300多年间,创立书院17所;元代100多年间,也是17所;明代200多年间,创立书院99所;清代至光绪二十八年(1902年)废书院,竟创立书院达103所。

雍乾以后书院之所以发达,清廷提倡是一个原因,府、州、县学的腐败则是更重要的原因。雍正元年(1723年)曾下诏,任命直省学臣转府、州、县学学官,"务立课程,令其时至学宫,面加考试"①,对于"亲老家贫,势不能在学肄业者,亦必分

① 谢青,汤德用,房列曙,等.中国考试制度史[M].合肥:黄山书社,1995:438.

题考校,每月定期"①。这就明白承认,地方学校生员不必一定在学肄业。从此,学官在学不必教书,生员仅在混取资格,廪膳生按时支领膏火,月课、季考也不必亲到,至多不过领取题目,回家作文按时交卷而已。大多数则连月课、季考也无人过问了。府、州、学名存实亡,仅为春秋二季祭孔的习礼之地。而其教学的职能,则为书院所取代。这样,书院也就失去了它原有的自由讲学、钻研学问的精神了。

　　清代书院,就教学内容来说,大致可分三类:一是讲求理学的书院,二是以研究经史辞章为主的书院,三是以考课时文(八股)为主的书院。清初以讲学者居多,雍乾以后,则以考课时文为主的书院较为普遍。所以,除少数书院讲求经学、古文词而不课时文以外,绝大多数书院都不过是科举的预备学校。

---

① 顾树森.中国历代教育制度[M].南京:江苏教育出版社,1981:205.

第六章　半封建半殖民地社会时期的
高等教育（上）

　　按中国教育史的分期，前面讲的是鸦片战争以前我国的高等教育，那是属于古代教育史部分，从鸦片战争到五四运动属于近代教育史，五四运动以后则为现代教育史。我这里是把从鸦片战争到全国解放以前作为半封建半殖民地社会时期，分上、下两讲来讲这一时期100多年间的高等教育。

　　中国之所以有现代高等教育、现代高等学校（即所谓新教育、新学校，以区别于以封建的传统的儒家经学为中心的旧教育、旧学校），是由19世纪后半叶中国社会历史决定的，道光二十年（1840年）的鸦片战争，帝国主义的炮舰打开了闭关自守的中国门户，使古老的中国封建社会开始发生根本性的变化——由传统的封建社会逐步沦为半封建半殖民地的社会。清廷腐败无能，鸦片战争败后，被迫订立了丧权辱国的《南京条约》。继有英法联军入侵天津、北京，签订了《北京条约》。光绪二十年（1894年），日本侵略中国，次年订立了《马关条约》。光绪二十六年（1900年），八国联军入侵北京，订立了《辛丑条约》。这些条约迫使中国割地、赔款，赋予帝国主义者以种种特权。面对帝国主义列强的不断侵略，清廷的洋务派、维新派以及民间的志士仁人，尽管目的不同，都纷纷要求向西方学习，兴办新学，这是一方面。另一方面，我国的民族资本主义经济在明代已有萌芽，到了这一时期，资本主义又有进一步的发展。因而从经济的发展来说，也迫切要求改革教育。但是，反对改革的顽固派在清廷中还有相当大的势力。由于他们的阻挠、破坏，自鸦片战争以后直至清朝灭亡的70多年间，现代高等教育的发展是极其缓慢的。

第一节　现代高等教育的萌芽

一、现代专科教育的萌芽

鸦片战争以后,锁国被打破,国际间的交涉需要外交和翻译人才。清廷面临着在战争中屡次被打败,帝国主义列强的军事逆犯需要新的军事人才。这两类人才在当时是最需要的。此外,需要某些实业人才。因此,就先后设立了这几类的所谓新式学校。这些学校应该看作我国现代专科教育的萌芽。

(一)外国语学校

在鸦片战争后20年。即咸丰十年(1860年),英法联军入侵北京,迫使清廷签订《北京条约》。次年,清廷设立总理各国事务衙门,成为正式的中央外交机关,这就需要培养外语人才。

最早设立的外国语学校是京师同文馆,它创立于同治元年(1862年),以培养翻译人才为主要目的。初设英文馆,后又相继设立法文馆、俄文馆(乾隆时设立的俄罗斯学堂并入)、德文馆、东文馆,同治五年(1866年)添设科学馆。学习科目除外语外,还包括天文、算学(包括代数、几何、三角、微积分)、地理、测算、格物、化学、金石、富国策、万国公法等。开始限举人以及恩、拔、副、岁、优贡生报考,后推广为凡翰林院庶吉士、编修、检讨以及五品以下进士出身的京外官员,年龄一般在30岁以内,都可以应考。修业年限为8年,第一、二年专门学习外语,第三年开始,除主要学习外语外,逐年增开一些科学科目。考试分月课、季考、年考3种。成绩优良者皆有奖赏,馆中总教习和教习均聘外国人充当。星期日为汉文功课,学生或作策论,或译照会,教师由华人充当。京师同文馆设提调综理馆务,满汉各1人。这是中国现代学校的先河。京师同文馆于光绪二十八年(1902年)并入京师大学堂,自成立到归并,整整存在40年。

继京师同文馆之后,同治二年(1863年),江苏巡抚李鸿章奏准在上海设立上海广方言馆,目的也是培养翻译人才,招收年龄在14岁以下的俊秀少年。同治三年(1864年),广州设立广州同文馆,以培养八旗子弟翻译人才为目的。开始只授英文,后又增设法文、俄文、东文三馆。上海广方言馆、广州同文馆的毕业生可以升入京师同文馆肄业。

光绪十九年(1893年),湖广总督张之洞在武昌设立湖北自强学堂。开始分设方言、算学、格致、商务四斋,后来算学斋并入两湖书院,格致斋和商务斋停办,只保留方言一斋,故又称方言学堂。该学堂分攻英、法、德、俄、日五国语,每门收学生30人,招收年龄在15岁至24岁已通中文的青年入学,修业年限5年,也以培养翻译人才为目的。

(二)军事学校

同治五年(1866年),福建总督左宗棠设立福建船政学堂(附设于福建船政局),训练水师(海军)人才。学堂分为两部:前堂和后堂。前堂是造船科,采用法文教授;后堂是驾驶科,用英文教授。课程除造船、驾驶专业技术课程和外国语以外,还有《孝经》《圣谕广训》和策论等,"以明义理而正趋向"[①]。这是中国海军学校的始祖。

继福建船政学堂之后,光绪七年(1881年),李鸿章在天津设立北洋水师学堂,分驾驶、管轮两科,均用英文教授。光绪十二年(1886年),设天津武备学堂,仿效德国陆军学校的办法,训练陆军人才。学生从各地营弁中挑选,以精健、聪颖、粗通文义者为合格。如有文员恶习武事者,也可录取。课程分学、术两科,学科研究西洋行军新法,术科则下营实地操练,教习由德国军官担任。学生学习一年后,发回各营量才录用。然后,再挑选第二批,陆续不已,类似今天的轮训办法。这是我国设立新式陆军学校之始。

光绪十三年(1887年),张之洞在广州创设广东水陆师学堂,训练海陆军人才。水师分驾驶、管轮二科,用英文教授;陆师分马、步、枪、炮及营造等科,用德文教授。光绪二十一年(1895年),设湖北武备学堂,聘德国军官任教习,挑选"文武举贡生员及文监生、文武候补候选员弁,以及官绅世家子弟,文理明通、身体强健者"[②]入学肄业。课程分学科和术科:学科谓之讲堂功课,包括军械学、算学、测绘、地图学、各国战史、营垒和桥道制造方法以及营阵攻守转运之要等;术科谓之操场功课,包括枪队、炮队、马队、营垒、工程队、行军炮台、行军铁路、行军电线、行军旱雷、试演测量、演习体操等。此外,光绪十六年(1890年)设立南京水师学堂,光绪

① 顾树森.中国历代教育制度[M].南京:江苏人民出版社,1981:231.
② 顾树森.中国历代教育制度[M].南京:江苏人民出版社,1981:232.

二十一年(1895年)设立南京陆军学堂,这些都是培养海陆军人才的军事专科学校。

(三)实业学校

同治四年(1865年),李鸿章在上海设立江南制造局,同治六年(1867年)于制造局内附设上海机器学堂,学习机器制造的原理和技术,以造就国内机械制造人才为目的,这是我国最早设立的工科专科学校。

继上海机器学堂之后,光绪五年(1879年)设立天津电报学堂,次年(1880年)又设立上海电报学堂,培养电讯人才。光绪十八年(1892年),在湖北矿务局内附设矿业学堂和工程学堂,培养矿冶技术人才。光绪十九年(1893年),李鸿章在天津创设西医学堂,培养军医人才,这是我国自设西医专科学校之始。

二、现代大学教育的发轫

甲午战败后,各地开办了一些新型的高等学校,其中最著名的是天津中西学堂、上海南洋公学、京师大学堂。这些学堂的设立是我国大学教育的发轫。

(一)天津中西学堂

天津中西学堂是天津海关道盛宣怀于光绪二十一年(1895年)奏准设立的,内分头等学堂和二等学堂,头等学堂相当于大学本科,二等学堂相当于大学预科,修业之年限各为四年。头等学堂第一年课程不分科别,从第二年起,各就性质所近,课以专门之学。专门学分5门:工程学、电学、矿务学、机器学、律例学(即法律学)。头等学堂设总办、总教习(总教习聘美国人丁家立担任)。教习除汉文功课外,亦多系外国人。此校为中国新式大学建设之始,1900年停办,光绪二十九年(1903年)恢复,改名为北洋大学堂。

(二)上海南洋公学

上海南洋公学也是盛宣怀于光绪二十二年(1896年)奏准在上海设立的,次年四月开学。内分四院:师范院、外院、中院、上院。"上中两院之教习,皆出于师范院"[①],师范院当时是高等学校性质,可以说是我国最早的师范学院。外院是"仿日

①璩鑫圭,童富勇.教育思想[M].上海:上海教育出版社,1997:122.

本师范学校有附属小学之法","会师范生分班教之",是给师范院学生轮流实习的附属小学。外院生分4班,满3年挑选升入中院。中院相当于天津中西学堂的二等学堂,即预科性质;上院就是头等学堂,相当于大学本科。中院、上院均4年毕业,中院毕业生升上院。"师范院诸生,挑充教习,至速以一年后为准"①,这是1898年盛宣怀奏折中的话,其时师范院已经开办1年。看来师范院无定期,至少修业2年。南洋公学设总理1人,总教习中国人和外国人各1人。

南洋公学最初开办的目的是培养政治家,其章程规定,"其在公学始终卒业者则以专学政治家之学为断"②。实际上,南洋公学毕业的学生绝大多数是学习机器制造、铁路、矿学等工业学科的,南洋公学是上海交通大学的前身。

(三)京师大学堂

光绪二十二年(1896年),刑部侍郎李端奏请设立京师大学堂,得旨报可,但由于顽固派大臣从中作梗,未能举办。光绪二十四年(1898年),御史王鹏运再次奏请开办京师大学堂。时值变法维新,光绪帝严令军机大臣和总理衙门迅速商议章程,积极筹办。军机大臣和总理衙门请由梁启超参考日本和西方学制代为拟定章程,规定大学堂办学方针为:"中学为体,西学为用,中西并用,观其会通。"③课程分普通学和专门学两类。章程还规定:各省学堂均归京师大学堂管辖。旋派吏部尚书、协办大学士孙家鼐为管学大臣,负责筹办。在管学大臣之下,设总办、副总办、总教习、副总教习。光绪二十四年(1898年)就设立了仕学院,招收进士、举人出身的京官入学肄业。同年底,又成立师范斋。"为他日分派各省学堂充当教习之用"④。"戊戌变法""百日维新"期间,其他新政都被推翻,独京师大学堂犹得保存。然经庚子之变,大学堂亦遭停办。光绪二十八年(1902年),大学堂重新开办,任命张百熙为管学大臣,重新拟定章程。先设预备科和速成科(仕学馆和师范馆),同年十月,正式招收速成科学生。仕学馆考生由各衙门推荐,招收已入仕途的官员(主要是进士出身),修业3年。师范馆考生由各省选送举贡监生,大省7名,中省5名,小省3名,为各省学堂培养师资,修业4年。光绪二十八年(1902年),京师同文馆并入京师大学堂,改为译学馆。光绪二十九年(1903年)添设进士馆,令新

① 璩鑫圭,童富勇.教育思想[M].上海:上海教育出版社,1997:122.
② 熊明安.中国高等教育史[M].重庆:重庆出版社,1983:310.
③ 陈学恂.中国近代教育大事记[M].上海:上海教育出版社,1981:91
④ 陈学恂.中国近代教育大事记[M].上海:上海教育出版社,1981:101.

进士皆入馆肄业(1904年仕学馆归并进士馆)。光绪二十四年(1898年)创办的京师大学堂,是我国第一所国立的新式的大学,是现在的北京大学的前身。

三、派遣留学生

鸦片战争以后,朝廷为了向西方学习,不仅在国内开办新式学校,而且派遣留学生出国学习,我国的第一个留学生是容闳。道光二十七年(1847年),他随马礼逊学堂的校长美国人布朗赴美留学,得耶鲁大学博士,回国后任江苏省候补同知。他建议选派聪颖幼童赴美留学,得到曾国藩、李鸿章的赞成,奏准清朝政府于同治十一年(1872年)派遣第一批留学生30人留学美国(其中有我国著名工程师詹天佑在内),这是我国选派学生留学国外的开始。这次留美学生名额规定为120名,分4年派遣,每年30人。选派的学生,年龄以12至16岁为标准,留学年限为15年(实际上有不到10年就回国的)。

派遣学生留学欧洲始于光绪元年(1875年),这年福建船政学堂派学生数人赴法国学习船政,次年又派学生18人赴法国学习造船,12人赴英国学习驾驶,期限均为3年。同年李鸿章又选派7人赴德国学习军事。

派遣学生留学日本始于光绪二十二年(1896年)。这一年,中国驻日公使经日本政府同意,从我国选派学生13人到日本留学。光绪二十四年(1898年),清廷应日本公使的要求,选派学生64人赴日留学(南洋、北洋、湖北各20名,浙江4名)。嗣后出国留学的日多,中央派、地方派,有些学堂也派,还有私人出国留学的。其中以留日的学生最多,光绪三十二年(1906年),留日学生达13000人。

这里我们要特别讲一下女留学生出国留学的情况。本来我国自办的各级学校是不收女生的。下面我们就要讲到的光绪二十九年(1903年)的《奏定学堂章程》(即癸卯学制),它就是把女子教育放在家庭教育之内的。章程上说:"中国男女之辨甚谨,少年女子断不宜令其结队入学,游行街市,且不宜多读西书,误学外国习俗,致开自行择配之渐,长蔑视父母夫婿之风。故女子只可于家庭教之。"[①]由于新思潮的侵袭,清廷不得不于光绪三十三年(1907年)制订《女子小学堂和女子师范学堂章程》(这是我国学制中有女子学校之始)。但在中学和大学方面,女子教育仍然没有地位。在长期无视女子教育的情况下,却不断出现女留学生出国留学的纪录。我国最早的女留学生,是光绪六年(1880年)跟随美国女传教士昊格

---

① 舒新城.中国近代教育史资料:中册[M].北京:人民教育出版社,1966:383.

巨赴美的江西康爱德、石美玉两人,她们到美后就读于密西根大学,她们也和容闳当年赴美留学的情况相似。光绪二十七年(1901年),日本下田歌子在东京设立招收中国留日女学生的实践学校,次年就招收一批中国女生入学。1904年起,陆续有学生毕业(秋瑾烈士就是该校毕业生)。光绪三十一年(1905年),湖南省派遣女学生20名赴日本实践学校速成师范科肄业,这是我国派遣官费女留学生之始。光绪三十四年(1908年),奉天、江西也派遣女生入东京实践学校肄业。光绪三十四年(1908年),在东京一地的中国女子留学生约100名。光绪三十三年(1907年),江苏行留学生考试,录取男生10人、女生2人赴美留学,这是官费女生留学之始。

第二节　清末新式学制下的高等教育

把旧式学校教育改变为新式学校教育,上节所述一些新式学校的设置,是变革的一些初步措施。然而那只是一些零星的不成体系的变革,而不是整个学校制度的建立。

我国有系统、有组织的现代学校教育制度,始于光绪二十八年(1902年)。这一年,管学大臣张百熙拟订了各种学堂章程,总名为《钦定学堂章程》。因为光绪二十八年(1902年)是壬寅年,所以在教育史上称之为壬寅学制。壬寅学制将整个教育从纵的方面分为三段七级:第一段为初等教育,分蒙学堂(四年)、寻常小学堂(三年)、高等小学堂(三年)三级;第二段为中等教育,只有中学堂(四年)一级;第三段为高等教育,分高等学堂或大学预备科(三年)、大学堂(三年)、大学院(年限不定)三级。儿童从6岁入蒙学堂到25岁大学毕业,共计20年。壬寅学制未及公布实行,又另定章程了。既未实行,实际上不过是纸上文章,因此我们就不详细介绍了。

一、癸卯学制下的高等教育制度

壬寅学制宣布等待公布实行后未久,因朝中满汉内争,光绪二十九年(1903年),清廷加派满人荣庆和张百熙两人为管学大臣,又命张之洞会同两位管学大臣重新厘定学堂章程。他们在原《钦定学堂章程》的基础上修订改正,经颁行为《奏定学堂章程》。光绪二十九年(1903年)为癸卯年,所以通常又称它为癸卯学制。

这个学制一直沿用到清朝灭亡为止。

　　癸卯学制把整个教育从纵的方面分为三段六级:第一段为初等教育,分初等小学堂(5年)、高等小学堂(4年)两级(初等小学堂之下有蒙养院,但系幼儿教育性质,不在学校系统之内);第二段为中等教育,只有中学堂(5年)一级;第三段为高等教育,分高等学堂或大学预备科(3年)、大学堂(3年或4年)、通儒院(5年)三级。儿童从7岁入初等小学堂,到26或27岁大学毕业,共计20或21年。横的方面,与高等小学堂平行的有初等实业学堂(3年)、实业补习普通学堂(3年)、艺徒学堂(半年至4年);与中学堂平行的有初级师范学堂(5年)、中等实业学堂(预科2年,本科3年);与高等学堂平行的有优级师范学堂(4年)、高等实业学堂(3年至5年)、实业教员讲习所(1年至3年)、译学馆(5年)、进士馆(3年)。下面我们专讲癸卯学制下的高等教育制度。

(一)高等学堂和大学预备科

　　高等学堂是培养学生升入大学堂的预备学堂,招收中学堂毕业者或具有同等学力者,修业3年。高等学堂是分科的,当时共分3类:第一类是准备升入大学经学科、文学科、政法科和商科的;第二类是准备升入大学格致科、工科和农科的;第三类是准备升入大学医科的。在课程方面,人伦道德、经学大义、中国文学、兵学、体操是三类共同必修科目。其他课程因类别而有所不同。三类对外语都非常重视,认为是"备将来进习专门学科之用,在各科中最为紧要"。课时也有很多类别,如:第一类一、二年级每周学习英语9小时,法语、德语任选一种,也是学习9小时,三年级每周学习两种外语各8小时。二类、三类也大致如此。

　　高等学校设监督、教务长、正教员、副教员等。正教员分教各种科学,副教员助正教员教授。

　　高等学堂以各省城设立一所为原则。由于初办学堂,尚无合格人才升入大学堂肄业,所以在京师大学堂内先设预备科,与各省高等学堂同一性质。

(二)大学堂

　　大学堂以"端正趋向,运就通才"为宗旨,以各项学术艺能之人才足供任用为成效。凡高等学堂、大学预备科毕业生均可升入肄业,但应升学人数超过应收名额的,则须进行考试,择优录取。

大学内分8科,称分科大学堂。8科分别是:经学科、政法科、文学科、医科、格致科、农科、工科、商科。科之下分门,经学科分11门:周易学门、尚书学门、毛诗学门、春秋左传学门、春秋三传学门、周礼学门、仪礼学门、礼论学门、论语学门、孟子学门、理学门。政法科分2门:政治学门、法律学门。文学科分9门:中国史学门、万国史学门、中外地理学门、中国文学门、英国文学门、法国文学门、俄国文学门、德国文学门、日本文学门。医科分两门:医学门、药学门。格致科分6门:算学门、星学门、物理学门、化学门、动植物学门、地质学门。农科分4门:农学门、林学门、农艺化学门、兽医学门。工科分9门:土木工学门、机器工学门、造船学门、造兵器学门、电气工学门、建筑学门、应用化学门、火药学门、采矿及冶金学门。商科分3门:银行及保险学门、贸易及贩运学门、关税学门。科相当于后来的学院,门相当于系。京师大学堂8科必须全设,外省大学堂至少设置3科。

大学堂课程有必修科和随意科(选修科)。每天上课时数,除实习、实验外至多不超过4个课时,强调"以自行研究为主"。

政法科、医科的医学门修业年限为4年,其余各科均3年毕业。毕业时应交毕业课艺和自著论说,工科还须呈交图稿。

大学堂设总监督,分科大学堂设监督每科1人,受总监督节制,掌本科之教务、庶务、斋务一切事宜。每科设教务提调1人,以曾充正教员之最有学望者充之。设正教员、副教员,正教员主持各分科所设的专门讲席,教授学艺,指导研究,副教员助正教员教授学生,指导实验。每科设庶务提调1人,以明学堂规矩之职官充之。设斋务提调1人,以曾充教员义有学望者充之。斋务提调下设监学官,掌考验本科学生行检及学生斋舍、功课勤情、出入起居一切事务。监学官必须以教员兼任,如此才能"与学生情意方能相洽,易受劝戒"[①]。

(三)通儒院

通儒院相当于现在的研究生院,设于京师大学堂内。分科大学堂毕业生或具有高等学力者,经申请核准,得升入肄业。学生研究何种学科,由分科大学堂监督管理,并由该分科大学堂的有关教员指导。学生入院,只在斋舍研究,随时向教员问业请教,并无讲堂功课。每年年终,须将研究情况及成绩呈报分科大学堂监督考核。规定5年毕业,能否毕业,以"能发明新理,著有成书,或能制造新器,足资

① 舒新城.中国近代教育史资料:中册[M].北京:人民教育出版社,1961:620.

利用"①为标准。

(四)优级师范学堂

优级师范学堂"以培养初级师范学堂、中学堂之教员、管理员为宗旨",招收初级师范学堂毕业生和中学堂毕业生,修业4年。第一年为公共科,学习人伦道德、群经源流、中国文学或东语、英语、辩学、算学、体操等功课,第二年至第四年为分类科,计分4类:第一类以中文、外文为主;第二类以历史、地理为主;第三类以数学、物理、化学为主;第四类以动植矿物、生理学为主。在四类中,人伦道德、经学大义、教育学、心理学、体操是共同必修的。教育学、心理学都是各开两年,心理学包括普通心理学和应用心理学,教育学包括教育理论、教育史、各科教授法、学校卫生、教育法令、教育实习等。两门课的学时约占总学时的15%,可见那个时候高等师范学校对教育学科是相当重视的。

优级师范学堂得设"加习科"(带研究性质的)。分类科毕业后,学堂监督可以挑选优秀生升入加习科,其课程有人伦道德、教育学、教育制度、教育政令和机关、美学、实验心理学、学校卫生、专科教育、儿童研究、教育演习等十种,加习科学生可就这些课程选习五门以上(不得少于五门),一年毕业,"毕业时须使呈出著述论说,以考验其研究所得如何"②。

优级师范学堂必须附设中学堂和小学堂,以供优级师范生从事教育实习。

优级师范学堂分类科毕业生有效力本省及全国教育工作的义务,义务年限为6年。如毕业生不尽此义务,要追缴其在学时国家所支付的全部费用。义务年限届满,师范生如愿入大学堂肄业者听之。

优级师范学堂设监督、教务长、教员、副教员、庶务长、斋务长、监学官等。教务长以教员中有名望、明教科理法者兼任。教员分教各种科学。副教员助教员教授。庶务长以通晓学务的官员充任,斋务长以深通管理法的人员充任,如用教员兼任尤善,监学官以教员兼任。

为培养初、中等实业学堂、实业补习普通学堂、艺徒学堂的教员,还设有实业教员讲习所。计分农业教员讲习所、工业教员讲习所和商业教员讲习所3种,招收中学堂、初级师范学堂毕业生。农业、商业教员讲习所均2年毕业。工业教员

---

① 教育大辞典编纂委员会.教育大辞典:第10卷[M].上海:上海教育出版社,1991:128.
② 璩鑫圭,唐良炎.学制演变[M].上海:上海教育出版社,1991:424.

讲习所又分完全科和简易科,完全科3年毕业,简易科1年毕业。农、工、商业教员讲习所都开设教育学、教授法课程(工业简易科只开教授法),并附设实业补习普通学堂,供讲习所学生实习。讲习所毕业生从事实业教育的义务年限也是6年。

(五)高等实业学堂

高等实业学堂分为高等农业学堂、高等工业学堂、高等商业学堂和高等商船学堂四种,均招收中学堂毕业生或具有同等学力者。

高等农业学堂以授高等农业学艺,使将来能经理公私农务产业,并可充各农业学堂之教员、管理员为宗旨,分预科、本科,本科分农学科、森林学科和兽医学科,如在垦殖地区,可设土木工学科。预科1年,本科除农学为4年外,余均3年毕业。

高等工业学堂以授高等工业之学理技术,使将来可经理公私工业事务各局厂工师,并可充各工业学堂之管理员、教员为宗旨,不设预科,分应用化学、染色、机织、建筑、窑业、机器、电器、电气化学、土木、矿业、造船、漆工、图稿绘画等13科,均3年毕业。

高等商业学堂以施高等商业教育,使通知本国外国之商事商情,及关于商业之学术、法律,将来可经理公私商务及会计,并可充各商业学堂之管理员、教员为宗旨,预科1年,本科(不再分科)3年毕业。

高等商船学堂以授高等航海机关之学术技艺,使可充高等管驾船舶之管理员,并可充各商船学堂之管理员、教员为宗旨,不设预科,分航海、机轮二科,前者5年半毕业,后者5年毕业。

各种高等实业学堂本科设科,各地学堂应因地制宜,不必求全。

优级师范学堂、高等实业学堂都属于专门学堂的性质。在专门学堂中,还有法政学堂。光绪三十一年(1905年)首创京师法政学堂,次年颁布法政学堂章程,规定预科2年,本科3年,本科分法律、政治、经济3门。同年,学部咨各省添设法政学堂,凡未设立的省,应立即设立;业经设立的,亦应酌量扩充。

(六)译学馆

光绪二十八年(1902年),京师同文馆并入京师大学堂,改为译学馆,译学馆培养翻译人才和外语教师,招收中学堂毕业生,修业5年。译学馆设英文、法文、俄文、德文、日文5科,各科除主要学习外语外,还有公共必修科目。公共必修科目分普通学和专门学两类。普通学科目为:人伦道德、中国文学、历史、地理、算学、博物、理化、图画、体操等9种,专门学科目为:交涉学、理财学、教育学3种。愿升入大学堂分科大学肄业的,可就政法学科、文学科、商学科3科听其自择。

(七)进士馆

进士馆是培训新进士的特殊教育机构,目的在使新进士了解中外大局,对于法律、外交、教育、财政以及农工商兵各项政事皆能知其大要。修业年限3年,3年内学习的科目有:史学、地理、教育、法学、理财、交涉、兵政、农政、工政、商政、格致等11种。另有随意科目:西文、东文、算学、体操4种,习否各听其便。

二、癸卯学制颁行后的高等教育概况

(一)中央教育行政机构的建立

我国过去历代中央无专设教育行政机构,国子监属于礼部,而礼部是掌管礼仪的机关,并不专管教育,对教育方面主要只是负责科举考试之事,清代原亦如此。光绪二十四年(1898年),京师大学堂成立,设管学大臣,一方面主持京师大学堂,一方面统辖全国各省学堂。对各省学堂,实际上是兼管。光绪二十九年(1903年),改管学大臣为学务大臣,统辖全国学务;京师大学堂则另派总监督负责主持,但毕竟还是属于临时性质,且不能为其他各部并列。光绪三十一年(1905年),取消学务大臣,成立学部,设尚书、侍郎等官。与其他六部同样组织,并位列礼部之前,统辖全国教育事业的正式教育行政机关于是产生。

(二)科举制度的废除

废除科举制度,经历了一个过程。光绪二十四年(1898年)戊戌变法期间,明合科举考试废除八股与诗赋、小楷,凡乡会试及生员岁科考一律改试策论,变法失败后又逐渐恢复,但庚子事变以后还是废除了,这是内容方面的改变。但"科举一日不停,士人皆有侥幸得第之心。以分其砥属实修之志。民间更相率观望,……学堂决无大兴之望"[①]。清廷迫于形势,终于在光绪三十一年(1905年)下令:"著

---

① 朱英.晚清经济政策与改革措施[M].武汉:华中师范大学出版社,1996:265.

自丙午科(1906年)为始,所有乡会试一律停止,各省岁科考试亦即停止"[①]。废除科举制度,在我国教育史上是一件大事,这标志着封建传统教育的结束,为新式学校教育的发展扫除了一大障碍。

(三)学堂毕业生奖给科举出身

各级学堂毕业生考试成绩在前三等者(分最优、优、中、下、最下五等)均奖给出身:大学堂毕业奖给进士,高等学堂和各种专门学堂毕业奖给举人,中学堂毕业奖给贡生,高等小学堂毕业奖给附生(秀才)。这说明所谓新教育仍然保留着科举制度的色彩。尽管科举制度于光绪三十一年(1905年)明令废止,而这种科举出身的奖励制度,则一直实行到清朝灭亡为止。

(四)高等教育的发展

在癸卯学制公布以前,光绪二十七年(1901年)曾通令各省将书院改为学堂,所有设在省城的书院一律改设大学堂,责令各省督抚学政"切实通筹,认真举办"。于是,各省开办大学,一时有风起云涌之势。山东设山东大学堂;山西设立晋省大学堂,旋将赔款所办的中西学堂合并,改为山西大学堂;陕西就味经、崇实两书院合并改为宏道大学堂;湖北就两湖书院改为两湖大学堂;湖南就求志书院改为湖南大学堂;安徽以求是学堂为安庆大学堂……,此皆光绪二十七、八年间(1901—1902年)的事。光绪二十九年(1903年)《奏定学堂章程》颁布后,除山西大学堂外,余均改为高等学堂。这样,直到清代末年,中央和地方开办的大学,只有京师大学堂、北洋大学堂、山西大学堂三所。1896年设立的南洋公学,光绪二十九年(1903年)改为高等实业学堂,改大学是民国以后的事。京师大学堂虽创设于光绪二十四年(1898年),但在光绪三十年(1904年)以前,只有师范馆(原名师范斋)和进士馆(原仕学馆并入),光绪三十年(1904年)开办预备科(1909年改为京师高等学堂)。直到宣统元年(1909年)才开办分科大学八科。辛亥革命前只有预备科毕业生120人,尚无本科毕业生。据宣统元年(1909年)统计,三所大学在校学生人数,一共只有749人。

除上述三所大学外,还有我国人民自办的私立大学两所:复旦大学和中国公学。复旦大学成立于光绪三十一年(1905年),因1904年上海震旦学院学生反对

---

① 李桂林.中国教育史[M].上海:上海教育出版社,1989:340.

该院教务长法国传教士,退出震旦另组复旦大学(当时名复旦公学)。中国公学成立于光绪三十二年(1906年),是我国留日学生反对日本当局颁布《清国留学生取缔规则》而退学回国在上海创立的。

据宣统元年(1909年)统计,全国专门学堂(包括优级师范学堂、高等实业学堂、法政学堂)共有127所,在校学生23735人。其中法政学堂有47所,占总校数1/3以上;在校学生12282人,占学生总数1/2以上。

据宣统元年(1909年)统计,全国有高等学堂24所,在校学生4127人。(当时安徽高等学堂有学生226人。)

把上述数字综合起来,宣统元年(1909年),全国由中央和地方政府开办的大学堂、高等学堂和各种专门学堂共计154所,在校学生28611人。私立的复旦大学、中国公学和教会所办的高等学校,因未统计,不在上述数字之内。

(五)对教会办学采取不承认、不干涉的政策

鸦片战争以后,帝国主义者利用教会在中国传教、办学校,对我国进行文化侵略,而清政府对此则采取不承认、不干涉,实际上是放任、纵容的政策。光绪三十二年(1906年),学部咨各省督抚:"外国人在内地设立学堂,奏定章程并无允许之文;除已设各学堂暂听设立,无庸立案外,嗣后如有外国人呈请在内地开设学堂者,亦均无庸立案,所有学生,概不给予奖励。"[1]鸦片战争后,外国教会除办了不少中小学外,还办了一些高等学校。其可考者有:①美国圣公会于光绪五年(1879年)在上海设圣约翰书院,光绪十七年(1891年)发展为圣约翰大学。②美国监理会于光绪七年(1881年)在上海设中西书院,二十三年(1897年)又在苏州设中西书院。光绪二十七年(1901年),这两所书院合并为苏州的东吴大学。③天主教耶稣会于光绪二十九年(1903年)在上海创设震旦学院。④光绪十四年(1888年)美国基督教会在广州设格致书院,后迁澳门,光绪三十年(1904年)由澳门迁回广州,改名岭南学堂,并宣布为基督教在广东的最高学府(后改名岭南大学)。⑤美国公理会于光绪十九年(1893年)在通县设潞河书院。光绪三十年(1904年),该书院改名为北通州协和大学(1919年并入燕京大学)。⑥光绪三十三年(1907年)美国基督会将所设的南京汇文书院、基督书院等合并为金陵大学。⑦美国南北浸礼会于光绪三十四年(1908年)在上海创设大学(1915年改名沪江大学)。⑧光绪

---

[1] 朱有瓛,高时良.中国近代学制史料:第四辑[M].上海:华东师范大学出版社,1993:26.

三十四年(1908年)美国教会在北京创立燕京女子大学(1919年合并于燕京大学)。⑨宣统元年(1909年)美国圣公会在武昌创立文华大学。⑩宣统二年(1910年)美以美会、浸礼会等联合在成都创办华西大学。⑪美国长老会于道光二十五年(1845年)在宁波设立崇信义塾、同治六年(1867年)迁杭州改名育英义塾、宣统三年(1911年)改建并易名为之江大学。以上11所教会大学,除震旦学院外,其余均为美国教会所办。

美国教会为什么这样热衷于在中国办学校? 21世纪初,美国伊里诺斯大学校长詹姆士在给罗斯福总统的备忘录中说:"哪一个国家能做到教育这一代的年青中国人,哪一个国家就得由于在这方面所支付的努力,而在精神的和商业的影响上取回最大可能的收获。……为了扩张精神上的影响,而花一些钱,即使只从物质意义上说,也是能够比用任何其他方法收获得更多。商业追随精神上的支配,是比追随军旗更为可靠的。"①这就道出了帝国主义者出钱在中国办学的真正目的。

教育权属于国家主权的范畴,在一个独立的主权国家内,凡无本国国籍的外国人,不得在此设立任何学校,教育国民,这是世界各国的通例。而腐败无能的清朝政府,却对外国人在中国办学不闻不问。辛亥革命后,北洋政府和国民党政府也只不过要他们申请立案、办个登记手续而已,教育权的丧失依然如故。这一点正反映了当时中国社会的半殖民地性质。中华人民共和国成立后,外国教会在中国办的大学有20所,其中17所是美国人办的。(全国300余所教会中等学校,美国人办的近200所,几占2/3。美国人办的小学约1500所左右,占全部教会小学的1/4。)只有在党领导下的中华人民共和国,才彻底收回了教育权,永远地结束了100多年来帝国主义对中国人民的文化侵略。

---

① 张力,刘鉴唐.中国教案史[M].成都:四川省社会科学院出版社,1997:681-682.

第七章　半封建半殖民地社会时期的高等教育(下)

第一节　民国前期的高等教育

公元1911年,辛亥革命推翻了清朝200多年的统治,结束了2000多年来的封建君主制,建立了中华民国。然而这次资产阶级革命,虽然推翻了清朝政权,而旧的封建势力依然存在,帝国主义列强对中国的侵略、控制,也没有根本改变,因而社会的性质依然是半封建半殖民地的。

一、壬子癸丑学制下的高等教育

民国元年(1912年),中央政府设立教育部,掌管全国教育事宜。同年,召开临时教育会议,确定了一个学制系统,并予公布,是为壬子学制。学制公布后,又陆续颁布了各种学校法令,而这些法令与壬子学制又有出入之处。民国二年(1913年),把壬子学制和这些法令综合起来,又构成一个学制系统,称为壬子癸丑学制。

壬子癸丑学制把整个教育从纵的方面分为三段五级:第一段为初等教育,分初等小学校(4年,初小之前有蒙养园,不在学校系统之内)、高等小学校(3年)两级;第二段为中等教育,只有中学校(4年)一级;第三段为高等教育,分大学(预科3年,本科3至4年)、大学院(年限不定)两级。儿童从六岁入初等小学校,到23或24岁大学毕业,共计17或18年,较之1903年的癸卯学制减少3年。横向方面,与高等小学校平行的,有乙种实业学校(3年)、实业补习学校(年限不定)。与中学校平行的,有甲种实业学校(预科1年,本科3年)、师范学校(预科1年,本科4年)。与大学平行的,有专门学校(预科1年,本科3至4年)、高等师范学校(预科1年,本科3年)。

壬子癸丑学制下的高等教育,包括三种学校:大学、专门学校和高等师范学校。

(一)大学

大学以"教授高深学术,养成硕学闳才应国家需要"[①]为宗旨。大学设预科、本科。预科招收中学校毕业生或具有同等学力者,分设三部:第一部为志愿入文、法、商三科的学生而设;第二部为志愿入理、工、农和医科的药学门的学生而设;第三部为志愿入医科的医学门的学生而设。在课程方面,只有国文、外国语是共同必修的,其他课程因部别而有所不同。外国语除继续中学校所习者外,并须就英、德、法语选习一种为第二外国语。志愿入法科、医科的药学门、理科的动物学门、植物学门的,另加拉丁语为随意科。预科3年毕业(1917年《修正大学令》改为2年毕业),升入本科。预科须附设于大学内,不得单独设立。

大学本科分为文、理、法、商、医、农、工7科。大学设立以文、理二科为主,必须文、理二科并设,或文科兼法、商二科,或理科兼医、农、工三科或医、农、工三科中的二科或一科,方能称为大学。民国六年(1917年)的《修正大学令》对设科限制放宽:"设二科以上者称为大学,其但设一科者称为某科大学"[②]。本科学生入学资格,规定须在预科毕业,或具有同等学力经试验及格。本科原定3年至4年毕业,《修正大学令》改为一律4年毕业,称某科学士。

大学各科之下分门。文科是哲学、文学、历史学、地理学4门。理科分数学、星学、理论物理学、实验物理学、化学、动物学、植物学、地质学、矿物学9门。法科分法律学、政治学、经济学3门。科分银行学、保险学、外国贸易学、领事学、税关仓库学、交通学6门。医科分医学、药学2门。农科分农学、农艺化学、林学、兽医学4门。工科分土木工学、机械工学、船用机关学、造船学、造兵学、电气工学、建筑学、应用化学、火药学、采矿学、冶金学11门。文科的哲学、文学、历史学3门之下还分类:哲学门分中国哲学类、西洋哲学类;文学门分国文学类、梵文学类、英文学类、法文学类、德文学类、俄文学类、意大利文学类、言语学类;历史学门分中国史及东洋史学类、西洋史学类。

为了从事高深学术的研究,大学得设大学院。大学院生入院以大学本科毕业

---

① 朱有瓛.中国近代学制史料:第三辑(下)[M].上海:华东师范大学出版社,1992:21.

② 高平叔.蔡元培年谱长编:第二卷[M].北京:人民教育出版社,1998:56.

为合格。大学院由院长延聘有关教授或其他饱学之士为导师,导师于每学期之始提出条目,令学生分条研究,定期讲演、讨论。大学院生经院长许可,得在大学内担任讲授或指导实验。大学院不定年限。

大学设校长1人,总辖大学全部事务。各科设学长1人,主持该科各种事务,单科大学不另设学长。大学设正教授、教授、助教授,必要时得延聘讲师。

大学设评议会,由各科学长、正教授和教授互选若干人组成,大学校长为议长,可随时召集评议会,必要时得分科议事。评议会审议下列事项:①各学科的设立和废止;②学科课程;③大学内容规则;④学生试验事项;⑤学生风纪事项;⑥教育总长、大学校长咨询事项。上列事项如何涉及一科或数科者,得由该科评议员自行审议。

(二)专门学校

专门学校以"教授高等学术、养成硕学闳材"为宗旨。专门学校的种类为:政法、医学、药学、农业、工业、商业、商船、外语、美术、音乐等10种。

专门学校得分科,如法政专门学校分设法律、政治、经济3科,政治、经济二科不分设者,得设政治经济科。医学专门学校、药学专门学校不分科,医专得应时势需要设药学部,称为医药专门学校。农业专门学校分设农学、林学、兽医、蚕业、水产5科。如在垦殖地区,得设土木工学科。工业专门学校分设土木、机械、造船、电气机械、建筑、机织、应用化学、采矿冶金、电气化学、染色、窑业、酿造、图案13科。商业专门学校不分科。商船专门学校分设驾驶、机轮2科。外语专门学校分设英语、法语、德语、俄语、日语5科。

各科专门学校修业年限,除医学、商船为本科4年、预科1年外,余皆本科3年、预科1年。学生入学资格,以在中学校毕业或经试验具有同等学力者为合格。在本科之上,还可设研究科,修业年限1年以上。

专门学校得附设实业教员养成所,以"造就甲种实业学校教员"为宗旨,招收中学校毕业生或具有同等学力者,修业4年。养成所分农业教员养成所和工业教员养成所两种,开设课程得参照农、工两种专门学校规程办理,但均须加设教育学、教授法等科目。此种养成所不单设,可附设于性质相当的专门学校之内。

(三)高等师范学校

高等师范学校以造就中学校、师范学校教员为目的。女子高等师范学校以造就女子中学校、女子师范学校教员为目的。高等师范学校分预科、本科,修业年限:预科1年,本科3年。预科招收师范学校、中学校毕业生或具有同等学力者,本科由预科毕业生升入。

预科设以下课程:伦理学、国文、英语、数学、论理学、图画、乐歌、体操等8种。

本科分国文部、英语部、历史地理部、数学物理部、物理化学部、博物部6部。各部公共必修科目为伦理学、心理学、教育学、英语、体操等5种。英语部加授法语。各部并可加设世界语、德语、乐歌为随意科。高等师范学校得设研究科,招收本科毕业生,就本科各部择二、三科目研究之,修业年限为2年或3年。

高等师范学校得设立专修科,其入学资格与预科同,修业年限为2年或3年。

高等师范学校应设附属中学校和附属小学校,女子高等师范学校除设附中、附小外,还应附设蒙养园。

高等师范学校本科毕业生的服务期为6年,服务于边远地区的得减为4年。专修科毕业生服务期为4年,服务于边远地区的得减为3年。不尽服务义务者,应追缴学费和所有费用。在服务期内,愿入大学或高等师范学校研究科者,须经教育总长批准。

这一时期,在高等教育方面,大学和专门学校都允许地方或私人设立,唯独高等师范学校只能国立,不许地方或私人设立。民国初年,划全国为六个高等师范学区,在北京、南京、武昌、广州、成都、沈阳设立6所高等师范学校,另在北京设立一所女子高等师范学校。

(四)大学开放女禁问题

上一讲已经讲过,清末兴学,女子教育受到歧视。辛亥革命后,男女平权思想更加为人们所接受,然而在教育上,女子教育之受到歧视,并没有得到根本的改变。民国建立以后,壬子癸丑学制规定:初等小学校可以男女同校,初小之上有女子高等小学校、女子中学校。与女子中学校平行的,有女子职业学校和女子师范学校。在女子中学校和女子师范学校之上,有女子高等师范学校。壬子癸丑学制是一种两性双轨制。

"五四"运动以前,在高等教育方面,除女子高等师范学校以外,大学、各种专门学校乃至高等师范学校,对女生都是"关门"的。而全国唯一的一所女子高等师范学校——北京女子高等师范学校,直至民国八年(1919年)才成立。在此以前,女子要受高等教育,只能进外国人办的教会女子大学。当时教会女子大学有3所:燕京女子大学(1908年设立于北京,1919年并入燕京大学);华南女子大学(1914年设立于福州);金陵女子大学(1915年设立于南京)。

民国八年(1919年)春,甘肃省女学生邓春兰写信给北京大学校长蔡元培,要求入北京大学求学。旋因"五四"运动爆发,事遂搁置。民国九年(1920年)春,江苏省女学生王兰复提出请求,北京大学同意她的申请,于是邓春兰、王兰和其他七位女生同时进入北京大学旁听。这是我国大学开放女禁之始。民国九年(1920年)秋,北京大学、南京高等师范学校正式招收女生。接着,广东高等师范学校、北京高等师范学校、私立南开大学、厦门大学、东南大学、沪江大学等校,都相继招收女生。在"五四"运动的影响下,大学的女禁终于彻底打破。

二、壬戌学制下的高等教育

壬子癸丑学制实行以后,教育界逐渐发现其缺点:预科制阻碍学制的统一;中学学科太笼统,升学与就业均感困难;中小学(包括预科)年限太长,不适应国民的经济发展水平;各级学校设置的科目过于生硬,缺乏选择的自由;等等。各地先后提出改革方案。民国十一年(1922年),教育部召开学制会议,颁布了《学校系统改革案》,即所谓的"新学制"。民国十一年(1922年)是壬戌年,故又称壬戌学制。壬戌学制学际上是学习美国"六三三制"的产物。

壬戌学制把整个教育分为三段六级:第一段为初等教育,实施初等教育的是小学校(小学校之前的幼稚园不在学校系统之内),分初级小学(4年,可以单设)和高级小学(2年)两级;第二段为中等教育,实施中等教育的是中学校,分初级中学(3年,可以单设)和高级中学(3年,分普通、农、工、商、师范、家事等科,可单设一科或兼设数科)两级。与中学校平行的有师范学校(6年,后3年可单设)和职业学校(年限视地方需要情形而定);第三段是高等教育,分大学校(4至6年)和大学院(年限不定)两级。与大学校平行的有专门学校(3年以上)。儿童从6岁入初级小学,到22或24岁大学毕业,共计17或19年,总的年限与壬子癸丑学制不相上下。

《学校系统改革案》中，关于高等教育有如下规定：

第一，大学设数科或一种均可。其单设一科者，称某科大学校，如医科大学校、法科大学校之类。

第二，大学校收高级中学毕业生，修业年限4年至6年，各科得按其性质之繁简，在此限度内斟酌定之。医科大学校、法科大学校修业年限至少5年，师范大学校修业年限4年。(依旧制设立的高等师范学校，应在一定时间内提升程度，收受高级中学毕业生，修业年限4年，称为师范大学校。)

第三，大学校实行选科制。

第四，因学科及地方特别情形，得设专门学校，高级中学毕业生入之，修业年限三年以上，年限与大学同者待遇亦同。(依旧制设立的专门学校，应在相当时期内提高程度，收受高级中学毕业生。)

第五，大学校和专门学校得附设专修科，修业年限不等，凡志愿修习某科学术或职业而有相当程度者入之。

第六，为补充初级中学教员之不足，得设二年的师范专修科，附设于大学教育科或师范大学校，也得设于师范学校或高级中学，收受师范学校和高级中学毕业生。

第七，大学院为大学毕业和具有同等程度研究之所，年限不定。

1922年的新学制公布以前，高等教育的某些方面，实际上已在进行改革。例如，北京大学于民国六年(1917年)十月，决定仿照美国制度，实行选科制。当时把学分称作单位。每周授课1小时，满1学年者为1单位，学生习满规定的单位即可毕业。当时规定：预科40单位，3/4为必修科，1/4为选修科；本科80单位，半为必修科，半为选修科(理工科的酌量减少)。又如，民国八年(1919年)四月，北京大学决定废除各科学长制，另设教务处，协助校长办理各事；改"门"为"系"，系主任由教授选举。

民国十三年(1924年)，教育部颁布《国立大学校条例》，明确规定，取消各科学长，设教务长1人，主持全校教务，由正教授或教授兼任。关于大学教师，条例规定将教师分为正教授、教授、讲师3级，取消助教。

据民国十四年(1925年)统计，全国共有专科以上学校108所，其中公私立大学46所，独立学院4所，专门学校58所。这时，国立、省立大学校增加很多(由"五四"运动以前的3所，增加到1925年的33所)，这是由于1922年新学制颁布后，不少专门学校改为了大学。在校学生人数,据民国十四年(1925年)统计,大学生25278人,专科生11043人,合计36321人。

第二节　民国后期的高等教育

民国后期是指国民党统治时期,时间自民国十六年(1927年)国民党政权建立,直至1949年被推翻,前后共计23年。

民国十六年(1927年)国民党政府成立以后,在学校制度方面,基本上承袭了1922年的壬戌学制。如"六三三制"的中小学结构和四年以上的大学制度,这个主干仍然没有变动。民国二十一年(1932年),取消了高级中学的多科制,确定了普通中学、师范学校、职业学校分别设立。民国十六年(1927年),国民党政府在南京设立大学院,作为管理全国学术和教育的最高行政机关,企图以学术化代替官僚化,用以代替教育部;并拟仿效法国,实行大学区制,每省设国立大学一所,一个省就是一个大学区,区内一切学术和教育事项统归该区大学管理。同年,在江苏、浙江两省试行。大学院成立和大学区制试行后,遭到各地反对,民国十七年(1928年)取消大学院,成立教育部。次年,明令江苏、浙江两省停止大学区制试验,恢复旧制。

在高等教育方面,取消单科大学。大学分文、理、法、教育、农、工、商、医8个学院。必须具备3个学院以上,才能称为大学,且3个学院中必须有理、农、工、医学院之一。不满3个学院的,称为独立学院,独立学院得分2科。修业年限,除医学院为5年外,其余均为4年,但医学生和师范生须另加实习1年。修业期满,考试合格,准予毕业,并授予学士学位。

大学各学院分设若干系。文学院设中国文学、外国语文、哲学、历史学及其他各学系。理学院设数学、物理学、化学、生物学、地质学、地理学、心理学及其他各学系。法学院设法律、政治、经济、社会学及其他各学系。教育学院设教育原理、教育心理、教育方法及其他各学系。农学院设农艺、森林、畜牧、兽医、蚕桑、园艺、植物病虫害、农业化学、农业经济及其他各学系。工学院设土木工程、水利工程、机械工程、航空工程、电气工程、矿冶工程、化学工程、纺织工程、建筑工程及其他各学系。商学院设银行、会计、统计、国际贸易、工商管理、商学及其他各学系。医学院不分系。

民国二十七年(1938年),国民党政府教育部公布《师范学院规程》,规定师范学院单独设立,或设置在大学中,并规定师范学院设国文、外国语、史地、公民训育、数学、理化、博物、教育各系。民国三十五年(1946年),又公布《改进师范学院办法》,规定国立大学中设置的师范学院分设教育、体育两系,原设的国文、外国语、史地、数学、理化、博物各系归并文理学院,公民训育系取消。

师范学院得设第二部,招收大学其他学院性质同系毕业生,授以1年的专业训练。又得附设职业师资科,招收专科学校毕业生,授以1年的专业训练。

大学和独立学院得设研究院所。研究院分文科、理科、法科、教育、农科、工科、商科、医科等研究所。具备3科研究所以上的,称研究院。每一研究所设置若干学部,招收大学毕业生,研究期限为2年。民国三十五年(1946年)规定,取消研究院和学部,仅设研究所,与各学系打成一片,依学系各称为某某研究所。

高等教育机构,除大学、独立学院外,还有专科学校。专科学校分工、农、商、医、艺术、音乐、体育等类,同一类专科学校得分设若干科,招收高级中学毕业生或具有同等学力者,医科修业年限为3年,余均2年,但医学生和师范生应另加实习1年,音乐、艺术学科宜提前修习的,得招收初级中学毕业生,修业年限5年。大学各学院得附设专修科(与专科学校同等程度),如师范学院得附设体育、音乐、图画、劳作、家政、社会教育等专修科。

大学和独立学院实行学年兼学分制,除五年制外,四年制须修满132学分(专科学校三年制须修满100~120学分,二年制80~90学分),始准毕业。学分计算标准是,凡需课外修的科目,以每周上课1小时、满1学期者得1学分,实习及必须课外修的科目,以2小时为1学分,课程分必修和选修。

大学各学院和独立学院第一学年不分系,第二学年起分系。国文和外国文为所有学院基本工具学科目,每两周至少各作文一次。第一学年结束时举行严格的考试。国文须能阅读古文书籍和写作通顺文字,外国文须能阅读所习学科(专业)的外文参考书,方得及格,否则仍须继续修习,至少达至上述标准,始得毕业。

各学院都有该学院的共同必修科目,一般安排在第一、二学年。这里举文学院共同必修科目为例:三民主义4学分,伦理学3学分,国文6学分,外国文6学分,中国通史6学分,世界通史6学分,哲学概论4学分,理则学3学分,自然科学(科学概论、普通数学、普通物理学、普通化学、普通生物学、普通心理学、普通地质学、地学通论选习一种)6学分,社会科学(社会科学概论、法学概论、政治学、经济学、社会学选习一种)6学分,共50学分。体育为当然必修科目,不计学分,成绩不及格者不得毕业。

各院系学生毕业须写作论文,并举行毕业考试,考试科目应包括各院系4学年中重要科目5种以上。

大学设校长1人,综理校务。私立大学得设副校长1人,辅助校长处理校务。

大学设教务、训导、总务三处,置教务长、训导长、总务长(独立学院、专科学校称教务主任、训导主任、总务主任)各1人,秉承校长分别主持校教务、训导、总务事项,由校长聘任之,均应由教授兼任。大学各学院设院长1人,综理院务,由校长聘任之。各系设主任一人,主持系务,由院长商请校长聘任之。

大学教师分教授、副教授、讲师、助教四级,独立学院、专科学校与大学同。大学教师由院长、系主任商请校长聘任之,第一次试聘1年,第二年续聘1年,以后每次续聘均为2年。

根据《大学及独立学院教员资格审查暂行规程》,大学各级教师应具的资格如下:

(一)助教须具下列资格之一:

1.国内外大学毕业,得有学士学位,而成绩优良者;

2.专科学校或同等学校毕业,曾在学术机关研究或服务二年以上,卓有成绩者。

(二)讲师须具有下列资格之一:

1.在国内外大学或研究院所研究,得有硕士或博士学位,或同等学历证书,而成绩优良者;

2.任助教4年以上,著有成绩,并有专门著作者;

3.曾任高级中学或其同等学校教员5年以上,对于所授学科确有研究,并有专门著作者;

4.对于国学有特殊研究及专门著作者。

(三)副教授须具下列资格之一:

1.在国内外大学或研究院所得有博士学位或同等学历证书,而成绩优良,并有有价值之著作者;

2.任讲师3年以上,著有成绩,并有专门著作者;

3.具有讲师第一款资格,继续研究,或从事专门职业4年以上,对于所习学科有特殊成绩,在学术上有相当贡献者。

(四)教授须具下列资格之一:

1.任副教授三年以上,著有成绩,并有重要著作者;

2.具有副教授第一款资格,继续研究,或从事专门职业4年以上,有创作或发明,在学术上有重要贡献者。

专科以上学校教师工作量亦有规定,不过比较简单。按照规定,教师以专任为原则,教授、副教授、讲师的授课时间每周为9小时至12小时,不满9小时者照兼任待遇。但担任行政事务或实际上须以充分时间从事实验或研究,经学校允许,得酌情减少授课时间。

在大学中有教师或教师代表参加的会议有三种:

一是校务会议,由校长、教务长、训导长、总务长、各学院院长、各系主任及教授代表组织之,校长为主席。教授代表的人数,不得超过前项其他人员之一倍,也不得少于前项其他人员的总数。校务会议审议下列事项:①预算;②院系、研究所及其他机构的设立、变更和废止;③教务、训导、总务上的重要事项;④大学内部各种主要章则;⑤校长交议及其他重要事项。

二是院务会议,以院长及本院各系主任及本院教授、副教授代表组织之,院长为主席,讨论本院学术、设备及其他有关院为事项。

三是系务会议,以系主任及本系教授、副教授、讲师组织之,系主任为主席,讨论本系教学、研究及其他有关系务要项。

此外,还有校行政会议、教务会议和各处的处务会议,由有关负有行政事务的人负责组织之,教师均不参加。

当时的大学都是综合性的,如国立中央大学(南京)有7个学院(文、理、法、师范、农、工、医),36个系,4个专修科,26个研究所。国立北京大学有6个学院(无师范学院,余同上),20个系,15个研究所。国立复旦大学有5个学院(文、理、法、商、农),21个系、组,2个专修科,1个研究所。安徽师范大学的前身国立安徽大学(安庆)有4个学院(文、法、理、农),12个系,在规模上是一所不大不小的大学。

以在校学生人数来说,根据1947年的统计,国立四川大学学生人数最多,有5619人(四川大学有6个院22个系),中央大学4556人,北京大学3478人,复旦大学3409人,安徽大学1180人。也有几百人的国立大学,如山西大学是个老大学,但学生只有476人。私立大学人数多的,如私立广州大学,有学生2892人;少的,如私立齐鲁大学(济南),只有学生442人。国立独立学院中,国立北平师范学院(现在北京师范大学的前身)有学生1612人,是所有国立独立学院中人数最多的;少的,如国立湘雅医学院(长沙)、国立北平铁道管理学院,都只有200余名学生。省立学院中,最多的是广东省立法商学院(广州),有学生1047人;其次是安徽省立安徽学院(也是安徽师范大学的前身),有学生844人;最少的,如河北省立医学院(保定),只有学生90人。私立独立学院中,多数在千人以下,规模最大的是私立中国学院(北京),有学生3143人;规模小的,如私立达仁商学院(天津),私立辽宁医学院,学生都不满200人;而私立中国纺织工学院(上海),学生只有74人。专科学校一般只有学生几百人,没有上千人的,少的只有百十来个人,甚至不到100人。

就教师与学生的比例来说,也不一致。如北京大学1947年有教师765人,学生3478人,师生比约为1∶4.5,是最低的;中央大学有教师710人,学生4556人,师生比约为1∶6.4;四川大学有教师477人(其中兼任64人),学生5619人,师生比约为1∶11.8;复旦大学有教师334人,学生3409人,师生比约为1∶10.2。私立大学的师生比一般比国立大学高,如私立广州大学有教师173人,学生2892人,师生比约为1∶16.7;私立大同大学(上海)有教师105人,学生2254人,师生比约为1∶21.5。

再看职员与学生的比例。1947年,北京大学有职员575人,其与学生的比约为1∶6,也是最低的;中央大学有职员462人,其与学生比约为1∶9.9;四川大学有职员256人,其与学生比约为1∶21.9;复旦大学有职员162人,其与学生比约为1∶21。在这方面也是私立大学比例高,如私立广州大学有职员57人,其与学生的比约为1∶50.7;私立大同大学有职员38人,其与学生比约为1∶59.3。

1947年是国民党统治时期大、专学生最多的一年。据统计,1947年有专科以上学校207所(其中国立大学31所,私立大学24所,国立独立学院23所,省立独立学院21所,私立独立学院31所,国立专科学校20所,省市立专科学校33所,私立专科学校24所),在校学生155000人。无论学校数还是学生数,都比民国十四年(1925年)增加很多(1925年有专科以上学校108所,在校学生36000多人)。这说明民国后期的高等教育比民国前期是有所发展的。

但是,国民党统治时期的高等教育虽然比较过去有所发展,但和中华人民共和国相比,则有很大差距。就在1965年,我国高等学校已有434所,在校学生674000人。1978年以后,我国的高等教育迅速发展起来。截至1981年年底,我国普通高等学校已达704所,在校本、专科学生有1280000人,还有在校研究生17000人。除普通高等学校以外,还有各种形式的成人高等学校(电视大学、职工大学、函授大学、夜大学等),在校学生1350000人。中华人民共和国成立32年来,我国普通高等学校为国家培养大学、专科毕业生4540000人,研究生17000人。而自清末兴学以来,直到1947年,从专科以上学校毕业的学生,总共只有214000人。

这还只是数量上的比较,而在教育的性质上则是根本不同的。我们的高等学校是社会主义的高等学校,是用共产主义思想来教育学生的,而在国民党统治的时期,在教育上,执行的是一条反动的教育政策,就是所谓"党化教育"的政策。他们表面上标榜孙中山先生的三民主义革命旗帜,实际上则是对学生进行反共、反人民、反革命的反动思想教育,以实现其所谓"以党建国、以党治国"的法西斯独裁专制的目的。党化教育政策表现在高等教育方面:一是不论任何系科,都以"三民主义"作为首要的共同必修科目。民国二十年(1931年),国民党中央通过《三民主义教育实施原则》,在其高等教育部分明确规定,要以三民主义作为"完成国民革命、促进世界大同"的唯一革命理论,并根据三民主义"批判其他社会主义学说",还要把三民主义贯通到各种社会科学中去,"建立三民主义的社会科学",使大学生"确立三民主义的革命人生观"。所谓"批判其他社会主义学说",就是要反对马克思主义,反对中国共产党,企图用"三民主义"作为幌子,对青少年学生进行反动的思想教育。二是对入学学生实行军事训练和军事管理(高中学生也是如此,对初中学生则实行童子军训练),这是抄袭德意法西斯训练青年的办法。三是在抗战胜利以后,在高等学校设立训导处,进一步加强对高等学校学生的统治。四是派遣特务分子或三青团团员秘密侦察、监视进步师生的思想言行,进行迫害。尽管如此,高等学校的广大青年学生不受欺骗,反对反动政权和反动教育的"学潮"运动不断掀起,如抗战以前的"一二·九"运动、抗战以后的反饥饿、反内战运动,都是显著的例子。